Jahrbuch der Deutschen Dostojewskij-Gesellschaft 2019

JAHRBUCH DER DEUTSCHEN DOSTOJEWSKIJ-GESELLSCHAFT

Herausgegeben
im Auftrag der Deutschen Dostojewskij-Gesellschaft
und im Namen des wissenschaftlichen Beirats der Gesellschaft
von Christoph Garstka

JAHRBUCH 26

2019

Christoph Garstka (Hrsg.)

Dostojewskij und St. Petersburg

Die Stadt und ihr literarischer Mythos

PETER LANG

Bibliografische Information der Deutschen Nationalbibliothek
Die Deutsche Nationalbibliothek verzeichnet diese Publikation
in der Deutschen Nationalbibliografie; detaillierte bibliografische
Daten sind im Internet über http://dnb.d-nb.de abrufbar.

Umschlaggestaltung: © Olaf Gloeckler, Atelier Platen, Friedberg

Gedruckt auf alterungsbeständigem, säurefreiem Papier.
Druck und Bindung: CPI books GmbH, Leck

ISSN 1437-5265
ISBN 978-3-631-82601-0 (Print)
E-ISBN 978-3-631-83675-0 (E-Book)
E-ISBN 978-3-631-83676-7 (EPUB)
E-ISBN 978-3-631-83677-4 (MOBI)
DOI 10.3726/b17643

© Peter Lang GmbH
Internationaler Verlag der Wissenschaften
Berlin 2020
Alle Rechte vorbehalten.

Peter Lang – Berlin · Bern · Bruxelles ·
New York · Oxford · Warszawa · Wien

Das Werk einschließlich aller seiner Teile ist urheberrechtlich geschützt.
Jede Verwertung außerhalb der engen Grenzen des Urheberrechtsgesetzes ist ohne
Zustimmung des Verlages unzulässig und strafbar. Das gilt insbesondere für
Vervielfältigungen, Übersetzungen, Mikroverfilmungen und die Einspeicherung und
Verarbeitung in elektronischen Systemen.

Diese Publikation wurde begutachtet.

www.peterlang.com

Inhalt

Christoph Garstka
Vorwort 7

Christoph Garstka
St. Petersburg und seine Bedeutung für die russische Kultur:
Von der Geschichte zum Mythos 11

Karla Hielscher
Dostojewskij und Sankt Petersburg. Biographie und Topographie einer
Beziehung 29

Renate Hansen-Kokoruš
Dostojewskijs Petersburgbild im Wandel 47

Hans-Christian Petersen
Städtische Armut in Russland im 19. Jahrhundert. Der Petersburger
Heumarkt (Sennaja ploščad') als sozialer Brennpunkt und sozialer Raum 67

Yvonne Pörzgen
Die Leningrader Blockade im russischen und deutschen Gedächtnis 95

Christoph Bauer
Persönlichkeitstypen in Dostojewskijs Roman *Der Idiot* 117

Brigitte Schultze, Beata Weinhagen
F. M. Dostojewskijs *Prestuplenie i nakazanie* als Graphic Novel (Comic):
Adaptionen zwischen Bild und Text, Affirmation und Distanzierung 141

Deutsche Dostojewskij-Bibliographie 2018 163

Christoph Garstka

Vorwort

Als der Westdeutsche Rundfunk Ende der 1960er Jahre eine Filmreihe mit dem Obertitel „Der Dichter und seine Stadt" veranstaltete, sollte als letzte Produktion in dieser Reihe eine Dokumentation über Dostojewskij und St. Petersburg angefertigt werden. Der Schriftsteller Heinrich Böll persönlich fuhr mit einem Filmteam in die damals noch Leningrad benannte Stadt und sorgte für zeitgenössische Aufnahmen von Gebäuden, Straßen und Menschen, von Palästen, Parks und Armenvierteln, vom Wasser und dem einmaligen Licht in der nördlichen Metropole, die dann mit Zitaten des russischen und des deutschen Romanciers unterlegt wurden. Doch die sowjetischen Behörden hatten die Drehgenehmigung nur unter der Bedingung erteilt, dass sie sich vor der Ausstrahlung den Film ansehen und Änderungswünsche einbringen durften. Und was sie dann zu sehen bekamen, muss die russische Seite so entsetzt haben, dass es zu einem Verbot kam: Der Film durfte in der vorgelegten Form nicht gesendet werden, einer der wenigen Fälle, in denen die sowjetische Zensur in der Bundesrepublik wirksam wurde: „Dieser Film ist eine Beleidigung für alle Russen",[1] so hieß es in der Protestnote. Er zeige ein viel zu düsteres Stadtbild und nur hässliche Menschen. Aber, so sei die Frage gestattet, was sollte man denn erwarten von einem Dichter, der einen seiner Helden aus einem „Kellerloch" (podpol'e) rufen lässt, es sei ein besonderes Unglück in Petersburg zu leben, der „abstraktesten und ausgedachtesten" Stadt der Welt? An anderer Stelle heißt es gar in einem seiner Romane:

> Mir ist in diesem [Petersburger] Nebel hundertmal die sonderbare aber unabweisliche Phantasie aufgestiegen: ‚Was aber, wenn dieser Nebel sich teilt und aufwärts steigt? Wird nicht mit ihm auch diese verfaulte, schleimige Stadt aufwärts steigen, wird sie sich nicht erheben mit dem Nebel und schwinden wie Rauch? Und wird nicht nur der ehemalige finnische Sumpf übrigbleiben, und mitten darin vielleicht zur Zier der Eherne Reiter auf dem heiß schnaufenden abgejagten Rosse?' […] ‚Da hasten und jagen sie nun alle, aber wer weiß, vielleicht ist das alles nur ein Traum von irgend jemand, und hier ist nicht ein einziger wirklicher, richtiger Mensch, nicht eine einzige wirkliche Tat? Es wird auf einmal einer aufwachen, der dies alles träumt – und alles wird plötzlich verschwinden.'[2]

---

1   Zitiert nach *Der Spiegel* 20/1969 vom 12.05.1969, http://www.spiegel.de/spiegel/print/d-45741462.html – letzter Zugriff 05.12.2019.
2   So in der Übersetzung von Korfiz Holm.

Diese Worte legt Fjodor Dostojewskij dem Helden seines Romans *Der Jüngling* (Podrostok), Arkadij Dolgorukij, in den Mund. Düster, faulig und stinkend, charakterlos, gesichtslos und abgeschmackt, das ist nur ein kleiner Teil jener Bezeichnungen, mit denen Dostojewskij die Hauptstadt des russischen Zarenreichs belegt. Vielleicht sind solche Beschreibungen verständlich, blickt man auf die Biographie des Schriftstellers: Er hat die ersten 16 Jahre seines Lebens in Moskau verbracht und ist dann, nach seinem Umzug nach St. Petersburg, dort verhaftet und zum Tode verurteilt worden.

Der Dichter Joseph Brodsky, der selbst, kurz bevor deutsche Soldaten einen erbarmungslosen Belagerungsring um die Stadt legten, in Leningrad geboren wurde, hat auf den erstaunlichen Umstand aufmerksam gemacht, dass erst mit Alexander Blok ein wirklich bedeutender Petersburger Dichter auch in Petersburg geboren wurde. Alexander Puschkin ist ebenso wie Dostojewskij in Moskau geboren, Nikolaj Gogol in der Zentralukraine, Anna Achmatowa in der Nähe von Odessa und Ossip Mandelstam in Warschau. Jeder einzelne dieser Dichter hat in Werk und Leben eine besondere Beziehung zu Petersburg, Petrograd oder Leningrad aufgebaut. Und doch: wohl kein anderer Schriftsteller als Dostojewskij ist im internationalen Bewusstsein derart eng mit der Stadt Sankt Petersburg verbunden, hat ihr Bild, ihr *Image* in der Welt und ihren Mythos so sehr bestimmt und verewigt wie eben dieser Sohn eines Moskauer Armenarztes.

Die hier versammelten Aufsätze basieren zum überwiegenden Teil auf den Vorträgen, die auf der Jahrestagung der Deutschen Dostojewskij-Gesellschaft 2018 in Bensberg mit dem Oberthema „Dostojewskij und St. Petersburg. Die Stadt und ihr literarischer Mythos" gehalten wurden. Dabei ging es nicht allein um das Petersburg Dostojewskijs. Seit der ‚große Zar' Peter in den finnischen Sümpfen seine Hauptstadt buchstäblich auf den Knochen tausender Zwangsarbeiter errichtet hat, hat die nördliche Metropole zahlreiche russische Denker dazu angehalten, darüber zu spekulieren, welche Bedeutung St. Petersburg für die russische Kultur besitzt, welche Stellung diese zweite Hauptstadt im russischen Denken gerade in Opposition zur „Mutter aller russischen Städte", Moskau, einnimmt und wie die mit der Stadtgründung einhergehende Öffnung Russlands für die westliche Moderne zu bewerten ist. Der erste Beitrag will eine Bestandsaufnahme des auf diese Fragen bezogenen Meinungsspektrums liefern, *bevor* Dostojewskij seinen ganz eigenen Beitrag zum Petersburgtext beginnend gleich mit seiner ersten Erzählung *Arme Leute* (Bednye ljudi, 1846) geliefert hat. Ausgehend von den bewusst symbolischen Gründungshandlungen Peters I. bei der Grundsteinlegung verfolgt die Studie die Entwicklung der zwei gegensätzlichen Haltungen zur Stadt und ihrem Gründer: einmal als notwendige Öffnung Russlands hin zu Europa und dem Projekt der westlichen Aufklärung und das andere Mal als Frevel an der russischen, nach innen ausgerichteten Geistigkeit und Ausgangspunkt für eine tiefe Zerrissenheit der russischen Kultur bis in die Gegenwart hinein.

Im Beitrag von Karla Hielscher werden danach die Petersburger Stationen im Leben Dostojewskijs von seiner Ankunft in der Hauptstadt des Russischen Imperiums im Mai 1837 bis zu seinem Tod am 28. Januar 1881 ebendort vorgestellt. Etwa 20 verschiedene Petersburger Adressen sind vom Schriftsteller bekannt und seine Umzüge in jeweils etwas bessere Wohnviertel der Stadt spiegeln auch seinen stetig ansteigenden literarischen Ruhm und zunehmenden ökonomischen Erfolg wider. Diese Petersburger Wohnstätten sind ebenfalls Ausgangspunkt für den profunden Überblick über die kulturwissenschaftliche Forschung zu Dostojewskijs Petersburgbild, den Renate Hansen-Kokoruš im Anschluss präsentiert. Mit Nikolai Anziferow, dem Begründer der „Exkursionistik" in seinem Werk *Die Seele Petersburgs*, nimmt sie den Leser mit auf einen Stadtspaziergang und erklärt dabei in einer Werktopographie die Veränderungen in Dostojewskijs Petersburgbild.

Die Petersburger Schauplätze der Romane Dostojewskijs sind oftmals nicht in den großen Palästen am Newskij Prospekt oder in den großbürgerlichen Wohnungen der höheren Beamtenschaft zu finden. Im Roman *Verbrechen und Strafe* z.B. ist es besonders die Gegend um den Heumarkt (Sennaja ploščad') herum, die zum Zentrum der Ereignisse wird. Zwar ist es in der Dostojewskij-Forschung zu einem Gemeinplatz geworden, auf die verarmte Bevölkerungsschicht in diesem Viertel zu verweisen, aber wie lebten die Menschen dort tatsächlich in den 1860er Jahren, wie sah ihre Wohn- und Lebenssituation aus in dem städtischen Slum der an den Heumarkt grenzenden *Vjazemskaja lavra*, und welche sozialen Schichtungen und Hierarchien existierten unter den dort ansässigen unterprivilegierten Bewohnern? All diese Aspekte erläutert Hans-Christian Petersen in seiner Studie, in der zugleich deutlich wird, dass der „großstädtische Miethai" keinesfalls ein modernes Problem in München, Frankfurt oder Berlin ist, sondern in der Person des Fürsten Wjazemskij durchaus auch schon im 19. Jahrhundert in Russland existierte.

Yvonne Pörzgen greift in ihrem folgenden Beitrag ein Thema auf, das nur indirekt eine Verbindung zu Dostojewskij erkennen lässt, das aber in einem die Stadt Petersburg ins Zentrum setzenden Jahrbuch einer *deutschen* Dostojewskij-Gesellschaft nicht fehlen sollte. Es geht um die Blockade der zu der Zeit Leningrad genannten Stadt durch deutsche Soldaten der Wehrmacht im 2. Weltkrieg, der nach Schätzungen etwa 1 Million Menschen zum Opfer gefallen sein soll. In ihrem *Blockadebuch* erklären Adamowitsch und Granin, dass sie mit der idiotischen Liebe des Fürsten Myschkin auf dieses Verbrechen blicken wollen und

Pörzgen stellt fest, dass die Hinweise auf mit Dostojewskij verbundene Schauplätze an Petersburger Häusern manchmal nur wenige Meter entfernt hängen von Erinnerungstafeln an die Opfer der Blockade.

Die beiden letzten Aufsätze dieses Jahrbuchs sprengen schließlich den thematischen Rahmen. Dostojewskijfreunde weltweit haben im Jahr 2019 ein kleines Jubiläum gefeiert: Es ist nun 150 Jahre her, dass der Schriftsteller seinen Roman *Der Idiot* in Florenz vollendet hat. Auch wir wollen daran erinnern mit dem Beitrag von Christoph Bauer, in dem eine Engführung zwischen Psychologie und Literatur unternommen wird. Die vier (! auch Aglaja Jepantschina zählt Bauer neben dem Fürsten, Nastasja Filippowna und Rogoschin dazu) Hauptpersonen des Romans werden vor dem Hintergrund von C.G. Jungs psychologischer Typenlehre analysiert. Am Ende steht die überlegenswerte Feststellung, dass man auf den Gedanken kommen kann, Figuren aus Dostojewskijs *Idiot* hätten dem Züricher Psychiater Modell gestanden. Der abschließende Beitrag von Brigitte Schultze und Beata Weinhagen stellt einen spannenden „ersten Versuch" dar, moderne „Graphic Novels" oder „Comics" zu untersuchen, die Dostojewskijs Roman *Verbrechen und Strafe* graphisch adaptieren. Es stellt schon eine besondere Herausforderung dar, Dostojewskijs so wortlastiges Werk auf wenigen Seiten zeichnerisch umzusetzen. Die Autorinnen stellen fest, dass diese „Graphic Novels" gleichwohl, jede auf ihre Art, dazu geeignet seien, „auf den klassischen Text neugierig zu machen". Es wäre tatsächlich zu begrüßen, wenn durch dieses eher auf ein jüngeres Publikum abzielendes Medium neue Leser und Leserinnen an den Ausgangstext und seinen Autor herangeführt werden könnten. Und wenn nun auch ein „Kenner" von Schultze/Weinhagen angeregt wird, sich den einen oder anderen dieser „Comics" anzuschauen, dann sollte er besonders darauf achten, wie der Zeichner die Stadt St. Petersburg dargestellt hat, die ja gerade in diesem Roman eine Hauptrolle spielt.

Christoph Garstka

St. Petersburg und seine Bedeutung für die russische Kultur: Von der Geschichte zum Mythos

Bedeutende Städte haben fast immer eine doppelte Geschichte aufzuweisen. Zum einen ist da die historische, oder zumeist archäologisch nachweisbare faktische Geschichte. Demnach entstand z.b. Rom aus dem Zusammenschluss einiger kleinerer latinischer und sabinischer Dörfer in einem Hügelgebiet am Flussufer des Tibers etwa um 800 v. Chr. Doch dann existiert parallel dazu die andere, legenden- und mythenumrankte Geschichte, und diese erscheint oft viel dramatischer. Demnach wurde Rom am 21. April 753 v. Chr. von den Zwillingen Romulus und Remus gegründet. Romulus brachte, so fährt die Legende fort, später seinen Bruder um, als dieser über die von Romulus rituell mit einem Pflug gezeichnete Stadt- und Mauergrenze sprang. Die Zwillinge waren der Sage nach die Kinder des Gottes Mars und der Vestalin Rhea Silvia. Sie seien auf dem Tiber ausgesetzt, von einer Wölfin gesäugt und dann von dem Hirten Faustulus am Velabrum unterhalb des Palatin gefunden und aufgezogen worden. Burkhard Gladigow meint dazu: „Ein spezifisches Muster antiker Gründungsmythen ist in Stadtgründungsmythen präsent. Ort, mythische Zeit und göttlicher (oder heroischer) Gründer gehen hier eine Verbindung ein, die gleichzeitig kollektive Identität und göttlichen Schutz garantiert."[1]

Stadtgründungsmythen sind zwar äußerst vielfältig – von Karthagos Kuhhaut über den göttlichen Wettkampf zwischen Athene und Poseidon bis zu dem Kreuz, das der Apostel Andreas auf einen Hügel am Ufer des Dnjepr aufgestellt haben soll –, aber in ihrem eigentlichen Kern stellen sie zumeist eine Kosmogonie dar, d.h. sie erklären die Erschaffung von menschlicher Zivilisation, die der ungestalteten Natur abgetrotzt wird. In der Stadt findet der Mensch Schutz vor rohen Naturkräften, sie trennt ihn aber auch gleichzeitig von seinen in der Natur liegenden Wurzeln. Die Kulturwissenschaftlerin Siegrid Weigel sieht gar in vielen Stadtgründungsmythen eine geschlechterspezifische Ordnungskraft am

---

1 Gladigow, Burkhard: „Gewalt in Gründungsmythen." In: Buschmann, Nikolaus / Langewiesche, Dieter (Hg.): Der Krieg in den Gründungsmythen europäischer Nationen und der USA. Frankfurt/M., New York 2003, S. 23–38, hier S. 29.

Werk. Demnach wird eine wilde, ungebändigte und weiblich konnotierte Natur (russ. „dikaja priroda") durch einen männlichen Schöpfungsakt in der Setzung von Stadtmauern (im Falle Petersburgs: der Errichtung einer „Festung") ausgesperrt und das weibliche Element erst in domestizierter Form wieder in die Stadt eingeschlossen. Weigel schreibt:

> Die Frau, die der Held als Lohn seiner Arbeit erhält, hat ihren Platz immer innerhalb der Stadtmauern. Der Held selbst aber, der seinen Platz wechselt, hat zu beiden Anteilen und zu beiden Orten Zugang: draußen bewährt er sich als Heros, drinnen als Herrscher und Bürger (Polite). In der Stadt herrschen seine Gesetze, während er sich draußen den Naturkräften ausgesetzt erlebt. Als Held ist er Subjekt einer Zivilisationsarbeit, bei der die Gründung der Stadt zum Ordnungsfaktor wird, indem sie die wilden Anteile ‚weiblicher Natur' aus ihren Mauern verbannt. Für das Weibliche versinnbildlicht die Stadtmauer damit eine Aufspaltung in die ungebändigte Natur draußen, die im Bild des Drachens, der Hydra, der Chimäre o.ä. auftritt, und in die domestizierte, entsexualisierte Frau, ihre erstarrte, versteinerte, in den Mauern der Stadt buchstäblich gefangene Existenzweise[.][2]

In diesem Zusammenhang bekommen die zahlreichen Karyatiden, die an den Außenwänden Petersburger Paläste und Häuser zu sehen sind, eine hohe symbolische Bedeutung. Auf Weigels Thesen soll noch einmal bei der Betrachtung von Puschkins Poem *Der eherne Reiter* (Mednyj vsadnik) rekurriert werden. Vorerst aber kann man festhalten, dass diese vor allem anhand antiker Gründungsmythen erschlossenen Aspekte genauso zu berücksichtigen sind bei der Gründung der Stadt Petersburg, die zwar längst nicht so alt ist wie die (einstmals) bedeutsamen Städte am Mittelmeer und in Westeuropa, die aber in der Kürze ihres Bestehens ebenso einen reichen Mythenschatz ausgebildet hat.

In einem ersten Teil der folgenden Ausführungen sollen zunächst schlaglichtartig diverse Ansichten zur Stadt an der Newamündung zitiert werden, mit denen die Spannbreite der historischen und mythischen Bedeutung St. Petersburgs innerhalb der russischen Kultur umrissen werden kann. Der empfindsame Schriftsteller und Historiograph des russischen Reiches Nikolaj Karamzin erhielt Ende des Jahres 1810 von der Schwester des damaligen Zaren Alexander I., von Jekaterina Pawlowna, den Auftrag, ein Memorandum zur russischen Staatsgeschichte zu verfassen, das er im März des darauffolgenden Jahres dem Zaren persönlich übergab. Hierin findet sich ein bemerkenswerter Absatz zur Gründung der Stadt Petersburg. Karamzin geht zunächst auf die Kirchenreformen Peters

---

2 Weigel, Sigrid: Zur Weiblichkeit imaginärer Städte. In: Freiburger FrauenStudien 2/95, S. 4–5, https://nbn-resolving.org/urn:nbn:de:0168-ssoar-318242 – letzter Zugriff 03.01.2020.

I. ein und kritisiert, dass der Zar das Patriarchat abgeschafft und durch eine weltliche Behörde ersetzt hat. Dann fährt er fort:

> Und einen weiteren glänzenden Fehler Peters des Großen können wir hier nun nicht verheimlichen. Dieser ist gewiss in der Gründung der neuen Hauptstadt am nördlichen Rand des Staates zu erkennen, auf schwammigen Mooren, an einem Ort, der durch seine Bodenbeschaffenheit zu Unfruchtbarkeit und Kargheit verurteilt ist. Er hätte dort, weil Riga und Reval noch nicht in russischer Hand waren, an den Ufern der Newa vielleicht eine Kaufmannsstadt gründen können, um Waren ein- und auszuführen; aber der Gedanke, dort die Hauptorgane des Staates anzusiedeln, war, ist und wird in Zukunft schädlich sein. Wie viele Menschen sind gestorben, wie viele Millionen von Mühen und Anstrengungen waren nötig um dieses Vorhaben umzusetzen? Man kann wohl sagen, dass Petersburg auf Tränen und Leichen erbaut worden ist. [...] Dort wohnen die russischen Herren, die mit den allergrößten Anstrengungen haushalten müssen, damit ihre Höflinge und Bewacher nicht vor Hunger sterben und damit jedes Jahr der Schwund von Einwohnern mit Neulingen aufgefüllt wird, mit neuen Opfern eines vorzeitigen Todes. Der Mensch kann die Natur nicht überwältigen![3]

Karamzins Ansicht über die Hauptstadt des russischen Imperiums ist insofern erstaunlich, als er sie einem Nachfahren des Stadtgründers, der sich anschickt, liberale Reformen in Russland in Angriff zu nehmen, nämlich Zar Alexander I., vorlegt. Petersburg als einen „glänzenden Fehler" (blestjaščaja ošibka) zu bezeichnen, das ist die kaum versteckte Kritik eines konservativen Patrioten, der die Tat Peters des Großen ablehnt, weil sie eine Öffnung Russlands nach Europa mit sich brachte, durch die Russland sich von seinen eigenen Wurzeln entfernt habe. In dieser ‚ersten Denkschrift des russischen Konservatismus', wie die Aufzeichnungen über die alte und neue Geschichte Russlands genannt wurden,[4] finden wir bereits in sehr komprimierter Form Dostojewskijs Ideen vorgebildet.

Dass diese Haltung zur Stadt an der Newa und zum Werk ihres Gründers weiterhin aktuell ist, zeigt ein zeitlicher Sprung ans Ende des 20. Jahrhunderts. Am Vorabend der Rückkehr aus dem Exil in seine russische Heimat im März

---

3 Karamzin, N. M.: Zapiska o drevnej i novoj Rossii v ee političeskom i graždanskom otnošenijach. Moskva 1991, S. 37. Zitate aus dem Russischen hier und im Folgenden vom Verfasser, wenn nicht anders vermerkt. Vgl. dazu auch Grob, Thomas/Nicolosi, Riccardo: Russland zwischen Chaos und Kosmos. Die Überschwemmung, der Petersburger Stadtmythos und A. S. Puškins Verspoem ‚Der eherne Reiter'. In: Naturkatastrophen: Beiträge zu ihrer Deutung, Wahrnehmung und Darstellung in Text und Bild von der Antike bis ins 20. Jahrhundert. Groh, Dieter/ Kempe, Michael/ Mauelshagen, Franz (Hg.). Tübingen 2003, S. 378.

4 Vgl. Torke, Hans-Joachim: Einführung in die Geschichte Russlands. München 1997, S. 143.

1994 schreibt der Literaturnobelpreisträger Alexander Solschenizyn einen längeren Essay mit dem Titel „Die russische Frage am Ende des 20. Jahrhunderts". Russland war kurz nach dem Untergang der Sowjetunion in eine ökonomische, politische und dann auch tiefe geistige Krise geraten. Solschenizyn sucht die Ursachen für diese Krise in der russischen Geschichte der letzten 400 Jahre. Und zu einem ganz verhängnisvollen Fehler erklärt er in diesem Zusammenhang die Reformen Peters des Großen, denn sie hätten die geistige Einheit Russlands, die durch die Kirschenspaltung im 17. Jahrhundert sowieso schon gefährdet gewesen sei, endgültig aufgelöst und zerstört. Zum Symbol für die Zersplitterung des russischen Volkes wird ihm in diesem Zusammenhang die „Zweiteilung" der russischen Hauptstadt. Er schreibt:

> Und dann erst diese verrückte Idee der Aufteilung der Hauptstadt, die in die dunklen Sümpfe verlegt wurde (als ob man eine Hauptstadt ausreißen und umpflanzen könnte), der Versuch, dort ein ‚Paradies' zu errichten – worüber sich ganz Europa verwunderte – und zu diesem fantastischen Bauplatz von Palästen, Werften und Kanälen wurde nun bis zur Besinnungslosigkeit das Volk hingejagt, das doch so sehr erschöpft war und Ruhe benötigte.

Und Solschenizyn stellt fest:

> Sicherlich, Russland musste in technischer Hinsicht den Westen einholen und es benötigte einen freien Zugang zum Meer, besonders zum Schwarzen Meer (hier war Peter allerdings am allerwenigsten erfolgreich [...]). Es brauchte dies alles, aber nicht so, dass zu dem Preis einer beschleunigten industriellen Entwicklung und verstärkten militärischen Macht der historische Geist [...], der Volksglaube, die Seele und die Sitten zerschmettert worden wären. Nach der gegenwärtigen Erfahrung der Menschheit können wir sehen, dass keine materiellen oder ökonomischen ‚Sprünge' den Verlust aufwiegen können, der dem Geist zugefügt worden ist.[5]

Petersburg symbolisiert in dieser Perspektive die Zerstörung der russischen Geistigkeit. Die Russen müssten demnach jetzt, in den 90er Jahren des 20. Jahrhunderts, für die Fehler bezahlen, die ihre Herrscher vor langer Zeit begangen haben, und einer der verhängnisvollsten darunter war die Gründung der Stadt Petersburg. Welche Entwicklung, so könnte man mit Solschenizyn fragen, hätte die russische Geschichte wohl genommen, wenn diese Stadt an der Newamündung nie gegründet worden wäre?

---

5 „Russkij vopros k koncu XX veka." Der Essay erschien zuerst in *Novyj mir*, Nr. 7, 1994, hier zitiert nach Solženicyn, A.S.: Publicistika v 3-ch tomach. Tom 1. Jaroslavl' 1995, S. 620.

Mit diesem konservativen Meinungsbild stimmen Dostojewskijs Ansichten sicherlich in vielen Punkten überein, aber sein Petersburgbild ist noch weitaus differenzierter zu fassen. Vielleicht darf man als Ausgangshypothese unserer Tagung bereits jetzt feststellen, dass für Dostojewskij die russische Seele das ‚Stadium St. Petersburg' erst durchlaufen muss, um zur vollen Entfaltung seiner Geistigkeit zu kommen. Gerade deshalb hat Dostojewskij in seinem Erzählwerk in bedeutender Weise dazu beigetragen, die Stadt St. Petersburg als einen mythischen Ort zu beschreiben, in dem sich Traum und Realität vermischen. Der russische Mensch wird in dieser ihm so fremden und unwirklich erscheinenden Lebenswelt unmittelbar gezwungen, sich mit seinen Ideen und Visionen auseinanderzusetzen. Hier entscheidet sich sein weiterer Weg, der entweder in den Wahnsinn führt, wie bei Herrn Goljadkin, zu dem sich sein Doppelgänger gesellt, oder in die Läuterung und in Aussicht gestellte Erneuerung, wie bei Raskolnikow. So kann man festhalten, dass es neben dem politischen Grundsatzstreit zumindest noch einen weiteren Aspekt gibt, der den Petersburgdiskurs seit Beginn des 19. Jahrhunderts prägt und den man vielleicht als fantastische, legendenhafte, mythologische Dimension umreißen kann, die Dostojewskijs Werk ebenso prägt.

Auch dieser Aspekt soll nun mit zwei zeitlich weit auseinanderliegenden Beispielen veranschaulicht werden. In seiner Erzählung „Der Salamander" (Salamandra) aus dem Jahre 1841 übermittelt Wladimir Odojewskij folgende Legende, die sich die finnischen Bewohner des „Ingermanlandes", so die historische Bezeichnung dieser Gegend, über die Gründung der Stadt Petersburg erzählt haben sollen.[6] Demnach sei Zar Peter bei der Verfolgung des schwedischen Königs an die Ostsee gelangt. Der Schwede floh jedoch über das Meer und der Zar fand kein Boot, um ihn zu verfolgen. Also sagte er zu seinen Getreuen: „Baut mir eine Stadt, in der ich wohnen kann, während ich mir ein Schiff bauen will." Und seine Leute wollten ihm eine Stadt bauen, aber jedes Mal, wenn sie einen Stein als Grund legen wollten, versank dieser im Sumpf und so oft sie es auch versuchten, Stein um Stein versank im Morast. In der Zwischenzeit hatte der Zar sein Schiff fertiggestellt und sah nun, dass noch immer keine Stadt errichtet war. Er schalt seine Leute, „ihr könnt aber auch wirklich gar nichts …", und dann nahm er Felsen und Steine in seine Hand und baute Schritt für Schritt

---

6 Odoevskij, V.F.: Salamandra. Povest'. In: Ders.: Sočinenija v dvuch tomach. Tom 2: Povesti. Moskva 1981, S. 141–219. Siehe auch Lachmann, Renate: Blick. Stadt als Phantasma. Gogol's Petersburg- und Romentwürfe. In: Dies.: Erzählte Phantastik. Zu Phantasiegeschichte und Semantik phantastischer Texte. Frankfurt/M. 2002, S. 238–269, hier S. 255.

eine ganze Stadt in der Luft auf. Als sie schließlich fertig war, ließ er sie hinab auf den Boden und so entstand St. Petersburg. Soweit die finnische Legende, bzw. die Erzählung des Fürsten Odojewskij. Petersburg als eine in die Luft gebaute Stadt ist ein starkes Bild, das auf alle kommenden fantastischen Beschreibungen der nebelverhangenen Ostseestadt in der russischen Literatur hindeutet. Unmittelbar denkt man an Dostojewskijs Charakterisierung der ausgedachtesten Stadt der Welt und die Ausführungen im *Jüngling* (Podrostok), nach denen Petersburg sich vielleicht wieder im Dunst auflösen werde und nur die finnischen Sümpfe zurückblieben.

Und auch von hier aus möchte ich in die zweite Hälfte des 20. Jahrhunderts springen und einen weiteren russischen Literaturnobelpreisträger zitieren, um zu zeigen, dass auch die fantastische Ausdeutung der Stadt bis in die Gegenwart hinein lebendig ist. Der Dichter Joseph Brodsky hat 1986 auf Englisch eine Sammlung von Essays herausgegeben unter dem Titel *Less Than One*. Auf Deutsch sind Teile daraus unter dem Obertitel *Erinnerungen an Leningrad* erschienen. Leningrad hieß für den Dichter besonders die Enge der Kommunalwohnung, in der er mit seinen Eltern lebte, und die Bedrückungen des Nachkriegslebens im spätstalinistischen Russland. Aber es gab auch einen Fluchtpunkt aus diesen Zumutungen des realen Sozialismus in Leningrad, nämlich Petersburg – nicht als Stadt, sondern als Symbol für die große russische Literatur angefangen bei der Puschkin-Plejade, über den Symbolismus der Jahrhundertwende bis zu der frühen Avantgarde. In dem Essay über den Dichter Ossip Mandelstam findet sich schließlich folgende berückende Formulierung: „Dieses ‚Fenster nach Europa', wie Petersburg [hier spricht er dezidiert von *Petersburg*, nicht von *Leningrad*, CG] von einigen freundlichen Seelen der Aufklärung genannt wurde, diese ‚erfundenste Stadt', wie sie später Dostojewskij definierte, […] hatte und hat jene Art von Schönheit, die der Wahnsinn hervorbringen kann – oder die versucht, diesen Wahnsinn zu verbergen."[7] Schönheit, die der Wahnsinn hervorbringen kann, vielleicht aber auch, Schönheit, die den Wahnsinn hervorbringen kann, beide Formeln sind passend für Goljadkin, Raskolnikow, Myschkin und den Kellerlochmenschen. Brodsky bringt weiter den Aspekt des Rätsels mit Petersburg in Verbindung. In den Gesprächen mit Solomon Wolkow Ende der 80er Jahre stellt Brodsky folgendes fest: „Steine oder keine Steine, erklären Sie es, wie Sie wollen, aber in Petersburg gibt es dieses Rätsel, es beeinflusst tatsächlich

---

7 Der Mandelstam-Essay mit dem Titel „Kind der Zivilisation" ist auf Deutsch zu finden in Brodsky, Joseph: Flucht aus Byzanz. Essays. Frankfurt/M. 2003, S. 99–117, Zitat hier S. 106.

deine Seele und gibt ihr ihre Struktur. Man kann einen Menschen, der dort geboren wurde oder der dort zumindest seine Jugend verlebt hat, glaube ich, kaum mit anderen Menschen verwechseln."[8] Petersburg hat seine mythisch-numinose Bedeutung also auch nicht in der materialistischen Epoche der Sowjetzeit verloren – einen kurzen Verweis auf den gegenwärtigen russischen Staatspräsidenten, der seine Jugend ja in den Petersburger respektive Leningrader Hinterhöfen verbracht hat, vermag man sich an dieser Stelle nicht zu verkneifen.

In diesem Fadenkreuz von konservativer politischer Grundhaltung und durch die Literatur vermittelter Mythologie, von nationalrussischem Slawophilentum und Faszination durch das Irreale und Numinose, das dieser Stadt im hohen Norden und ihrer Geschichte anhaftet, ist, so möchte ich behaupten, Dostojewskijs Petersburgbild zu verorten, wobei natürlich die persönliche Lebenserfahrung diesem Bild sein individuelles Gepräge gibt.

Die politische Dimension der Errichtung der neuen Hauptstadt Petersburg hat Dostojewskij in seinen publizistischen Schriften ausgeleuchtet. So finden sich z.B. in den Eintragungen zum Mai 1876 in seinem *Tagebuch eines Schriftstellers* ausführliche Überlegungen zum Gegensatz der beiden Hauptstädte Moskau und St. Petersburg. In seinem erzählerischen Werk allerdings leuchtet neben dieser politischen immer auch eine mythologische Dimension auf, die man als einen spezifischen Kommentar zum Mythenkomplex Petersburg, wie man ihn nennen könnte, lesen muss. Dieser Mythenkomplex ist vor allem in der russischen Literatur errichtet und etabliert worden. Es lohnt sich deshalb, die russischen Schriftsteller selbst sprechen zu lassen, um die Bedeutung Petersburgs innerhalb der russischen Kultur zu eruieren.

Die Gründungstat des großen Peters, die durch ihren „Es-Werde"-Charakter auffällige Parallelen zu biblischen und antiken Schöpfungsmythen aufwies, erschien bereits den Zeitgenossen als ein fantastischer und übermenschlicher Akt, der in herkömmlichen Worten nicht zu beschreiben war. Die nüchternen Erwägungen der Staatsräson, die ja selbst Solschenizyn anerkennen musste, waren dabei von Anfang an begleitet von symbolischen Taten, mit denen Peter ganz bewusst Anschluss finden wollte an biblische und antike Traditionen. Der Münchener Slawist Riccardo Nicolosi hat das in seinem Buch *Die Petersburg-Panegyrik* sehr detailliert aufgezeigt.[9] Demnach ließ Peter eine Schatulle mit den Reliquien des Heiligen Andreas als Grundstein der Kathedrale in den Boden

---

8   Volkov, Solomon: Dialogi s Iosifom Brodskim. Moskva 2004, S. 547.
9   Vgl. Nicolosi, Riccardo: Die Petersburg-Panegyrik. Russische Stadtliteratur im 18. Jahrhundert. Frankfurt/M. u.a. 2002.

senken, um die herum dann die Peter und Pauls-Festung gebaut wurde. Damit ist Petersburg im buchstäblichen und im übertragenen Sinne auf den Gebeinen des Apostel Andreas aus der Schar der Jünger Jesu aufgebaut, der in der Orthodoxen Kirche als „Pervozvannyj", als Erstberufener, verehrt wird. Der Legende nach soll er auf seinem Weg nach Rom einst bis nach Kiew gekommen sein und dort in einer Vision die Entstehung einer großen christlichen Stadt vorausgesehen haben. Kiew gilt daher eigentlich als die „Mutter" aller ostslawischen Städte. Das Vergraben der Gebeine des Apostels in Petersburg knüpft somit an die Bibel *und* an die christlichen Wurzeln der alten Kiewer Rus an. Darüber hinaus wird unmittelbar nach der Gründung die Legende verbreitet, ein über der kleinen Insel im Newadelta kreisender Adler habe den Zaren dazu gebracht, hier die Peter und Pauls-Festung zu gründen. Diese Legende verweist auf die imperiale, römisch-antike Tradition und stellt die Verbindung zu Konstantinopel her. Denn auch dort soll ein Adler den Bauleuten den Bauplatz gewiesen haben und so wie Konstantinopel die alte Hauptstadt Rom abgelöst hat, wird dies auch Petersburg in Bezug auf Moskau tun. Und als dritte Verknüpfung schließlich wird auf die eigene nordrussische Tradition, die im Großfürstentum Moskau aufgehen sollte, durch die Wahl des Stadtheiligen verwiesen. Alexander Newskij lebte in der Mitte des 13. Jahrhunderts, stammte aus der Herrscherdynastie der Rjurikiden und regierte als Fürst von Nowgorod (ab 1236) und Großfürst von Kiew (ab 1249) und Wladimir (ab 1252). Der Fürst hat 1240 an der Ostsee, etwa an der Newamündung, erstmals ein schwedisches Heer geschlagen und anschließend auch ein deutsches Kreuzritterherr in der berühmten Schlacht am Peipussee 1242. Peter selbst nun hat im Nordischen Krieg die Schweden besiegt und sie aus den Gebieten, in denen die neue Hauptstadt entstehen sollte, vertrieben. Was also lag näher, als den russischen Nationalheiligen als Schutzpatron für die neue Hauptstadt zu wählen? Angeblich soll Newskij in der Gegend des späteren St. Petersburgs, genauer in dem Rayon Ochta, gestorben sein. Bis zur Grundsteinlegung der neuen Hauptstadt stand hier die schwedische Festung Nyenschanz. Peter ließ an der Stelle, an der der Legende nach das Grab Newskijs sein sollte, ein Kloster errichten. Von der Admiralität bis zu diesem Kloster zog er dann eine Linie, das wurde die neue Hauptmagistrale seiner Hauptstadt. Auf zeitgenössischen Karten sieht man noch sehr schön die gerade Linie, die sich dann später allerdings nicht mehr aufrechterhalten ließ: der Newskij „kippt" ja hinter dem Ligowskij Prospekt, der alten Handelsstraße nach Nowgorod, nach Südwesten ab. Auch das ist ein Beweis dafür, dass Petersburg keineswegs einheitlich nach einem bereits vorgefertigten Plan entwickelt und gebaut wurde.

Wie so oft in Russland führte hier die Kluft zwischen Plan und Realität zu einem Kompromiss. Die Legitimität von Peters Stadtgründung war also eine erschriebene, keine historisch gewachsene, sie konnte sich nicht auf „Fakten" berufen, denn ein freilebender Adler, so berichten Vogelkundler, sei noch nie in der Newamündung aufgetaucht. Aber neben dieser „Invention of Tradition", dieser konstruierten Tradition (nach Hobsbawm und Ranger), waren das Projekt und die Vision Petersburg ja vor allem in die Zukunft gerichtet. Die Stadt sollte zuallererst für die Öffnung zur Moderne, für den ganz neuen Weg stehen, den Russland erst noch zu gehen hatte. Petersburg sollte zum Symbol eines neuen Russlands und zum Modell einer neuen Gesellschaft werden. Die Schriftsteller des 18. Jahrhunderts arbeiteten aus diesem Grund sehr gerne mit der Formel „Wo einst ..., da ist heute ...", wo einst nur Sumpf und Moor, da sind heute Straßen und Paläste, wo einst Wildwuchs und Dickicht, da sind heute Gärten, Parks und Alleen, wo einst niedrige finnische Bauernhäuser, da stehen heute prächtige Steinhäuser, wo einst das Wasser wild brauste, ist es heute in Granit gezwängt und begradigt. Der Sumpf symbolisierte das alte Russland, das nun dem modernen Gestaltungswillen Platz machte. Es ist der Stein, der zum Symbol der neuen Stadt wurde. Peter, von Petrus: der Fels war das vorgeschriebene Baumaterial, 1714 erließ der Zar einen Ukas, wonach der Bau von Steinhäusern in ganz Russland verboten wurde, damit das seltene und kostbare Baumaterial allein der neuen Hauptstadt zugutekommen konnte.

Doch es gab im 18. Jahrhundert nicht nur Propagandisten, die Peters Tat verherrlichten. Schon aus der Frühzeit der Stadtgründung sind Legenden bekannt, die sich gegen den großen Zaren und seine Schöpfung wandten. Solschenizyn hat in seinem oben angesprochenen Essay die Ursachen für die Krise Russlands nicht mit der Gründung Petersburgs angesetzt, sondern bereits zuvor im Raskol, dem Schisma der russisch-orthodoxen Kirche. Und es waren vor allem die Altgläubigen, in deren Augen Zar Peter den leibhaftigen Antichristen darstellte. Seine Schöpfung Petersburg war dementsprechend eine Schöpfung des Teufels. Petersburg war in dieser Auffassung ersonnen, um die göttliche Kirche zu zerstören und das heilige Russland zum Westen hin, aus dem das Böse kam, zu öffnen und somit zu vernichten. Diese apokalyptische Dimension spielt eine wichtige Rolle in der negativen Deutung der Stadt. In der Schöpfung des Antichristen regiert die Lüge, hier werden nur Trugbilder, gewaltige Fassaden erschaffen, eine Illusion von Größe, die aber in sich zusammenfallen und bald verschwinden wird. Der Nebel und der Sumpf, das sind Zeichen des Untergangs. Wenn Gogol und nach ihm Dostojewskij die Stadt als Phantasma darstellen, wie Renate

Lachmann es nennt,[10] dann sind die Wurzeln auch in der Kritik der altgläubigen Gegner des Zaren Peter zu sehen.

Die lebensfeindliche Natur, Kälte, Wind, unaufhörlicher Regen, Nebel und ständiges Zwielicht sind keine äußeren Phänomene, sondern deuten auf die menschliche Hybris hin, die sich gegen göttliche Gebote auflehnen will und daran scheitern muss. Die regelmäßigen Hochwasser und Überschwemmungen, die Petersburg heimsuchen, sind so gesehen keine Naturkatastrophen, sondern göttliche Ermahnungen oder sogar Strafen. Auch hier hört man wieder Karamzins Spruch: „Der Mensch kann die Natur nicht überwältigen!" Schon sehr früh ist das dazu passende böse Omen formuliert worden und zur festen Wendung bei den Gegnern der Reformidee Peters geworden. Dabei handelt es sich um einen Ausspruch, der Peters erster Frau Awdotja zugeschrieben wird, die prophezeit haben soll „Petersburg wird wüst und leer sein" (Peterburgu byt' pustu). Es ist Awdotjas Sohn, der Zarjewitsch Alexej, der diesen Ausspruch seiner Mutter unter der Folter, an deren Folgen er bald darauf sterben sollte, weitergetragen hat.[11] Alexej hatte die Hoffnung, mit dem Untergang Petersburgs würde das alte Russland wieder erstehen, sein Vater Peter jedoch war bereit, für das neue Russland über Leichen, auch über die seines Sohnes, zu gehen.

Somit sind zu Beginn des 19. Jahrhunderts die Fronten bereits geklärt: Die Mitglieder der russischen Intelligencija konnten sich nun gegen die Gründung und Existenz Petersburg wenden, indem sie kritisierten, hier sei der wahre Kern des russischen Wesens, seine tiefe Geistigkeit zerstört worden, und es sei zu einer fatalen Spaltung zwischen den oberen Schichten und dem einfachen Volk gekommen, oder sie konnten sich als Anhänger von Aufklärung, Modernisierung und Technisierung, die für das rückständige Russland so notwendig gewesen sei, zeigen. Aber gleichgültig ließ die Schöpfung Peters niemanden unter ihnen. So verhängnisvoll diese Zweiteilung innerhalb der russischen Oberschicht vielleicht gewesen sein mag, die sich ja fortsetzte in der von Dostojewskij so oft kritisierten Trennung der gebildeten Stände vom einfachen Volk, so sehr bot sie auch Anlass zu einer kreativen Auseinandersetzung in allen künstlerischen Medien bis heute. Und vielleicht kann man Solschenizyns Frage eine andere Wendung geben, wenn man sich ausmalt, wie arm die russische Kultur ohne die Existenz Petersburgs wäre.

---

10 Vgl. Lachmann: Stadt als Phantasma (2002).
11 Vgl. Pompeev, Ju. A.: „Peterburgu byt' pustu!" In: Vestnik Sankt-Peterburgskogo gosudarstvennogo universiteta kul'tury i iskusstv, Nr. 2 (11), Juni 2012, S. 35–38.

Was ist denn der Mythos einer Stadt? Es gibt im abendländischen Europa viele Orte, die über die nationalen Grenzen hinweg mit festen Erzählungen, die oft zu Schlagwörtern geronnen sind, verbunden werden: Rom, die ewige Stadt; Paris, die Stadt der Liebe, in Deutschland vielleicht Heidelberg, die Stadt unbeschwerter studentischer Lebensfreude. Manchmal vereinen sich der Raum und die Zeit zu einem mythischen Ort, wie etwa das Berlin der 20er Jahre. Und in dieser Reihe steht auch Petersburg. Ganz bewusst beziehe ich mich auch auf den europäischen Zusammenhang. Petersburg ist eine russische Stadt, gegründet von einem russischen Zaren, aber sie gehört in den gesamteuropäischen Erzählkreis. Sie hat nicht allein durch die vielen ausländischen Architekten und Baumeister, die hier gewirkt haben, durch die vielen westeuropäischen Künstler und Gelehrten, die zu ihrem Ruf beigetragen haben, ein europäisches Äußeres, sondern gerade durch die großen russischen Schriftsteller des 19. und 20. Jahrhunderts, die ihre Geschichte geschrieben haben, einen festen Platz im Koordinatensystem der europäischen Kultur.

Vom „Petersburger Text" wird in den Kulturwissenschaften seit den Arbeiten des Mitbegründers der Moskau-Tartuer semiotischen Schule, Wladimir Toporow, Anfang der 80er Jahre gesprochen.[12] Toporow meint damit nicht nur Texte, in denen die Architektur und die Geschichte Petersburg beschrieben wird, sondern ebenso alle Texte, in denen das Verhältnis der Menschen, der Bewohner der Stadt zu den sie umgebenden Räumlichkeiten und Örtlichkeiten thematisiert wird. Bereits etliche Jahrzehnte früher hat ein anderer russischer Wissenschaftler diese Petersburg-Texte gesammelt und kommentiert. Ich beziehe mich auf das in der gesamten Sowjetzeit in den Leningrader Intellektuellenkreisen hymnisch verehrte Buch *Duša Peterburga*, die Seele Petersburgs, das Nikolaj Anziferow 1922 publizierte; ausgerechnet zu einem Zeitpunkt, zu dem das alte imperiale Petersburg dem Untergang entgegenging.[13] Übrigens hat dieser hochbelesene Kulturhistoriker – ein Opfer der Stalin'schen Repressionen, aber auch der deutschen Kriegsgewalt, denn sein Sohn starb während der Blockade Leningrads und seine Tochter wurde zur Zwangsarbeit ins Deutsche Reich verschleppt – kurz danach ein Buch mit dem Titel *Das Petersburg Dostojewskijs* herausgegeben, womit man ihn auch als einen Ahnen und Paten der diesjährigen Jahrestagung unserer Gesellschaft bezeichnen kann.[14]

---

12 Vgl. Toporov, V.N.: Peterburg i peterburgskij tekst russkoj literatury (vvedenie v temu). In: Trudy po znakovym sistemam XVIII (1984), S. 4–29.
13 In deutscher Übersetzung Anziferow, Nikolai P.: Die Seele Petersburgs. Aus dem Russischen von Renata von Maydell. Vorwort von Karl Schlögel. München 2003.
14 Vgl. Anciferov, N.P.: Peterburg Dostoevskogo. Peterburg 1923.

Was ist für Anziferow die „Seele" einer Stadt? Er definiert die Stadt als einen „kulturellen Organismus": Ein Organismus sei ein Lebewesen, das aus einem ganzen System verschiedener Organe bestehe, die alle harmonisch zusammenwirken müssen, damit das Leben fortbestehen könne.[15] Der dauerhafte Kern der Existenz, als was Seele hier zu verstehen ist, kann demnach vor allen anderen kulturellen Organen des Menschen jedoch nur durch die Kunst gebildet werden. Die Seele Petersburgs machen also die Künste aus, in denen die vielen Lebensgeschichten der Einzelnen zu einer dauerhaften Form verstetigt wurden. Und unter diesen Künsten ist die Literatur die Königsdisziplin. Dazu ein Beispiel: Was würde uns Menschen des 21. Jahrhunderts vielleicht die unglückliche Liebe eines kleinen Petersburger Beamten in der Mitte der 40er Jahre des 19. Jahrhunderts interessieren, wenn diesem Titularrat Goljadkin von Dostojewskij nicht ein Doppelgänger zur Seite gestellt worden wäre und wir dieses seltsame Pärchen vier Tage durch Petersburg begleiten, bevor ausgerechnet ein deutsche Mediziner namens Christian Iwanowitsch Rutenspitz den armen, geistig umnachteten Goljadkin ins Irrenhaus führt? Dostojewskijs kleiner Roman aus dem Jahre 1846, *Der Doppelgänger* (Dvojnik), hat eine vielleicht unbedeutende Episode aufgegriffen und daraus ein großartiges, stets gültiges Symbol auch für die Bedeutung der Stadt St. Petersburg im russischen kulturellen Bewusstsein geschaffen: die Gespaltenheit zwischen West und Ost, für die ganz besonders die Gründung des Zaren Peters steht, die doppelte Hauptstadt Moskau und St. Petersburg und viele andere Anspielungen, auf die hier nicht weiter eingegangen werden kann.

Aber Dostojewskijs Goljadkin kam nicht einfach aus dem Petersburger Herbstnebel geschritten, auch er hat seine literarischen Vorbilder. Sein wichtigster Vorgänger ist ebenfalls ein kleiner und armer Beamter, dessen Liebe unglücklich endet und der am Ende dem Wahnsinn verfällt. Gemeint ist Jewgenij, der tragische Held aus Puschkins Poem „Der eherne Reiter" (Mednyj vsadnik). Puschkin selbst hat diesem Text den Untertitel „Petersburger Erzählung" gegeben und hiermit beginnt tatsächlich der Petersburger Text in der russischen Literatur.[16] Man darf ohne Übertreibung sagen: Puschkins Verserzählung ist der Grundstein für alle weiteren literarischen Auseinandersetzungen mit der Stadt. Wer sich jemals in einem Reisebüro über eine Exkursion in die Stadt an der Newa informieren wollte, der wird die Verszeilen Puschkins aus diesem Poem schon gehört haben: „Ich liebe dich, Peters Werk, vor allen, / Ich lieb dein Bild so streng und schlank, / Der Newa majestätisch Wallen, / Durch den granitnen

---

15 Anziferow (2003), S. 51/52.
16 Siehe dazu besonders Grob / Nicolosi: Russland zwischen Chaos und Kosmos (2003).

Uferhang, / Der erznen Gitter finstres Funkeln / In deinen Nächten seltsam wach, / Mondloses Licht, durchsichtges Dunkeln, / Wenn lesend ich in dem Gemach / Verweil und keine Lampe brenne"[17]. Aber so heimelig-liebevoll, wie es in diesen Versen vielleicht anklingen mag, ist Puschkins Poem keineswegs. Es spielt in der Zeit der großen Überschwemmung des Jahres 1824, als das Hochwasser der Newa vier Meter über Normal anstieg und ganze Stadtviertel unter Wasser standen. Dabei ertrinkt auch Jewgenijs Geliebte Parascha. Verzweifelt klagt der kleine Beamte den Großen Zaren an vor eben diesem Denkmal stehend. Plötzlich kommt es ihm so vor, als erwachte das eherne Denkmal und der drohende Zar verfolge den Unglücklichen. Daraufhin wird Jewgenij wahnsinnig und stirbt bald darauf. Mit Sigrid Weigel kann man nun darauf verweisen, dass zunächst eine Frau stirbt als Opfer des männlichen Ordnungsaktes. Doch trifft es dann auch den unbedeutenden Beamten, der sich ein kleines Glück erhofft hatte. Die „Opferstruktur der Zivilisation"[18] wird also von Puschkin nicht nur geschlechtsspezifisch gedeutet, sondern in eine allgemeinmenschliche Katastrophe umgedeutet. Das Individuum, der einzelne kleine Untertan, muss vielleicht leiden, so Puschkins Botschaft, aber die Kulturtat des Zaren war notwendig, damit Russland sich der Zukunft zuwenden und einen gewaltigen Schritt nach vorne machen konnte. Vor dem Hintergrund dieses Poems prägte Jurij Lotman 1984 die Formel, es gehe im Falle der Stadt Petersburg um einen „ewigen Kampf zwischen den Naturgewalten und der Kultur", der sich im Petersburg-Mythos „als Antithese von Wasser und Stein" realisiere.[19]

Anhand von Puschkins epochalem Text soll nun gezeigt werden, dass der Petersburgtext sich selbstverständlich nicht nur in der Literatur erschöpft, sondern multimedial zu lesen ist. Dafür hier ein Beispiel. Die ersten Verse des Poems nach dem Vorwort lauten wie folgt: „Am wellumspülten Strand stand er / Im tiefen Sinnen, nah am Meer, / Und schaute weit. / Vor ihm zogen die Fluten

---

17 Hier in der Übersetzung von Renate von Maydell, im Original: „Люблю тебя, Петра творенье, / Люблю твой строгий, стройный вид, / Невы державное теченье, / Береговой ее гранит, / Твоих оград узор чугунный, / Твоих задумчивых ночей / Прозрачный сумрак, блеск безлунный, / Когда я в комнате моей / Пишу, читаю без лампады"

18 So Weigel, Sigrid: „Die Städte sind weiblich und nur dem Sieger hold". Zur Funktion des Weiblichen in Gründungsmythen und Städtedarstellungen. In: Anselm, Sigrun / Beck, Barbara (Hg.): Triumph und Scheitern in der Metropole. Zur Rolle der Weiblichkeit in der Geschichte Berlins. Berlin 1987, S. 207–227, hier S. 213.

19 Lotman, Ju. M.: Simvolika Peterburga i problemy semiotika goroda. In: Trudy po znakovym sistemam XVIII (1984), S. 29–45, hier S. 32.

durch das niedre Land; / Ein Kahn trieb einsam auf den Wogen. / Am Ufer, sumpfig und bemoost, / Stehen schwarze Hütten, ohne Trost, / Die Wohnstatt eines armen Finnen; / Den Wald, der verloren tost, / Durchdringt nur Nebellinnen, / Kein Sonnenstrahl. / So dachte er: Von hier aus drohen wir dem Schweden; / Hier wird einst eine Stadt am Meer / Uns schützen vor den Nachbar-Fehden. / Die Natur hat hier im Sinn / Ein Fenster nach Europa hin."[20] Gleich im ersten Vers des Poems wird der große Zar erwähnt: ER stand am sturmumtosten Ufer (ohne, dass der Name genannt wird, weiß man natürlich sofort, dass hier nur Zar Peter gemeint sein kann) ‚und schaute in die Ferne': diese Ferne oder Weite ist doppeldeutig im Raum *und* in der Zeit zu lesen. Puschkin beschreibt eine Vision, die der noch junge Zar hier zu einem Zeitpunkt hatte, als der Ausgang des Nordischen Krieges und damit der russische Anspruch auf Ingermanland noch völlig unsicher war. Und gleichwohl stattet Puschkin den Herrscher mit einem prophetischen Blick aus, den er sonst nur für den Dichter in Anspruch nimmt. Der konkrete historische Bezug wird zu einem zeitlosen Kulturauftrag des russischen Volkes verklärt und Petersburg ist das Symbol dieser Mission, das weit über das 18. Jahrhundert hinaus wirken soll.

Von diesen Versen nun lässt sich eine direkte Brücke schlagen zur bildenden Kunst. Das Motiv des am Meeresufer stehenden Zaren mit dem visionären Blick über die Fluten in die auch zeitlich zu definierende Ferne hat einen ikonografischen Status in der russischen Kunst gewonnen. In den Bildmotiven, die die Stadtgründung aufgreifen, überwiegt zunächst noch der strategisch und rational planende Zar, versinnbildlicht anhand eines Plans oder einer Karte, die in Abbildungen des 18. und frühen 19. Jahrhunderts vielfach auftauchen. Das ändert sich, nachdem Puschkin sein Poem verfasst hat. Der stechende, visionäre Blick tritt hinzu.[21] Nun wird der Zar mehrfach auch ganz allein am Strand stehend mit

---

20 In der Übersetzung von Rolf-Dietrich Keil, im Original: „На берегу пустынных волн / Стоял *Он*, дум великих полн, И вдаль глядел. Пред ним широ́ко / Река неслася; бедный чёлн / По ней стремился одиноко. / По мшистым, топким берегам / Чернели избы здесь и там, / Приют убогого чухонца; / И лес, неведомый лучам / В тумане спрятанного солнца, / Кругом шумел. // И думал он: / Отсель грозить мы будем шведу, / Здесь будет город заложён / На зло надменному соседу. / Природой здесь нам суждено / В Европу прорубить окно."

21 Vgl. z.B. die Pietro Antonio Novelli zugeschriebene Gravur von 1797 „Zar Peter der Große gründet die Stadt Petersburg" (https://ic.pics.livejournal.com/boristayskey/80862471/629231/629231_600.jpg), oder A. G. Venecianovs 1838 entstandenes Gemälde „Peter der Große. Die Gründung St. Petersburgs", oder auch Alexander Kotzebus 1852 entstandenes Gemälde „Peter der Große bei der Gründung Petersburgs".

Abb. 1: L. F. Lagorio, „Na beregu pustinnych voln" (1897, Am sturmumtosten Ufer)

dem Blick in die Ferne dargestellt.[22] Schließlich bezieht sich die Kunst der Jahrhundertwende dann ausdrücklich auf Puschkin (vgl. Abb. 1).

Alexander Benois arbeitete zwischen 1903 und 1922 an Illustrationen zu Puschkins Poem. In seiner einleitenden Zeichnung zu dem nun schon bekannten Vers „Am sturmumtosten Ufer stand er" steht aber gar nicht mehr der Zarenblick im Zentrum, sondern viel mehr die Einsamkeit und, wenn man es negativ sehen will, die Volksferne des großen russischen Herrschers, der keine Rücksicht nimmt auf seine Untergebenen am rechten Bildrand, die beinahe vom Wind weggepustet werden.

Überhaupt thematisieren die Maler der Jahrhundertwende durchaus das Problem der großen Kluft zwischen den gewaltigen Visionen des Zaren und der Unfähigkeit der einfachen Menschen und Russen, diese Pläne zu erfüllen. Walentin Serow zeigt in seinem 1907 entstandenen Gemälde „Petr I" überdeutlich, wie der Zar mit mächtigen Schritten auf der Baustelle St. Petersburgs voranschreitet und wie seine merkwürdig verkrümmte, vor Kälte schlotternde

---

22 Vgl. z.B. N. F. Dobrovol'skijs 1880 entstandenes Gemälde „Hier wird eine Stadt gegründet" (Zdes' budet gorod založen).

Gefolgschaft kaum hinterherkommt. Und das Motiv der utopischen Ferne setzt sich auch im Film fort. 1937 erscheint der sowjetische Monumentalfilm *Peter der Erste* in der Regie von Wladimir Petrow nach einer Vorlage von Alexej Tolstoj mit dem Schauspieler Nikolaj Simonow in der Titelrolle. Hier geht Peters verklärter Blick anlässlich des Gründungsaktes in die Richtung der Ostsee und in den wolkenverhangenen Himmel und mit großem Pathos verkündet er „Zdes' budem stavit' gorod", hier werden wir eine Stadt errichten (vgl. Abb. 2)

Ein wesentlicher Aspekt der kulturellen Bedeutung St. Petersburgs ist hier bisher nur am Rande vermerkt worden, er soll nun abschließend noch einmal hervorgehoben werden. Der Stellenwert Petersburgs erschließt sich vor allem auch aus der Alterität zur anderen Hauptstadt Russlands, zu Moskau. Zur Illustration dieser Dualität sei hier auf einen weiteren Schriftsteller verwiesen, der neben Puschkin für Dostojewskij maßgebend wird. Gemeint ist Nikolaj Gogol. Doch möchte ich nun nicht aus einer seiner fantastischen Geschichten zitieren, die unter dem Obertitel *Petersburger Erzählungen* zusammengefasst worden sind, nicht von einer Nase in der Kasaner Kathedrale oder von dem unglücklichen Los eines kleinen Beamten, dem sein neuer Mantel gestohlen wird, berichten, sondern einige Passagen aus einem Artikel, den Gogol in der von Puschkin

Abb. 2: Szenenfoto aus „Peter der Erste", Regie: Wladimir Petrow, Nikolaj Simonow als Zar Peter I., Lenfilm 1937 (1. Teil, Minute 47,00; Quelle: https://ruskino.ru/mov/1375)

St. Petersburg und seine Bedeutung für die russische Kultur

gegründeten Zeitschrift *Der Zeitgenosse* veröffentlichte, wiedergeben: Unter der Überschrift „Petersburger Aufzeichnungen aus dem Jahre 1836" finden sich dort folgende Überlegungen Gogols:

> In der Tat, wo hat es die russische Hauptstadt hinverschlagen – ans Ende der Welt! Ein seltsames Volk, diese Russen: Sie hatten ihre Hauptstadt in Kiew, aber da ist es zu warm, zu wenig Kälte; also übersiedelte die russische Hauptstadt nach Moskau – ach nein, auch da war es nicht kalt genug: Der Himmel schenke uns Petersburg! Sie bringt es noch fertig, diese russische Hauptstadt, und sucht sich den eisigen Nordpol zum Nachbarn. […] welch ein Unterschied, welch ein Unterschied zwischen beiden Städten! Die eine bis auf den heutigen Tag bärtiger Russe, die andere schon ein akkurater Deutscher. Wie hat sich das alte Moskau hingeräkelt und ausgebreitet! Wie zerzaust es wirkt! Wie ist dagegen das stutzerhafte Petersburg eng zusammengerückt, aufgereckt wie eine gespannte Saite. […] Moskau ist eine alte Stubenhockerin, bäckt Plinsen, schaut von ferne zu und lässt sich, im Sessel ruhend, erzählen, was in der Welt geschieht. Petersburg ist ein kecker Bursche, der nie zu Hause sitzt, immer adrett gekleidet, tut schön vor Europa, macht seine Verbeugung vor den Leuten jenseits des Meeres. […] Moskau hat im Russischen weibliches Geschlecht, Petersburg ist männlich. Moskau besteht aus lauter Bräuten, Petersburg aus Freiern. […] Petersburg ist ein akkurater Mensch, ein vollkommener Deutscher, der alles umsichtig erwägt, und ehe er nur an eine Abendgesellschaft denkt, sieht er in seine Taschen; Moskau dagegen ist ein russischer Edelmann, wenn er sich schon vergnügt, dann vergnügt er sich auch bis zum Umfallen und sorgt sich nicht darum, mehr zu verbrauchen, als er in seinen Taschen hat; das Mittelmaß wird nicht geschätzt. […] In Moskau verleben die Schriftsteller ihr Geld, in Petersburg wird es verdient. […] Moskau ist ein großer Handelshof, Petersburg ein heller Laden. Russland braucht Moskau; Petersburg braucht Russland. […] Ich könnte noch manches hinzufügen, aber – wirklich, eine ungeheure Distanz!…[23]

Der amüsante Tonfall, den Gogol hier wählt, darf nicht darüber täuschen, dass er hier auf ein grundlegendes Problem Petersburgs aufmerksam macht, welches auch 130 Jahre nach der Stadtgründung noch nicht überwunden war. Der „akkuratnyj nemec" – wobei der Begriff bekanntermaßen weiter zu fassen als nur „der Deutsche" und für den Ausländer allgemein steht – ist das schlechthin Andere für das Russentum überhaupt, einerseits Ansporn, andererseits arrogant, unsensibel und seelenlos. Petersburg bleibt der fremde Stachel im russischen Fleisch. Als Gogols Artikel im Juni 1837 erscheint, ist nur wenige Tage zuvor ein 15-jähriger Moskauer in Petersburg gemeinsam mit seinem Bruder eingetroffen, um sich auf Anweisung seines Vaters für die Aufnahme in die Ingenieursschule der Militärakademie vorzubereiten. Dabei handelte es sich um einen gewissen

---

23 Gogol', N.V.: Peterburgskie zapiski 1836 goda. In: Ders.: Polnoe sobranie sočinenij. T. 8: Stat'i. Moskva, Leningrad 1952, S. 177–179.

Fjodor Michajlowitsch Dostojewskij, der bald schon den Petersburgtext weiterschreiben sollte.

Versuchen wir nun eine kurze Zusammenfassung derjenigen spannungsvollen Gegensätze an den Schluss zu stellen, die die kulturelle Bedeutung Petersburgs ausmachen und die für Dostojewskij wesentlich sind. Sie hängen gewiss alle zusammen, doch jeder Punkt für sich nuanciert eine ganz bestimmte Fragestellung:

1. Slavophiler Fluch oder Hoffnung für Westler auf europäische Zivilisierung Russlands
2. „Neu" gegen „Alt"
3. „Invented Tradition" und imperialer Anspruch Russlands => Wachstum nach Innen oder Außen
4. Utopische Vision vs. Reich des Antichristen
5. (weibliche) wilde Natur (Sumpf, Chaos) vs. (männliche) Kultur (Linien, Ordnung)
6. Moskau („bärtiger Russe") vs. Petersburg („akkurater Deutscher")
7. Omnipotente politische Macht (Peter I.) vs. hilfloses Individuum (Evgenij/ Goljadkin)
8. Schönheit und Wahnsinn, wahnsinnige Schönheit
9. Logik/Ratio vs. Seele/Geistigkeit
10. Öffentlichkeit/Gesellschaft (obščestvennost', svet) vs. Gemeinschaft/ Gemeinde (sobornost')

In dem im Vorwort erwähnten Film von Heinrich Böll über das Petersburg Dostojewskijs werden Passanten in Leningrad – es ist das Jahr 1968 – nach der Bedeutung Dostojewskijs für die zeitgenössische Gegenwart gefragt. Ein offensichtlich überzeugter Anhänger der kommunistischen Partei meint, dass Dostojewskij wohl nicht mehr in die Jetztzeit passe, da er die Zukunft Russlands nach der Revolution nicht korrekt aufgezeigt und überhaupt eine ganz schwache Beziehung zum Sozialismus habe. Sieht man allerdings die Kamerabilder, kann man sich sehr gut vorstellen, dass auch nach hundert Jahren noch eine der Romanfiguren Dostojewskijs aus einem der Hinterhöfe auf die Straße treten könnte und vielleicht ein Beil in seinem Mantel versteckt.

Karla Hielscher

Dostojewskij und Sankt Petersburg.
Biographie und Topographie einer Beziehung

Leben und Werk Dostojewskijs sind untrennbar mit Sankt Petersburg verbunden. Die Biographie und die Entwicklung Dostojewskijs als Schriftsteller sind geprägt von seinem schwierigen Leben in dieser Stadt, sie ist Handlungsort der meisten Texte seiner Prosa, und Petersburg ist das unerschöpfliche Thema seines philosophischen und ideologischen Nachdenkens über Russland, um das er immer wieder kreist.

Im Mai 1837 reist der Moskauer Armenarzt Dostojewskij mit seinen Söhnen Michail und Fjodor in der Kutsche nach Sankt Petersburg, wo er beide an der Ingenieurschule, einer Ausbildungsstätte der russischen Armee für ihre Pionieroffiziere, unterzubringen hofft. Da ist Fjodor noch keine sechzehn Jahre alt, wenige Wochen zuvor ist die Mutter gestorben, und die beiden von der romantischen Literatur und Schiller begeisterten Jungen träumen von einem Leben als Dichter und nicht als Soldaten.

Das Gasthaus „Neapel" an der Fontanka, in dem sie zunächst abstiegen, war die erste von Dostojewskijs ca. 20 Adressen von Petersburger Häusern, die er im Laufe seines Lebens bewohnte und die von der Forschung herausgefunden und beschrieben wurden. Allein schon in den Monaten bis zur endgültigen Aufnahme in die Ingenieurschule wechselten die Brüder noch zweimal die Wohnung, zogen dann in das Pensionat eines Militäringenieurs, der die zukünftigen Zöglinge der Schule auf die Aufnahmeprüfungen vorbereitete, in die Ligowskij-Straße.

Mit Beginn des Studiums – Michail war in die Ingenieurschule von Reval abkommandiert worden und die eng befreundeten Brüder mussten sich trennen – wurde das Michajlow-Schloss oder das „Ingenieurschloss" in der Nähe des Marsfelds für Jahre zu Fjodors Aufenthaltsort. Hier lebte er von Januar 1838 bis zum August 1841, als er die Offiziersklasse erreicht hatte.

Das Michajlow-Schloss ist der ehemalige Palast des Zaren Pauls I., der in diesem Gebäude 1801 mit Wissen und Zustimmung seines Sohnes, des Thronfolgers Alexander I., ermordet wurde. Schon allein diese düstere Geschichte hat sicherlich die Fantasie des empfindsamen Jünglings erregt und belastet. Von mehreren seiner Kommilitonen wissen wir, dass Dostojewskij zumeist allein und in seine Lektüre versunken im Eckzimmer seiner Gruppe, in der so genannten „runden Kammer", am Fenster saß, das auf die Fontanka hinabschaute.

Und aus den Briefen, die er in diesen Jahren an den Bruder schrieb, wird deutlich, dass ihn die Werke der Großen der Weltliteratur – Schiller, Goethe, Balzac und Cervantes – viel tiefer und intensiver beschäftigten als die Gegenstände seines Studiums. Längst ist er von seiner Berufung zum Schriftsteller überzeugt und leidet darunter, zu wenig Zeit dafür zu haben. Er beklagt sich bitter über die geforderte Büffelei und die Menge der abzulegenden Prüfungen. Als er im August 1841 den ersten, untersten Offiziersrang erreicht hat, fühlt er sich befreit und glücklich, da er nun nicht mehr im Ingenieurschloss wohnen muss, sondern sich eine private Bleibe suchen darf.

Obwohl er bis zum endgültigen Abschluss noch zwei Jahre die Offizierskurse besuchen musste und danach seinen Dienst als technischer Zeichner antrat, hatte sich sein Leben grundlegend verändert. Er genoss alle Vergnügungen, die Petersburg bot: Theater, Oper, Konzerte, Ausgehen mit Freunden in Restaurants einschließlich Bordellbesuchen.

Schon 1844 aber lässt er sich als Offizier in den Ruhestand versetzen und ist dadurch endlich frei für seine einzige Passion, das Schreiben. Der wesentliche Grund dafür ist, dass er in die Provinz abkommandiert werden sollte. In dem Brief an den Bruder vom 30.09.1844 heißt es: „Nun sage mir bitte, was sollte ich ohne Petersburg anfangen [...] Ein Stück Brot werde ich leicht finden. Ich werde höllisch arbeiten. Jetzt bin ich frei."[1]

Aber natürlich waren seine finanziellen Mittel äußerst beschränkt. Alle Wohnungen, die er in den nächsten Jahren bezog, teilte er sich deshalb mit Freunden und wechselte die Behausungen immer wieder auf der Suche nach günstigeren und praktischeren.

Was aber bei all diesen Wohnungen auffällt – und es sind bis zu seinem Tode weitere 18 Petersburger Adressen bekannt –, ist die Tatsache, dass sich alle in einem Eckhaus befanden, d.h. sie lagen an einer Straßenkreuzung, auf die der Blick aus den Fenstern fiel. In der Dostojewskij-Forschung wird deshalb öfter auf die tiefere Bedeutung einer solchen Wohnlage hingewiesen, die ja das christliche Symbol des Kreuzes zeigt.

1845/46 gelang Dostojewskij mit dem Briefroman *Arme Leute* der glanzvolle Einstieg in den lebendigen Literaturbetrieb der Hauptstadt. Er selbst hat es noch Jahrzehnte später im *Tagebuch eines Schriftstellers* den „glücklichsten Augenblick

---

1 Polnoe sobranie sočinenij v 30 tomach (30bändige Gesamtausgabe der Akademie der Wissenschaften der UdSSR, zitiert PSS) 28/I, S. 100.

seines ganzen Lebens"² genannt, als er von Nikolaj Nekrassow, dem Chefredakteur der Zeitschrift *Der Zeitgenosse* (Sovremennik) zum „neuen Gogol" erklärt und von Wissarion Belinskij mit Lob überhäuft wurde. Dmitrij Grigorowitsch, mit dem Dostojewskij damals seine Zweizimmerwohnung an der Ecke Wladimirskij Prospekt/Grafengasse teilte, hatte das Manuskript zu Nekrassow gebracht, und beide hatten sich den Text in einer Nacht hintereinander weg unter Tränen vorgelesen und dann sogleich an Wissarion Belinskij, den einflussreichen Begründer der russischen Literaturkritik, weitergereicht.

Der erste Roman Dostojewskijs wurde Anfang 1846 sogleich zu einem Ereignis in der russischen Literaturgeschichte. Mit einem Schlag stand der junge, bis dahin unbekannte Schriftsteller auf der Höhe seines Ruhms, im Zentrum des Literaturbetriebs. Ihm öffnen sich die berühmten literarischen Salons der Hauptstadt, er wird mit allen bedeutenden Autoren seiner Zeit bekannt und zum Liebling der höchsten Gesellschaftskreise der Hauptstadt. Dostojewskij, der selbst durchaus von seiner eigenen Genialität überzeugt war, fühlt sich endlich bestätigt und genießt das in vollen Zügen.

Als sehr bald darauf sein zweiter Roman *Der Doppelgänger* (Dvojnik) erschien, auf den Belinskij und die Kritik eher kritisch reagierten – schon vorher kursierte eine Satire über die Eitelkeit Dostojewskijs im literarischen Milieu –, war die Enttäuschung natürlich groß. Der junge Schriftsteller reagiert mit Hochmut, äußerster Gereiztheit, Streit, nervlicher Zerrüttung und Depressionen. Es kommt zum Bruch mit dem Kreis um Belinskij.

Im Oktober 1846 schreibt er an seinen Bruder: „Petersburg ist die Hölle für mich. Es ist so schwer, so schwer, hier zu leben. Und meine Gesundheit hat sich deutlich verschlechtert."³ Auch die in der folgenden Zeit erscheinenden frühen Erzählungen Dostojewskijs finden weder bei der Kritik noch beim Lesepublikum viel Anklang.

Handlungsort seiner beiden ersten Bücher wie auch der folgenden Erzählungen ist Petersburg: im Briefroman *Arme Leute*, der zart sentimentalen Geschichte über die unerfüllte Liebe des kleinen Amtsschreibers Makar Djewuschkin zu der mittellosen, verlobten Warenka, ist es der Hinterhof einer Petersburger Mietskaserne, wo die beiden miteinander korrespondieren; und im Roman *Der Doppelgänger*, der den Untertitel *Ein Petersburger Poem* trägt, das administrative Zentrum Russlands, die Beamtenstadt mit ihren Dienststellen und Amtsstuben,

---

2 PSS 25, S. 31.
3 PSS 28/I, S. 127.

in der Realität und Phantastik miteinander verschwimmen und der kleine Titularrat Goljadkin die Spaltung seiner Persönlichkeit durchlebt.

Eine prägende Figur von Dostojewskijs Frühwerk ist der Petersburger Träumer. Im Jahr 1847 erschienen in den *Petersburger Nachrichten* (Peterburgskie vedomosti) vier lange Feuilletons im Rahmen der sogenannten sonntäglichen „Petersburger Chronik", Texte, die von der Dostojewskij-Forschung erst viel später seinem Werk zugeordnet worden sind.

In lockerem Plauderton – immer mit leichter Ironie – führt die Erzählergestalt, ein feuilletonistischer Flaneur, das Gespräch mit dem Leser über das Wetter, die Jahreszeiten sowie die laufenden Ereignisse des Stadtlebens. Die ausführlich charakterisierte Gestalt des Petersburger Träumers trägt durchaus Züge des jungen Schriftstellers und kann wie ein Kommentar zu einigen Helden der frühen Erzählungen oder auch zu der romantischen Liebesgeschichte *Weiße Nächte* gelesen werden:

> Wissen Sie, was ein Träumer ist, meine Herren? Es ist der Petersburger Alpdruck, die verkörperte Sünde, eine stumme geheimnisvolle, düstere, wilde Tragödie, mit allen Schrecken, mit allen Katastrophen, Peripetien, Verwicklungen und Lösungen, und wir sagen das gar nicht zum Spaß. [...]
>
> Ihre bewegliche, flüchtige, leichte Phantasie ist schon erregt, die Einbildungskraft ist gestimmt, und eine ganze phantastische Welt mit Freuden und Leiden, mit der Hölle und dem Paradies, mit bezaubernden Frauen, Heldentaten, edlen Handlungen, stets mit einem titanischen Kampf, mit Verbrechen und allerlei Schrecken, bemächtigt sich plötzlich des ganzen Seins des Träumers. [...] oft durchleben sie in wenigen Stunden das Paradies der Liebe oder ein ganzes gigantisches, unerhörtes, wie ein Traum wunderbares und großartig schönes Leben.[4]

Es ist die Erzählung *Ein schwaches Herz* (Slaboe serdce) von 1848, wo der übersensible Träumer Wasja Schumkow an der Realität zerbricht, in der zum ersten Mal die überwältigende Vision von Petersburg als phantastischem, vergänglichem Trugbild auftaucht, ein Motiv, das das Werk Dostojewskijs in Varianten durchzieht:

> Als Arkadij auf dem Heimweg über die Newa ging, blieb er auf der Brücke einen Augenblick stehen und blickte gespannt in die dunstige, frostige Ferne, die plötzlich auflohte im letzten blutigen Purpur der Abendsonne, die am Horizont langsam versank. Die Nacht zog herauf, und der ganze Rauhreif der Schneefläche auf der Newa erglänzte, vom letzten Strahl der Sonne beschienen, in Myriaden von diamantenen Funken. Die Kälte war auf

---

4 Dostojewskij, F. M.: Petersburger Chronik. Orchis Verlag München 1923, S. 67–69.

zwanzig Grad angestiegen. Die ausgreifenden Pferde vor den Schlitten, die dahineilenden Menschen waren von sich wölkendem Dampf umgeben. Die kalte Luft erzitterte vom geringsten Laut, und zu beiden Seiten des Flusses stiegen über den Häusern Rauchsäulen empor, erhoben sich wie Riesen, reckten und streckten sich, ballten sich zusammen und wichen wieder auseinander; es sah aus, als wollte sich über der alten Stadt eine neue Stadt in der Luft bilden... Und diese ganze Welt mit all ihren Bewohnern, den starken und den schwachen, mit all ihren Behausungen, der Unterschlüpfen für die Armen und den Palästen der Reichen und Mächtigen der Erde, schien sich in dieser Dämmerstunde in ein phantastisches Trugbild, in einen Traum zu verwandeln, der aus dem irdischen Dunst zum dunkelblauen Himmel aufstieg, um sich in ihm aufzulösen und zu vergehen.[5]

Es ist hochinteressant, dass diese Stelle viel später – nämlich in dem Feuilleton „Petersburger Träume in Versen und in Prosa", das in der Nr. 1 der Zeitschrift *Die Zeit* (Vremja, 1861), also nach der Rückkehr aus Sibirien, wörtlich in der Ich-Form wieder auftaucht, der Text also durchaus autobiographisch verstanden werden kann. Hier nun folgen auf das Zitat die Sätze:

Ein sonderbarer Gedanke regte sich plötzlich in mir. Ich fuhr zusammen, und über mein Herz ergoss sich in diesem Augenblick eine heiße Blutwelle, die plötzlich von einem starken, mir bisher unbekannten Gefühl aufgepeitscht war. Erst jetzt begriff ich gleichsam das, was sich unbewusst in mir regte, und was ich noch nicht erfasst hatte; ich erblickte gleichsam etwas Neues, eine vollkommen neue Welt, die mir unbekannt war, und die ich nur aus dunklen Gerüchten und geheimnisvollen Zeichen kannte. Ich glaube, dass in dieser Minute mein Dasein (suščestvovanie) anfing...[6]

Dostojewskij verknüpft hier also den Beginn seiner ganzen Existenz als Schriftsteller mit der erregenden Vision von Petersburg als einer Stadt, die sich in Luft auflöst!

Zurück ins Jahr 1847 zum Feuilleton „Petersburger Chronik". Für unsere Fragestellung ist hier das Wesentliche, dass Dostojewskij sich in diesen Feuilletons zum ersten Mal auch philosophisch-ideologisch mit dem für sein gesamtes Schaffen so wesentlichen Thema Petersburg beschäftigte, ein Thema, das in den Auseinandersetzungen zwischen Westlern und Slawophilen in der wertenden Gegenüberstellung von Moskau und Petersburg eine große Rolle spielt.

Im Gegensatz zu seinem späteren Petersburg-Bild interpretiert er in diesen Feuilletons die Reformen Peters noch absolut positiv. Seine Sicht ist also die eines auf Fortschritt und Wandel hoffenden Westlers. Er polemisiert hier

---

5   Dostojewski, F. M.: Sämtliche Werke in zehn Bänden, übersetzt von E. K. Rahsin, München (Piper Verlag) Band I, S. 657 (im Weiteren zitiert als Piper-Ausgabe).
6   Petersburger Träume. Ein literarisches Lesebuch. Herausgegeben und mit einem Nachwort von Wolfgang Lange. München, Zürich (Piper) S. 113.

nämlich gegen das Petersburg herabsetzende Bild, das der französische Reisende Astolphe de Custine in seinem Buch *La Russie en 1839* zeichnete, ein Buch, das in Russland erregte Debatten ausgelöst hatte.[7]

> Nicht so Petersburg. Hier sieht und hört und fühlt man auf Schritt und Tritt den gegenwärtigen Moment und die Idee der Jetztzeit. Also bitte: in gewisser Beziehung ist hier alles ein Chaos, alles ein Mischmasch; vieles kann als Karikatur dienen; aber dafür ist alles Leben und Bewegung. Petersburg ist der Kopf und das Herz Russlands. Angefangen mit der Architektur der Stadt. Sogar diese ganze Unterschiedlichkeit ihres Charakters bezeugt die Einheit des Gedankens und die Einheit der Bewegung. Diese Reihe von Gebäuden der holländischen Architektur erinnert an die Zeit Peters des Großen. Dieses Gebäude im Geschmack von Rastrelli erinnert an das Jahrhundert Katharina, dieses im griechischen und römischen Stil an die spätere Zeit, aber alles zusammen erinnert an die Geschichte des europäischen Lebens von Petersburg und ganz Russland. Und bis heute liegt Petersburg in Staub und Schutt; es wird noch gebaut, geschaffen; seine Zukunft liegt noch in der Idee, und diese Idee gehört Peter dem I., sie verwirklicht sich, sie wächst und verwurzelt sich mit jedem Tag mehr, nicht nur im Petersburger Sumpf, sondern in ganz Russland, das allein durch Petersburg lebt. Schon haben alle die Kraft und den Nutzen der Richtung Peters gespürt, und alle Schichten sind aufgerufen zur gemeinsamen Sache der Verwirklichung seines großen Gedankens.[8]

Die Zeit, als der junge Dostojewskij die „Petersburger Chronik" schrieb, waren die Jahre der Annäherung an die Kreise der revolutionären Jugend, seine Sturm- und Drangzeit. Es waren dies die Jahre der schlimmsten Reaktion unter Nikolaus I., der das revolutionäre Gären in Westeuropa mit allen Mitteln der Repression – z.B. durch das Schließen der geisteswissenschaftlichen Fakultäten an den Universitäten – von Russland fernhalten wollte.

Aber die jungen Intellektuellen Petersburgs waren infiziert von den liberalen und sozialistischen Ideen des Westens.

Schon durch Belinskij war Dostojewskij mit dem in Westeuropa weit verbreiteten sozialistischen Gedankengut bekannt geworden. Seit 1846 besuchte er den literarischen Kreis der Brüder Beketow, mit denen er eine gemeinsame Wohnung auf der Wassiljew-Insel bezogen hatte. In einem Brief an seinen Bruder vom 26.11.1846 nennt er diese Wohngemeinschaft eine „Assoziation", wodurch ganz deutlich wird, dass die jungen Leute Charles Fourier gelesen hatten und sich für dessen Ideen des utopischen Sozialismus begeisterten.[9]

---

7 Astolphe de Custine: Russische Schatten. Prophetische Briefe aus dem Jahr 1839. Nördlingen (Die andere Bibliothek) 1985.
8 PSS 18, S. 26.
9 PSS 28/I, S. 134.

Zu der Zeit hatte Dostojewskij auch schon Michail Petraschewskij kennengelernt, auf dessen berühmten Freitagabenden die sozialkritische und revolutionäre Literatur des Westens gelesen, über die Situation Russlands mit seiner zaristischen Autokratie und Leibeigenschaft debattiert und von der kommenden Welterneuerung durch den Sozialismus geschwärmt wurde und wo ein Teil der Gruppe durchaus auf einen revolutionären Umsturz in Russland hin zu agieren begann.

Jahrzehnte später, im *Tagebuch eines Schriftstellers*, reflektiert Dostojewskij sein damaliges Engagement als Idealist voller romantischer Träume:

> Alle diese damaligen neuen Ideen gefielen uns in Petersburg ungeheuer, erschienen uns als im höchsten Grade heilig und sittlich und vor allem allmenschlich, erschienen uns als das zukünftige Gesetz der ganzen Menschheit ohne Ausnahme.[10]

Im April 1849 werden die Teilnehmer des Kreises verhaftet, und Dostojewskij verbringt die folgenden Monate der Verhöre und des Prozesses in einer Zelle in den dunklen feuchten Kasematten des Aleksejew-Ravelin der Peter-Pauls-Festung, dem Hochsicherheitstrakt für politische Gefangene. Zusammen mit fünfzehn seiner Mitgefangenen wird er zum Tod durch Erschießen verurteilt und erst im letzten Moment durch den Zaren zu Katorga und Verbannung in Sibirien begnadigt. Er hat noch am gleichen Tag in einem Brief an seinen Bruder die dramatischen Minuten geschildert:

> Heute, am 22. Dezember, wurden wir alle nach dem Semjonow-Platz gebracht. Dort verlas man uns das Todesurteil, ließ uns das Kreuz küssen, zerbrach über unseren Köpfen den Degen und machte uns die Todestoilette (weiße Hemden). Dann stellte man drei von uns vor dem Pfahl auf, um das Todesurteil zu vollstrecken. Ich war der sechste in der Reihe; wir wurden in Gruppen von je drei Mann aufgerufen, und so war ich in der zweiten Gruppe und hatte nicht mehr als eine Minute noch zu leben. […] Ich hatte noch Zeit, Pleschtschejew und Durow, die neben mir standen, zu umarmen und von ihnen Abschied zu nehmen. Schließlich wurde Retraite getrommelt, die an den Pfahl Gebundenen wurden zurückgeführt, und man las uns vor, dass Seine Kaiserliche Majestät uns das Leben schenke.[11]

Man kann sich vorstellen, mit welcher bedrückenden Bedeutung der Semjonow-Platz, der Parade-Platz des Semjonow-Regiments, der zum Schafott gemacht wurde, von da an für Dostojewskij aufgeladen war. Sergej Below weist darauf hin, dass Dostojewskij im Moment der Erwartung des Todes vor seinen Augen

---

10 Piper-Ausgabe Band 5, S. 70f.
11 Dostojewski, F. M.: Gesammelte Briefe 1833–1881. Übersetzt, herausgegeben und kommentiert von Friedrich Hitzer, München, Zürich (Piper) 2. Auflage 1986, S. 76f.

die Gorochowaja uliza hatte und schließt, dass es kein Zufall sei, in welchem Zusammenhang diese Straße in späteren Werken auftaucht: Hier liegt das Haus des Kaufmanns Rogoschin, wo dieser Nastasja Filippowna ermordet, und hier begeht Stawrogin seine schreckliche Sünde des Missbrauchs eines Kindes, das sich daraufhin erhängt.[12]

Kurz nach der Urteilsverkündung auf dem Semjonow-Platz verlassen die Verurteilten, in schwere Ketten geschmiedet, in offenen Pferdeschlitten Petersburg in Richtung Osten. Es folgen vier Jahre Zwangsarbeit im Omsker „Ostrog" und danach Dienst als einfacher Soldat in der gottverlassenen Garnisonsstadt Semipalatinsk in der sibirischen Steppe. Im Sommer 1859, nachdem ärztlich bestätigt worden war, dass Dostojewskij wegen seiner Epilepsie dienstuntauglich war und seinem Antrag auf Befreiung vom Militärdienst schließlich stattgegeben wurde, darf er mit seiner ersten Frau Marja Dmitrijewna, die er in Sibirien geheiratet hat, und deren Sohn Pawel endlich zurück ins europäische Russland. Allerdings ist ihm der Aufenthalt in Moskau oder Petersburg nicht gestattet, so dass die erste Station seines neuen Lebens die Stadt Twer wird.

Das ist für Dostojewskij, der noch in Sibirien wieder angefangen hatte zu schreiben und der alles daran setzte, wieder ins literarische Leben einzusteigen, absolut unerträglich. Er braucht den direkten Kontakt zu den Verlagen, den Zeitschriften und dem Literaturbetrieb; er braucht die Behandlung seiner Krankheit durch Ärzte der Hauptstadt. Deshalb bombardiert er einflussreiche Persönlichkeiten mit untertänigen Bittbriefen: „Es ist für mich unmöglich, nicht in Petersburg zu leben!"[13] Er verfasst einen Brief an den Zaren Alexander II., in dem es heißt: „Beglücken Sie auch das arme Waisenkind, seine Mutter und den unglücklichen Kranken, der bis zur Stunde noch zu den Verstoßenen gehört, und der doch bereit ist, unverzüglich sein Leben für den Zaren hinzugeben".[14]

Im Dezember 1859 – genau 10 Jahre nach dem Abtransport in Ketten nach Sibirien – ist er wieder in Petersburg angelangt. Und Dostojewskij kam als ein Anderer in seine Heimat zurück. Die Erfahrung der Scheinhinrichtung auf dem Semjonow-Platz und die Begnadigung durch den Zaren wurden zum „Schlüsselnarrativ seines Lebens".[15] Dieses Erlebnis und die Jahre in der sibirischen Hölle

---

12 Belov, S. V.: Peterburg Dostoevskogo. Naučnoe izdanie. Sankt-Peterburg (Izdatel'stvo „Aletejja") 2002, S. 318f.
13 PSS 28/I, S. 343.
14 Gesammelte Briefe, a.a.O. S. 152.
15 Guski, Andreas: Dostojewskij. Eine Biographie. München (C. H. Beck) 2018, S. 108.

führten zu einer tiefen existentiellen Wende, die er mal als „Wiedergeburt in eine neue Form", mal als „Erneuerung", „Auferstehung" oder „Rettung" bezeichnet hat. Aus dem Sozialisten Dostojewskij wurde ein glühender Patriot, aus dem linken Westler ein orthodoxer Russophiler, aus dem Revolutionär ein Nationalkonservativer und überzeugter Befürworter der zaristischen Selbstherrschaft.

Aber der gewandelte Schriftsteller kam auch in ein anderes Russland zurück. Das Land befand sich in einem tiefen sozialen und geistigen Prozess des Umbruchs. Der Reformzar Alexander II. hatte das große Projekt der Modernisierung Russlands in Angriff genommen. Am 19. Februar 1861 wurde das Manifest über die Abschaffung der Leibeigenschaft verkündet. Die ersten Jahre seiner Herrschaft waren eine Zeit der Hoffnungen auf ein liberaleres, modernes Gesellschaftssystem, der offenen gesellschaftlichen Debatten und der utopischen sozialen Experimente von radikalen Studenten, aber auch der beginnenden revolutionären Unruhen.

Dostojewskij stürzte sich voller Enthusiasmus in die Diskussionen und wollte aktiv Einfluss nehmen auf die geistige Entwicklung seines Landes. Zusammen mit seinem Bruder Michail gründete er die literarische und politische Monatszeitschrift *Die Zeit* (Vremja), in der in den folgenden Jahren auch seine erfolgreichen Bücher *Die Erniedrigten und Beleidigten* (Uniźennye i oskorblënnye, 1861) und die *Aufzeichnungen aus dem Totenhaus* (Zapiski iz mërtvogo doma, 1862) in Fortsetzungen abgedruckt wurden.

Der Roman *Die Erniedrigten und Beleidigten* ist ganz ausdrücklich in der genauen Topographie Petersburgs angesiedelt. Die Straßennamen und Adressen der handelnden Personen sind exakt wiedergegeben: Der Wosnessenskij-Prospekt, wo die Handlung in der Konditorei des deutschen Bäckers Miller beginnt, die 6. Linie auf der Wassiljew-Insel, in der Nelli mit ihrer Mutter wohnt usw.

In der ersten Ankündigung des Zeitschriftenprojekts im Herbst 1860 wird schon das politische und ideologische Programm der *Vremja* in seinen Grundzügen formuliert: Es ist die antiwestliche „russische Idee", die Idee der „Bodenständigkeit" (počvenničestvo, von počva/der Boden), die sich polemisch gegen die gesamte russische revolutionär demokratische Bewegung richtet und zu einer neuen gesellschaftlichen Strömung wurde. Die Reformen Peters des Großen, die das russische Volk nie angenommen hätte, seien Russland teuer zu stehen gekommen. Sie hätten die gebildete Klasse und das Volk voneinander getrennt. Diese Spaltung gehe nun zu Ende.

> Wir wissen jetzt, dass wir keine Europäer sein können, dass wir nicht in eine der westlichen Formen des Lebens, […] die uns fremd und zuwider sind, hineingezwängt werden können. […] Wir sind endlich zu der Überzeugung gekommen, dass wir auch eine besondere, in höchstem Maße eigenständige Nationalität sind und dass es unsere

Aufgabe ist, für uns eine neue Form zu schaffen, unsere eigene, uns verwandte, die auf unserem Boden, auf unserem Volksgeist und unseren völkischen Grundlagen beruht.[16]

Die „russische Idee" und die Bodenständigkeitsideologie mit ihrer Kampfansage an alle vom Westen ausgehenden liberalen und revolutionären Ideen und die bourgeoise Zivilisation überhaupt, die in der Folgezeit immer reaktionärere und dabei missionarische Züge annahm, wurde zu Dostojewskijs ideologischem Lebensprogramm. Dabei war der Schriftsteller in der ersten Hälfte der 60er Jahre als ehemaliger politischer Gefangener und Petraschewze in den Augen der radikalen Jugend immer noch eine Art Revolutionär, trug die Aureole des politischen Märtyrers. Seine überfüllten Lesungen waren Ereignisse und die Auflagen der *Vremja* stiegen rasant.

Als es im Jahr 1862 immer wieder zu Bränden in Petersburg kam, die man der revolutionären Jugend anlastete, wurden die Reaktionen der Staatsmacht wieder repressiver, und die verschärfte Zensur machte sogar der absolut zarentreuen Zeitschrift der Brüder Dostojewskij Probleme. Die Redaktionsräume der Zeitschrift lagen in der Wohnung von Michail Dostojewskij Ecke Malaja Meschtschanskaja / Jekaterinen-Kanal, in dem Haus, in dem Dostojewskij eine Wohnung im zweiten Stock bezog, wo er von 1861 bis 1863 lebte.

In den Jahren 1862, 1863 und 1865 macht Dostojewskij seine ersten Reisen durch Westeuropa. Seine Sicht auf den Westen ist da schon ganz stark geprägt von der „russischen Idee". Sein extrem einseitiger, aber gerade auch in seinem scharfsichtigen Rigorismus faszinierender Reiseessay *Winteraufzeichnungen über sommerliche Eindrücke* ist eine radikale Abrechnung mit der bürgerlich-kapitalistischen Zivilisation des Westens und eine sarkastische Kritik des „gedankenlosen, sklavischen Kniefalls vor den europäischen Formen der Zivilisation"[17] durch die russischen Westler.

Auf diesen Reisen kam Dostojewskijs krankhafte Spielsucht zum Ausbruch und wesentliche Reisestationen waren deshalb die Casinos der Kurorte Wiesbaden, Baden-Baden und Bad Homburg. Diese Jahre waren aber auch geprägt von seiner komplizierten Ehe mit der tuberkulosekranken und auch psychisch angeschlagenen Frau Marja Dmitrijewna, von Problemen mit dem schwierigen Stiefsohn Pawel sowie seiner leidenschaftlichen, qualvollen Liebe zu der jungen emanzipierten Studentin Polina Suslowa.

1864 kommt es mit dem Sterben seiner Frau und dem unerwarteten plötzlichen Tod des geliebten Bruders Michail zu einer großen Lebenskrise des

---

16 PSS 18, S. 36.
17 Piper-Ausgabe Band 3, S. 764.

Schriftstellers. Der Bruder hat einen riesigen Schuldenberg hinterlassen, den Dostojewskij zusammen mit der Verantwortung für dessen vielköpfige Familie übernimmt. Damit ist auch das anfänglich so erfolgreiche Zeitschriftenprojekt der beiden Brüder an sein Ende gekommen.

In diesem schweren Schicksalsjahr entsteht eines der vielleicht modernsten Werke Dostojewskijs, die *Aufzeichnungen aus dem Untergrund* (Zapiski iz podpol'ja, 1864). Der namenlose Ich-Erzähler und Antiheld dieses Buchs, der durch seine Erkenntnis kranke Kellerlochmensch, der – wie er sagt – „schon mehrmals ein Insekt werden wollte"[18], rechnet in seiner radikalen bösen Lebensbeichte mit den revolutionären Demokraten und ihrem Führer Nikolaj Tschernyschewskij und allen damals gängigen progressiven ideologischen Vorstellungen erbarmungslos ab: den die Vernunft verherrlichenden Lehren der Aufklärung, des „vernünftigen Egoismus" und den Glücksphantasien des utopischen Sozialismus. Und – was für unsere Fragestellung hier das Wichtigste ist – die Sicht des Kellerlochmenschen ist deutlich geprägt von seinem Leben in Petersburg. Er nennt sich einen „Menschen unseres unseligen neunzehnten Jahrhunderts, der zudem noch das doppelte Unglück hat, in Petersburg zu leben, in der abstraktesten und ausgedachtesten Stadt (samyj otvlečennyj i umyšlennyj gorod) der ganzen Welt."[19]

Diese Attribute „abstrakt und ausgedacht" beziehen sich darauf, dass Peter der Große Anfang des 18. Jahrhunderts seine neue Hauptstadt, mit der das Fenster zum Westen aufgestoßen werden sollte, willkürlich und brutal, unter riesigen Opfern, in den menschenleeren Sümpfen an der Ostsee aus dem nassen Boden gestampft hatte. Petersburg – eine reine Kopfgeburt, ein künstlicher, abstrakter, erdachter Ort – ist die steingewordene Verkörperung von Peters gewaltsam den Russen auferlegtem Reformprogramm zur Modernisierung Russlands!

Die schon zitierte, bei Dostojewskij mehrfach auftauchende Vision von der sich in der Luft auflösenden Stadt erscheint noch einmal in zugespitzter Form in seinem Roman *Der Jüngling* (Podrostok) von 1875. Da gibt es die berühmte Beschreibung eines „fauligen, feuchten, nebligen" Petersburger Morgens:

> Hundertmal hat sich mir mitten in diesem Nebel die sonderbare Phantasie aufgedrängt: Was, wenn dieser Nebel nach oben stiege und verschwände, und mit dem Nebel zusammen auch diese modrige, glitschige Stadt nach oben stiege und sich auflöste, wie Rauch, und nur der frühere finnische Sumpf übrig bliebe, geschmückt in seiner Mitte mit einem ehernen Reiter auf dem feuerschnaubenden hochgerissenen Ross?[20]

---

18 Piper-Ausgabe Band 4, S. 435.
19 Ebd. S. 435.
20 Ein grüner Junge. Aus dem Russischen von Swetlana Geier. Zürich 2006, S. 197.

Das Element des Wassers als feindliche Macht zieht sich leitmotivisch durch die gesamte Petersburg-Prosa Dostojewskijs: die Newa mit ihren Nebenarmen und gewundenen Kanälen, Überschwemmungen, düstere Unwetternächte, Regen, Nebel, Feuchtigkeit und immer wieder der nasse Schnee. Ganz nah unter dem Boden der Stadt beginnt das Wasser, so dass in den offenen Gräbern – wie in der Erzählung *Bobok* – grünes Wasser steht, das der Totengräber immer wieder herausschöpfen muss.

Und in *Verbrechen und Strafe* (Prestuplenie i nakazanie, 1866) sagt Raskolnikow:

> ‚Ich höre gern zu, wenn an einem kalten, dunklen und feuchten Herbsttag zu Leierkastenmusik gesungen wird, es muss unbedingt ein feuchter Abend sein, an dem alle Fußgänger blassgrüne und kranke Gesichter haben; oder, noch besser, bei nassem Schnee, wenn die Flocken vollkommen senkrecht fallen, weil es so windstill ist, kennen Sie das? Und durch den Schnee die Gaslaternen schimmern...'[21]

Kommen wir nun zu einer erfreulicheren Periode von Dostojewskijs Leben in Petersburg.

Im Herbst 1866 kam es zu der schicksalhaften Begegnung Dostojewskijs mit der jungen Frau, die sein Leben verändern sollte.

Dostojewskij lebte damals im Haus des Kaufmanns Alonkin, Ecke Malaja Meschtschanskaja / Stoljarnyj pereulok, einem Stadtteil Petersburgs in der Nähe vom Heumarkt, in dem – wie aus den Straßennamen ersichtlich – vor allem kleine Leute, Kleinbürger und Handwerker wohnten. In diesem Haus fand er das Glück seines Lebens und in diesem Haus ist auch sein großer Roman *Verbrechen und Strafe* entstanden.

Dostojewskij hatte unter dem Druck einer unerträglichen Schuldenlast mit dem Verleger Stellowskij einen Vertrag abgeschlossen, in dem er sich verpflichtete, bis zum 1. November einen fertigen Roman abzuliefern. Bei Nichterfüllung hätte er dem skrupellosen Geschäftsmann alle Rechte an seinen bisherigen Werken abtreten müssen. Unter diesen eigentlich unerfüllbaren Bedingungen suchte Dostojewskij einen Stenographen, dem er den Romantext diktieren konnte. Geschickt wurde ihm die gerade 20jährige Anna Grigorjewna Snitkina. Am 4. Oktober 1866 nun klingelte die junge Frau, die den Schriftsteller hoch verehrte, aufgeregt und voll zitternder Erwartung an der Wohnungstür Dostojewskijs im Eckhaus Alonkin.

---

21 Verbrechen und Strafe. Aus dem Russischen neu übersetzt von Swetlana Geier. Frankfurt/M. 1996, S. 212.

Der Roman, dessen rechtzeitige Abgabe Dostojewskij aus seiner schrecklichen Zwangslage befreien sollte, war *Der Spieler* (Igrok, 1866), das Buch also, in dem er seine eigene krankhafte Spielsucht und seine quälerische unglückliche Leidenschaft zu seiner Geliebten Polina Suslowa verarbeitete. Anna Grigorjewna, die das sehr wohl begriff, war also von Anfang an mit seiner extremen Lebenssituation wie auch den Schwierigkeiten seines Charakters konfrontiert. Trotzdem hat sie sich in den über fünfundzwanzig Jahre Älteren verliebt, und er sich in sie. In nur sechsundzwanzig Tagen schafften sie es, in angespanntester Arbeit, den Roman fertig zu schreiben. Diese erschöpfende, aber erfolgreiche gemeinsame Anstrengung legte sicherlich das Fundament für ihre beginnende und langsam aber stetig wachsende Verbundenheit. „Du bist meine ganze Zukunft – Hoffnung und Glaube und Glück und Seligkeit – alles."[22]

Schon im Februar 1867 heiraten die beiden. Die Wochen nach der Hochzeit waren eine sehr schwierige Zeit. Dostojewskijs Verwandte – seine Schwägerin Emilia Fjodorowna und deren Kinder sowie sein Stiefsohn Pascha aus der ersten Ehe, für deren Versorgung sich Dostojewskij nach dem Tod seines Bruders und seiner ersten Frau verantwortlich fühlte – waren verärgert und empört über die Heirat ihres Ernährers, intrigierten in hässlicher Weise gegen Anja und machten ihr das Leben schwer. Außerdem wurden die Forderungen der Gläubiger immer bedrohlicher.

Als das Ehepaar Mitte April 1867 – etwa zwei Monate nach der Hochzeit – versehen mit einem Vorschuss der Zeitschrift *Der russische Bote* (Russkij vestnik), in der in der Zwischenzeit der Roman *Verbrechen und Strafe* erschienen war, ihre Reise in den Westen antrat, war das also eigentlich eine Flucht. Geplant für nur einige Monate, wurden daraus über vier Jahre, schwierige, dramatische Jahre voller Kummer und Sorgen, Armut und Schmerz, aber auch voller Eheglück, in denen das junge Paar untrennbar zusammenwuchs.

Verbrechen und Strafe nun ist der Petersburg-Roman par excellence. Raskolnikow mit seiner ausgeklügelten, phantastischen Mordtheorie ist ein Produkt dieser phantastischen Stadt, ein Petersburger Typ, der in dieser Ausprägung nur an diesem Ort denkbar ist. In ihm klingt die Seele Petersburgs. Die Gegend um den Heumarkt und den Jekaterinen-Kanal, in dem die Handlung spielt, ist genau die Gegend, in der Dostojewskij zur Entstehungszeit des Romans lebte und arbeitete. Und die exakte Topographie der Romanhandlung, die bis hin zur Zahl der

---

22 Fjodor Dostojewski. Anna Dostojewskaja. Briefwechsel 1866 – 1880. Deutsch von Brigitte Schröder. Berlin (Rütten & Loening) 1982, S. 5.

Treppenstufen zu seiner Wohnung oder der Schritte zum Haus der Wucherin bis ins Detail nachvollziehbar ist, fordert den Leser zum Abgleichen von literarischer Fiktion und Realität geradezu heraus. Schon Anna Grigorjewna erzählt in ihren Memoiren davon, wie ihr Mann ihr beim Spazierengehen z.b. die genaue Stelle gezeigt hat, wo Raskolnikow den geraubten Schmuck in einem Hof unter einem Stein versteckte.[23] Und der Literaturwissenschaftler Nikolai Anciferov hat dann in seinem berühmten Buch *Das Petersburg Dostojewskijs* von 1923 einen ersten literarischen Spaziergang auf den Spuren des Romans vorgeschlagen und ausgearbeitet.[24] Heute gehört die Raskolnikow-Exkursion – die natürlich ein Spiel mit Realität und literarischer Fiktion darstellt – zu jeder anspruchsvollen Stadtführung in Petersburg.

Die zutiefst widersprüchliche Beziehung des Autors zu seiner Stadt mit ihrer Schönheit und ihrer Düsterkeit durchzieht den gesamten Romantext. Das zwiespältige Petersburg als geistige Landschaft ist die Basis des zwiespältigen Charakters von Raskolnikow. Nach dem Mord an der Wucherin steht er auf der Nikolajewskij-Brücke mit dem Gesicht zur Newa Richtung Winterpalais:

> Der Himmel war wolkenlos und das Wasser fast blau, was bei der Newa selten ist. Die Kuppel der Kathedrale, die sich von keinem Punkt aus schöner zeigt als von hier, von der Brücke aus, etwa zwanzig Schritte vor der Brückenkapelle, leuchtete hell, und durch die klare Luft war sogar jede ihrer Verzierungen zu erkennen. [...] Er stand da und schaute lange unverwandt in die Ferne; diese Stelle war ihm besonders vertraut [...] Eine rätselhafte Kälte hatte ihn stets aus diesem prachtvollen Panorama angeweht; für ihn war dieses prachtvolle Bild von einem stummen und tauben Geist erfüllt gewesen.[25]

In den Jahren 1867–1871, die Dostojewskij mit seiner Frau in Westeuropa verbrachte – in Dresden, in Baden-Baden, in der Schweiz und in Italien – durchlebte und durchlitt das Paar die extreme Spielleidenschaft des Schriftstellers, durch die er hoffte, auf einen Schlag alle Schulden und Geldprobleme loszuwerden, die aber offensichtlich auch ein Antrieb für seine literarische Kreativität darstellte; in diesen Jahren starb in Genf ihr erstes heiß geliebtes Kind nach wenigen Monaten und in Dresden wurde 1869 die Tochter Ljubow geboren.

In diesen Jahren entstand der Roman *Der Idiot*, den er in Florenz abschloss. Und sogar so fern von Petersburg ist die gesamte Handlung des Buches, die im Innern der Stadt und in den Parks von Pawlowsk spielt, tief geprägt von dem geheimnisvollen Geist dieser Stadt, in der der im positiven Sinne „schöne

---

23 Dostoevskaja, A.G.: Vospominanija. Moskva 1987.
24 Anciferov N.P.: Peterburg Dostoevskogo. Peterburg (Izdatel'stvo Brokgauz-Efron) 1923.
25 Verbrechen und Strafe a.a.O., S. 157.

Mensch", Fürst Myschkin, trotz seiner einzigartigen christlichen Liebe scheitert und der reiche Kaufmann Rogoschin seine Geliebte Nastasja Filippowna ermordet. Man denke nur an das so genau beschriebene Haus Rogoschins in der Gorochowaja Uliza: „groß, finster, dreistöckig, ohne jede Architektur, von schmutziggrüner Farbe [...] solide gebaut, mit dicken Mauern und auffallend wenigen Fenstern, die im Parterre zum Teil vergittert sind."[26] Anciferov weist darauf hin, dass die Häuser bei Dostojewskij „eine eigene Seele voll geheimen Lebens haben [...] Mensch und Haus sind gleichberechtigte Glieder einer geistigen Gemeinschaft."[27]

Im Sommer 1871 endlich konnte die Familie – Anna Grigorjewna war wieder schwanger – nach Petersburg zurückkehren, wo sie zunächst in wechselnden möblierten Zimmern lebten. Wenige Tage nach der Ankunft wurde ihr Sohn Fjodor geboren und man kann sich vorstellen, wie schwierig dieser Neuanfang mit einem Kleinkind und einem Neugeborenen war: die Wohnungssuche, der Aufbau eines Haushalts aus dem Nichts. Alles das musste Anna Grigorjewna ganz allein leisten, denn die hohen Schulden zwangen Dostojewskij dazu, sich sofort in die Arbeit zu stürzen und zu schreiben und nur zu schreiben. Dabei war er in Russland inzwischen ein berühmter Mann und sein Ruhm wuchs kontinuierlich weiter.

Neben der Arbeit an seinen großen Romanen *Der Jüngling* und danach *Die Brüder Karamasow* waren das vor allem publizistische Projekte – die Zeitschrift *Der Staatsbürger* (Graždanin) und danach das berühmte *Tagebuch eines Schriftstellers* – die den kranken und erschöpften Mann dazu zwangen, unter ständigem Zeitdruck zu arbeiten. Dostojewskij, der unter einem Lungenemphysem litt, reiste, um seinen Gesundheitszustand zu verbessern, noch viermal – in den Jahren 1874, 1875, 1876 und 1879 – zu Kuren nach Bad Ems. Und er litt sehr darunter, dass es ihm seine finanzielle Lage immer noch nicht erlaubte, seine Familie dorthin mitzunehmen.

Anna Grigorjewna war es, die den Kampf mit den Gläubigern führte und schließlich alle geschäftlichen Dinge selbst in die Hand nahm. 1873, mit der Buchausgabe des großen Antirevolutionsromans *Die Dämonen* (Besy), dessen Erscheinen in der Zeitschrift *Russkij Westnik* ein riesiger Publikumserfolg gewesen war, begann sie, die Bücher Dostojewskijs selbstständig zu verlegen. Sie erwies sich dabei als glänzende und offensichtlich auch knallhart kalkulierende

---

26 Der Idiot. Aus dem Russischen neu übersetzt von Swetlana Geier, Frankfurt/M. 1998, S. 295f.
27 Anciferov a.a.O., S. 40.

Geschäftsfrau, die auch das Verpacken und den Verkauf der Bücher zunächst in ihrer eigenen Wohnung organisierte.

1875 wurde der zweite Sohn Aljoscha geboren, der aber zu ihrem großen Kummer mit zwei Jahren an einem epileptischen Anfall starb. Die finanzielle Situation verbesserte sich schrittweise und die Familie lebte bald in normalen bürgerlichen Verhältnissen, obwohl Dostojewskij erst etwa ein Jahr vor seinem Tod endgültig schuldenfrei war. Sie verbrachten die Sommermonate im Luftkurort Staraja Russa, wo sie das zunächst gemietete Haus schließlich kaufen konnten. Und die Adressen ihrer Wohnungen liegen seit etwa Mitte der 70er Jahre in besseren Stadtteilen von Petersburg als in der Gegend um den Heumarkt. Schon 1872 hatte Dostojewskij an seine Frau, die in Petersburg auf Wohnungssuche war, aus Staraja Russa geschrieben: „Du kennst mein Prinzip hinsichtlich der Wohnung: Auch wenn sie teurer ist, aber sie muss bequem und ruhig sein, denn in so einer kann man mehr arbeiten."[28]

Übrigens spielt der Heumarkt noch einmal eine eher etwas komische Rolle in Dostojewskijs Leben. Er musste nämlich einen Arrest in der Hauptwache am Heumarkt absitzen. Als Redakteur der Zeitschrift *Der Staatsbürger* hatte er 1873 einen Artikel des Fürsten Meschtscherskij abgedruckt, in dem der Zar Alexander II. wörtlich zitiert wurde, und einfach nicht gewusst, dass er für ein solches Zitat die Erlaubnis des Hofes hätte einholen müssen. Dafür wurde er zu 25 Rubeln Strafe und zwei Tagen Haft verurteilt, die er offenbar – er freute sich über die Möglichkeit zu stiller Lektüre – eher mit Humor abgesessen hat.

In seinem letzten Lebensjahrzehnt wurde Dostojewskij – inzwischen eifernder Verteidiger der zaristischen Selbstherrschaft und Freund des erzreaktionären mächtigen Politikers Konstantin Pobedonoszew – zu einer einflussreichen und bedeutenden konservativen, religiös-philosophischen Autorität. Viele Russen, die sich von der im Intellektuellenmilieu vorherrschenden revolutionären Bewegung abgestoßen fühlten, betrachteten ihn als ihren geistigen Führer. Es waren die Jahre, als der terroristische Flügel der Volkstümlerbewegung (narodničestvo) immer wieder Attentate auf hohe Repräsentanten des zaristischen Systems und den Zaren selbst ausübte, Attentate, die im März 1881 – kurz nach Dostojewskijs Tod – in der Ermordung des einstigen Reformzaren Alexander II. durch die Terroristen gipfelte.

Dostojewskijs bedeutender, auch politischer Einfluss in der russischen Öffentlichkeit hing vor allem mit seinem *Tagebuch eines Schriftstellers* zusammen, das er von 1873 bis zu seinem Tod 1881 (allerdings mit größeren Unterbrechungen)

---

28 PSS 29/I, S. 249.

herausgab. Es war dies eine monatlich erscheinende Ein-Mann-Zeitung, mit der er eine ganz eigene Form der politisch-literarischen Essayistik kreierte, die es ihm erlaubte, alle möglichen ihn interessierenden Themen aufzugreifen. In diesem monumentalen Werk, das in der russischen Gesamtausgabe sieben Bände füllt und das auch bedeutende literarische Texte wie etwa die Erzählung *Die Sanfte* (Krotkaja) enthält, entfaltet er seine seit den 60er Jahren ausgearbeitete politische Ideologie, seine antiwestliche „russische Idee" in aller Ausführlichkeit. Seine tiefe orthodoxe Religiosität, sein Glaube an das russische Volk, seine geistigen Werte und seine Mission für die Welt hatten sich mit den Jahren immer mehr vertieft und nahmen nun auch äußerst reaktionäre, nationalistische, imperialistische und antisemitische Züge an. Der patriotische, zarentreue Untertan, den es tief kränkte, dass er noch bis 1875 unter geheimer polizeilicher Überwachung stand, hatte den Kampf gegen die vom Westen ausgehenden revolutionären sozialistischen Ideen und die kapitalistische, bourgeoise Zivilisation überhaupt längst zu seiner Lebensaufgabe gemacht.

Natürlich finden sich in diesem gewaltigen Werk immer wieder auch hochinteressante Ausführungen zum Thema Petersburg. Denn es ist ja die Stadt Peters des Großen, mit dessen Reformen nach Ansicht Dostojewskijs der verhängnisvolle Einfluss des Westens auf Russland seinen Anfang genommen hatte. In den „Kleinen Bildern" über Sankt Petersburg im *Tagebuch eines Schriftstellers* von 1873 beschäftigt er sich kritisch und sarkastisch mit der Architektur der Stadt. Und während er in der „Petersburger Chronik" von 1847 das Chaos und das Stilgemisch als Zeichen der Lebendigkeit und Kreativität der Reformen Peters betrachtet hatte, stellt sein Urteil jetzt das genaue Gegenteil dar:

> Was nun die Palazzi betrifft, so spiegelt sich in ihnen gerade die ganze Charakterlosigkeit der Idee, die ganze Negativität des Wesens der Petersburger Periode von Anfang bis Ende. In diesem Sinne gibt es keine andere Stadt wie diese; in ihrer Architektur ist sie ein Abbild der Architektur der ganzen Welt, von allen Perioden und Moden; alle nach und nach entlehnt und alle auf ihre Art entstellt. In diesen Gebäuden kann man wie in einem Buch alle Ideen und Ideechen lesen, die regelmäßig oder plötzlich aus Europa zu uns angeflogen kamen und uns allmählich überwältigt und polonisiert haben.[29]

Den absoluten Höhepunkt seiner Wirkung erzielte Dostojewskij mit seiner berühmten Puschkin-Rede aus Anlass der Aufstellung von dessen Denkmal im Juni 1880, in der er seine Idee von der Mission des russischen Volkes für die „arische" Welt entfaltet. Onegin nämlich, der vom Boden und seinem Volk abgetrennte negative Held des Puschkin'schen Hauptwerks, dem die echte Gestalt

---

29 PSS 21, S. 106f.

aus dem russischen Volk, die auf dem Land lebende Tatjana, ein Typ wahrhafter Schönheit, gegenüber gestellt ist, kommt aus Petersburg: „Onegin kommt aus Petersburg – unbedingt aus Petersburg, das ist zweifellos die erste Bedingung, und einen so wichtigen Umstand in der Lebensgeschichte seines Helden konnte Puschkin natürlich nicht übergehen."[30]

Von Oktober 1878 bis zu seinem Tod am 28. Januar 1881 lebte Dostojewskij in der Kuzneckij-Gasse 5, Ecke Jamskaja uliza. Heute ist hier das Petersburger Dostojewskij-Museum. In diesem Haus ist sein großes Vermächtniswerk *Die Brüder Karamasow* entstanden. Bei seinem Begräbnis folgte eine unübersehbare Menschenmenge seinem Sarg auf dem Weg durch die Stadt. Seine letzte Ruhestätte fand er auf dem Friedhof des Alexander-Newskij-Klosters.

Literatur:

Anciferov, N.P.: Peterburg Dostoevskogo. Petersburg 1923.

Belov, S.V.: Peterburg Dostoevskogo. Sankt Peterburg (Izdatel'stvo „Aleteija") 2002.

---

[30] Piper-Ausgabe, Band 5, S. 490.

Renate Hansen-Kokoruš

Dostojewskijs Petersburgbild im Wandel

Vorbemerkung

Befasst man sich mit dem Bild von Petersburg bei Dostojewskij, dann sind zunächst einige Bemerkungen klärend vorauszuschicken.

1. Petersburg ist nicht einfach eine der russischen Städte, sie gilt als die unrussischste von allen, beruhend auf der strategischen Stadtgründung durch Zar Peter I. im Jahr 1703. Hellebust spricht sogar unter Berufung auf Fjodor Stepun von „anti-Russia".[1] Keine andere Stadt in Russland hat einen solchen Mythos erzeugt wie Petersburg, auch „Venedig oder Palmyra des Nordens" genannt, und wohl bei keiner anderen hatte die Literatur einen solch wesentlichen Anteil daran. Das lässt sich mit Lotman[2] durch die Geschichtslosigkeit des Orts und deren Kompensation erklären: „Das Fehlen der Geschichte rief einen stürmischen Anstieg der Mythologie hervor." (Otsutstvie istorii vyzvalo burnyj rost mifologii.) Dieser Mythos wurde erst durch die Kultur und insbesondere die Literatur kreiert, fortgeführt und abgewandelt. Insofern als die Literatur daran wesentlichen Anteil hat, gibt sie auch am präzisesten verbalisiert Auskunft darüber. Spricht man hier von „Arbeit am Mythos", ist damit gemeint, dass er seit seiner Entstehung – manche nehmen das mit Alexander Puschkin an, andere bereits deutlich früher im 18. Jh. – Umformungen, Differenzierungen und seine Wirksamkeit auch später weiter entfaltet. Als Kernzeit bei der Konstituierung des Mythos können aber die ca. 100 Jahre von ca. 1820/30 bis 1920/30 ausgemacht werden, d.h. er wurde im Wesentlichen im 19. Jh. geschaffen und im frühen 20. Jh. modifiziert, ist aber bis heute nicht abgeschlossen.[3] Dostojewskij hat daran wesentlich mitgewirkt und ihn in komplexer Weise geformt, so dass er

---

1 Hellebust, Rolf: „The Real St. Petersburg". The Russian Review 62 (4) 2003, S. 497–507, retrieved 13.03.2018, from http://onlinelibrary.wiley.com/doi/10.1111/1467-9434.00289/epdf, DOI: 10.1111/1467-9434.00289.
2 Lotman, Jurij M.: „Simvolika Peterburga i problemy semiotiki goroda". Semiotika goroda i gorodskoj kul'tury. Peterburg. Tartu 1984, S. 30–45, hier S. 36. (= Trudy po znakovym sistemam XVIII)
3 So lässt sich im öffentlichen Diskurs auch heute noch und v.a. in postsowjetischer Zeit wieder ein Erstarken des Petersburg-Mythos in den Narrativen des Erhabenen, der Adelskultur und Kreativität, aber auch des Untergangs beobachten.

aus diesem Mythos nicht auszublenden ist. Laut Lotman (1984: S. 39) stützt sich der Petersburg-Mythos bei Gogol und Dostojewskij auf die mündliche Tradition der Petersburg-Literatur, kanonisierte diese und prägte ihn auf hohem literarischem Niveau. Erste eindrückliche visuelle Präsentationen des Mythos der Stadt Petersburg in der Kunst, die weit über Russland hinaus Bekanntheit erlangt haben, stammen von Alexandre Benois (1870–1960), einem Schriftsteller, Maler, Kunsthistoriker und -theoretiker, der v.a. durch seine Szenografie und Ballettaufführungen in die Kunst- und Theatergeschichte Eingang fand. Mit seinen berühmten Grafiken zu Puschkins „Ehernem Reiter" (vgl. Abb. 1 und 2) wurde er nicht nur sehr bekannt, sondern prägte den Petersburg-Mythos vor allem durch seine Gemälde und Grafiken, mit denen er die dort vertretene Sichtweise unterstrich, die sich durch eine fundamentale Kritik an Peters Stadtgründung auszeichnete: die Vision des Tors nach Westen, als künstlich gegründete Stadt am Meer, die auf den Gebeinen unzähliger Leibeigener errichtet worden sei und deren Schönheit auf dem Verhängnis der Opfer, der einfachen Leute fußte, die bei der Erbauung, aber auch bei der verheerenden Flutkatastrophe im Jahr 1824 den Preis dafür zu zahlen hatten.

Abb. 1: *Überlegungen Peters des Großen über die Gründung der Stadt St. Petersburg am Ufer der Ostsee.* Alexandre Benois, 1916. Retrieved 12.01.2019 from: https://www.bing.com/images/search?view=detailV2&id=CD2043C24385A7A51569B1AA7BE03212F9613ADF&thid=OIP.AhOHlAuu4shSJ3myHIPuSQHaEC&exph=350&expw=641&q=painting+free+pictures+benois&selectedindex=61&vt=0&eim=0,1,2,6

Abb. 2: Alexandre Benois: Variante des Frontispiz zu Alexander Puschkins Poem *Der eherne Reiter* 1915. Retrieved 12.01.2019 from: http://art-spb.info/community/jazzmen/?action=show&id=64; https://i.pinimg.com/originals/cf/f5/0f/cff50f4a21b4d2c5d5f203e2b1eb7025.jpg.

2. Mit der Erforschung dieses Petersburg-Mythos haben sich zahlreiche Forscher beschäftigt. Man kann hier sogar ganze Forschungsrichtungen benennen wie die Kunstgeschichte, die „Exkursionistik", eine Art Kulturgeschichte – bei Weitem nicht so banal, wie sich das zunächst anhört –, die Anthropologie, Semiotik und Literaturwissenschaft. Und schließlich könnte man eine jüngere interdisziplinäre Richtung hinzufügen, die des „Spatial turn", die sich mit den Vernetzungen der Raumsemantik in Kultur, Geschichte, Literatur u.a. auseinandersetzt. Dieser Ansatz, der am prominentesten von dem Osteuropahistoriker Karl Schlögel vertreten wird, vermittelt tiefe Einblicke in die Wahrnehmung des Raums, v.a. der Stadt durch die kulturelle Verarbeitung in Werken ihrer permanenten oder zeitweiligen Bewohner, aber auch durch Projektionen in Werken anderer. Aufgrund des breiten Zuspruchs in der Belletristik ist nicht nur die Erforschung des Petersburg-Mythos sehr umfangreich, sondern auch jene, die sich mit dem Bild Petersburgs bei Dostojewskij beschäftigt, dabei aber durchaus unterschiedliche Akzente und Erkenntnisinteressen verfolgt. Aufbauend auf den Arbeiten Anziferows, des „Spatial turn" und der Semiotiker entstand eine Richtung der Literatur- und Kulturwissenschaft, die sich mit dem „Mapping", den einem Ort literarisch eingeschriebenen Narrativen, befasst und diese zu erfassen sucht.[4] Aufschlussreiche Visualisierungen in historischen Stadtplänen finden sich bei Buckler.[5] Im Folgenden kann es weniger darum gehen, diese literarische und kulturelle Sicht der Stadt neu zu entdecken, sondern vielmehr darum, einen Überblick über die Forschung zu geben und aus den unterschiedlichen Gewichtungen jene Erkenntnisse herauszuarbeiten, die Auskunft über einen möglichen Wandel vom Frühwerk (1846–1849) über das Übergangswerk (1859–1865) bis zum Spätwerk (1866–1880) des Autors geben.[6] In diesem Rahmen ist es allerdings nicht möglich, eine detaillierte Analyse aller in Petersburg lokalisierten

---

4 Vgl. dazu den Ansatz von Young, Sarah J.; Levin, John: "Mapping Machines: Transformations of the Petersburg Text". Primerjalna književnost 36(2) 2013, S. 151–162. Dort wird dieses Verfahren theoretisch hergeleitet und an Werken Gogols und Dostojewskijs behandelt.
5 Vgl. Buckler, Julie A.: Mapping St. Petersburg. Imperial Text and Cityshape. Princeton University Press 2005.
6 Zu dieser Einteilung vgl. Harreß, Birgit: Mensch und Welt in Dostoevskijs Werk: ein Beitrag zur poetischen Anthropologie. Köln (et al.) 1993. (= Bausteine zur slavischen Philologie und Kulturgeschichte: Reihe A, Slavistische Forschungen; 8). Diese legt für die erste Phase die Zeit vor der Verhaftung und Verbannung nach Sibirien zugrunde, für die zweite die nach der Rückkehr und Flucht nach Westeuropa, für die dritte die Zeit der endgültigen physischen und mentalen Rückkehr nach Russland und St. Petersburg.

Werke unter dem Gesichtspunkt der Raumsemantik Petersburgs vorzunehmen; vielmehr werden exemplarisch Texte behandelt, die eine Beleuchtung unterschiedlicher relevanter Funktionen des Petersburg-Raums erlauben.

Kurz zum Forschungsstand

Als wegweisend für die kritische Aufarbeitung des Mythos müssen die Publikationen von Anziferow gelten, die Kultur-, Architektur-, Sozial- und Mentalitätsgeschichte nicht nur miteinander verbinden, sondern in erster Linie über literarische Quellen erschließen. *Duša Peterburga*, das 1922 erschienen und in der Sowjetunion zwar kaum erhältlich war, aber für die „Eingeweihten" als Gegengedächtnis und „Geheimtipp" zur offiziellen Gedächtniskultur galt, hatte dies eröffnet.[7] 2003 wurde es bei Hanser als *Die Seele Petersburgs*, von Renata von Maydell übersetzt und mit einer Einleitung von Karl Schlögel versehen, publiziert.[8] Dem folgte 1923 die Studie *Dostojewskijs Petersburg* (Peterburg Dostoevskogo), „die Dostojewskis Romane in die Topographie der Stadt zurückholt" (Schlögel 2003: S. 13) und 1991 als Reprint in *Die unerreichbare Stadt* (Nepostižimyj gorod) veröffentlicht wurde. Diesem Thema war 1944 auch Anziferows Dissertation *Probleme des Urbanismus in der russischen Literatur. Versuch zur Konstruktion der Stadtgestalt – das Petersburg Dostojewskijs – auf der Grundlage der Analyse literarischer Traditionen*[9] gewidmet. Zu seinem Ansatz schreibt der Autor darin:

> Wo lässt sich am besten nach Material suchen, in dem die Spuren aufzufinden sind, die Petersburg in den Seelen der Menschen hinterließ? Reich an Spuren ist unsere schöne Literatur. Wenn wir uns mit diesem Material vertraut machen, können wir zu interessanten Ergebnissen kommen. Es ist nicht zufällig, wie sich Petersburg in den Seelen unserer Wortkünstler darstellt, hier herrscht keine schöpferische Willkür stark ausgeprägter Individualitäten. Hinter all den Darstellungen ist eine bestimmte Konsequenz spürbar, eine Art von Gesetzmäßigkeit. Der Eindruck drängt sich auf, die Seele der Stadt habe ihr eigenes Schicksal, und unsere Schriftsteller, jeder zu seiner Zeit, halte bestimmte Momente aus der Entwicklungsgeschichte dieser Seele fest. (Anziferow 2003: S. 77)

---

7   Anciferov, Nikolaj P.: „"Nepostižimyj gorod…"": Duša Peterburga, Peterburg Dostoevskogo, Peterburg Puškina. Sankt Peterburg 1991.
8   Anziferow, Nikolai P.: Die Seele Petersburgs. Vorwort Karl Schlögel. Übers. R. von Maydell. München, Wien 2003.
9   Schlögel 2003: S. 13.

Für die Semiotiker v.a. der Tartu-Moskau-Schule spielt die Raumsemantik, die oppositionelle Zeichensysteme der literarischen Raumorganisation topologisch und semantisch kodiert als grundlegend versteht und der Zeitstruktur dabei weniger Bedeutung beimisst, eine zentrale Rolle. Michail Lotman[10] und Vladimir Toporov[11] legten nicht nur die theoretischen Grundlagen, sondern sahen in den Antipoden Moskau und St. Petersburg auch die beiden wesentlichen Kulturmodelle für Russland, die sich u.a. in der Literatur niederschlugen und darüber diese mythenbildenden Kategorien weiter wirksam werden ließen.[12] Toporov benennt für beide Städte zwei miteinander konkurrierende, sich widersprechende Systeme (Toporov 1984: S. 7): 1. Petersburg als seelenlose, militärische, offizielle, unnatürlich-regulierte, abstrakte und erdachte, ungemütliche und unrussische Stadt gegenüber dem seelenvollen, familiär-intimen, gemütlichen, konkreten, realen und russischen Moskau und 2. Petersburg als zivilisierte, kulturvolle, planmäßig und logisch organisierte, harmonische, europäische Stadt gegenüber dem chaotischen, unordentlichen, jeder Logik widersprechenden, halbasiatischen „Dorf" Moskau.[13] Diese funktionale Unterscheidung ließe sich durch Belknaps Beobachtung ergänzen, nach der beide Städte Zentren unterschiedlicher Mächte darstellen: Petersburg das Machtzentrum des Hofs und der Bürokratie, während Moskau das der Kirche und des Landadels verkörpert.[14] Hellebust (2013: S. 304) beobachtet auch die Geschichtsvergessenheit Moskaus gegenüber Petersburg als Museumsstadt. Lotman (1984: S. 30–32) verortet

---

10 Lotman, Ju. M.: Die Struktur literarischer Texte. München (1993⁴, russ. Moskva 1970); Lotman 1984.
11 Toporov, V.N.: Peterburg i peterburgskij tekst russkoj literatury. In: Semiotika goroda i gorodskoj kul'tury. Peterburg. Tartu 1984, S. 4–29. (= Trudy po znakovym sistemam XVIII); Toporov, V. N.: Peterburgskij tekst russkoj literatury. Moskva 2003.
12 Hellebust (2003: S. 496, Fußnote 5) macht unter Verweis auf Svetlana Boym auch auf die Gefahr einer performativen Fortschreibung solcher Narrative aufmerksam.
13 Hellebust (2003: S. 497) postuliert außerdem den Dualismus zwischen Realem und Fiktionalem, der ursprünglich eine axiologische Opposition bildet (wobei das Reale mit dem Schlechten konnotiert ist), die schließlich ontologisch sublimiert werde, d.h. das Reale werde als unreal und das Fiktionale als real angenommen und die Wertungen in Alternativvorstellungen übertragen. Damit geht eine komplette Umkehrung des Realitätsverständnisses einher, der er in seinem Artikel nachgeht. Die dort angenommene Dichotomie ist notwendigerweise auch stark stereotypisierend und gerade deshalb in manchen Unterscheidungen nicht nachvollziehbar (Hellebust 2003: S. 500).
14 Belknap, Robert L.: „St. Petersburg." In: Martinsen, Deborah A.; Maiorova, Olga (Hrsg.): Dostoevsky in Context. Cambridge 2016, S. 168–175, hier S. 168, retrieved 20.12.2018, from https://doi.org/10.1017/CBO9781139236867.020

„exzentrische" Städte (im Unterschied zu „konzentrischen") immer am Rand des Kulturraums, am Meer oder im Flussdelta, wodurch die Opposition zwischen Natur und Kultur besonders ausgeprägt ist. Als Paradebeispiel dafür gilt ihm Petersburg mit der Naturgewalt der Überschwemmung, aber auch mit dem Gegensatz zwischen Wasser, das die Natur verkörpert, und Stein als Artefakt und Symbol der Zivilisation. Auch Toporov betont die durch das spezielle Verhältnis von Natur und Kultur gezeichnete Raumsemantik Petersburgs, die von Dostojewskij entscheidend mitgeprägt wurde. Demnach spielen für die Natur die Beschreibungen des Feuchten und des Wassers, häufig in Verbindung mit dem Dunklen und der Finsternis oder dem Verschwommenen, eine wesentliche Rolle, während die Kultur horizontal flächig organisiert sei: in Linien, was sich in den geometrisch verlaufenden Straßen auf der Wasiljew-Insel niederschlägt, breiten Straßen (russ.: Prospekte), Plätzen, Festungen, Schlössern.

Dem widerspricht Belknap (2016: S. 172) indirekt, wenn er für die soziale Topografie die vertikale Organisation postuliert. So seien die mehrstöckigen Häuser genau nach diesem Prinzip organisiert gewesen: In der Beletage lebten die reichen Bürokraten, die Gutgestellten im 2., die Ärmeren im 3. Stock und die armen Studenten unter dem Dach (man denke z.B. an Raskolnikow), während auch bei den ärmlicheren Räumen in der Wohnung (zum Hof hin) oder sogar in teilvermieteten Räumen (die Ecke in der Küche, die Makar Dewuschkin aus den *Armen Leuten* bewohnt) soziale Unterschiede markierten.[15] Eine Verschränkung horizontaler, historischer und vertikaler Dimensionen, die im aktuellen Zeitsystem der Figuren verankert sind, d.h. diachroner und synchroner Parameter, macht Dilaktorskaja aus, nach der bei Dostojewskij die äußerlichen, sichtbaren Deformationen des Petersburger Raums zugleich die inneren Phänomene, religiöse und philosophische Ideen sowie mythologische Vorstellungen zum Ausdruck bringen.[16]

---

15 Hier ist kein systematischer Forschungsüberblick angestrebt, sondern die grundlegenden Positionen werden skizziert. Weitere wichtige Arbeiten von Belov 2010, Bowers 2013, Butcher 2018, Fedorov 2004 und andere, die zumindest teilweise die Stadtsemantik Petersburgs bei Dostojewskij beleuchten, werden im Folgenden unter den spezifischen Aspekten diskutiert.
16 Dilaktorskaja, O.G.: Peterburgskaja povest' Dostoevskogo. Sankt-Peterburg 1999, S. 340–341. Dilaktorskaja untersucht ausgewählte Erzählungen des Autors unter dem Aspekt der spezifischen Poetik der „Petersburger povest'", gattungsmäßig einer Form, die zwischen der längeren Erzählung und dem Kurzroman anzusiedeln ist. Ihr geht es um erzähltechnische Besonderheiten, für die sie die räumlichen Besonderheiten berücksichtigt; diese stehen in der Untersuchung aber hinter den semantischen Kategorien der Texte zurück.

Man sollte jedoch immer im Blick haben, dass schon der jeweilige Kontext, aber auch die Vorauswahl der Untersuchungsgegenstände die Ergebnisse bestimmt. Denn stellt man der Stadt einen Raum wie beispielsweise Sibirien gegenüber, fiele dort das Weiße (Schnee, Eis) und das fließende Wasser der breiten Flüsse als lebensbedrohliche und oft unüberwindbare Grenze auf, während das Meer im Kulturraum Petersburgs mit seiner durch Peter I. 1696 gegründeten Flotte weniger als unüberbrückbar denn als Verbindung zu Mittel- und Nordeuropa (Tor zu Europa) verstanden wird, die Kanäle der Stadt und z.T. die Newa aber negativ und mit Todes- und Selbstmordsemantik konnotiert sind.[17]

Zur Biografie und Petersburg-Topografie des Autors

Fjodor Dostojewskij stammte nicht aus Petersburg, sondern aus Moskau, bewunderte es aber schon früh als literarisches Zentrum (vgl. Belknap 2016: S. 168). Zusammen mit seinem älteren Bruder Michail kam er bereits als 16-Jähriger 1837 in die Hauptstadt, um dort an der Kaiserlichen Pionieroffiziersschule, der noch jungen, aber höchsten Bildungseinrichtung des Landes für Ingenieurwesen, und daneben Literatur zu studieren. Während Michail dieses Studium nicht beendete, schloss Fjodor es 1843 als Militäringenieur ab, quittierte aber schon im darauffolgenden Jahr den Dienst, um sich ganz dem Schreiben zu widmen.[18] Der Autor lebte ab 1837 bis zu seinem Tod in Petersburg, unterbrochen von der Lager- und Verbannungszeit in Sibirien (1849–1859, Omsk, Semipalatinsk, später dann im europäischen Teil in Twer) und längeren Aufenthalten in Westeuropa (1862, 1863, 1864, 1867–70, 1871). Anziferow eruierte die Petersburger Wohnorte des Autors soweit wie möglich, was die Kommentatoren der Ausgabe von 1991 später ergänzten[19]. Diese

---

17 Vgl. dazu die Dissertation von Spitzer, Catherine A.: The Image of the City in Novels of Gogol, Dostoevsky and Bely. Montreal 1981, S. 8–9, 33–36, 77–78. Retrieved 13.03.2018 from http://digitool.library.mcgill.ca/R/?func=dbin-jump-full&object_id= 68638&local_ base = GEN01-MCG02.
18 Eine detaillierte Darstellung des Jahres 1846, der Wohnorte Dostojewskijs und der genauen Situierung Goljadkins, des Protagonisten aus *Der Doppelgänger,* findet sich bei Fedorov, Georgij A.: Moskovskij mir Dostoevskogo: iz istorii russkoj chudožestvennoj kul'tury XX veka. Moskva 2004, in den Kapiteln „Peterburg ‚Dvojnika'" und „Sankt-Peterburg. God 1846" (S. 194–253).
19 Konečnyj, A.M./Kumpan, K.A.: Peterburg v žizni i trudach N.P. Anciferova. In: Anciferov 1991, S. 5–23. Ausführliche Angaben enthalten auch die Kommentare der beiden Herausgeber: Konečnyj, A.M./Kumpan, K.A.: Primečanija. In: Anciferov 1991, S. 294–334.

Adressen werden im Folgenden angeführt[20] und auf der Karte (siehe weiter unten im Text) vermerkt. Dabei fällt ein Stadtteil auf, in dem Dostojewskij lebte und wo viele seiner fiktiven Handlungen angesiedelt sind: um den Heumarkt (Sennaja ploschtschad) im heutigen zentralen Distrikt. Über das Viertel um den Heumarkt schreibt Belknap:

> The Haymarket was the social and commercial center of this district, which flanked most of the Ekaterininsky Canal from Gorokhovaya Street to Voznesensky Prospect. The thousands of horses in Petersburg required cartloads and bargeloads of hay, but the cheapest food, drink, and other supplies could also be found on and around the Haymarket. On a binge, Marmeladov slept on a hay barge, and Sonya, the rest of Marmeladov's family, Svidrigailov, and Raskolnikov all rented rooms nearby. [...] But near the Haymarket, the rich had moved away; the streets were lined with stores and taverns... (Belknap 2016: S. 172)

Dass sich die Armenviertel nicht nur im Stadtzentrum befanden, sondern direkt an die der Reichen grenzten und extreme Kontraste bildeten, konstatiert auch Buckler (2018: S. 172). Anziferow vermerkt folgende Adressen Dostojewskijs in Petersburg und beobachtet zwei Auffälligkeiten. Demnach habe er in den 40er Jahren immer Wohnungen gegenüber einer Kirche und in Eckhäusern bezogen (Anciferov 1991: S. 186):

- 1842–46: Wladimirskij prospekt 11 neben der Wladimirskij-Kirche im Haus von Prjanischnikow in der Grafski-Gasse;
- Februar 1846: Ecke Grebezkij- (später: Jampskij-Gasse) und Kusnetschnyj-Gasse, im Haus des Kaufmanns Kutschin[21]: Kusnetschnyj pereulok 5 (dort befindet sich heute auch das Dostojewskij-Museum). Er wechselte in diesem Jahr mehrfach die Wohnung.
- 1846: Kirpitschnyj-Gasse, Hausnummer unbekannt[22];
- September 1846: Bei der Kasan-Kathedrale, an der Ecke Bolschaja Meschtschanskaja (heute Kasanskaja-Straße) und Sobornaja ploschtschad (Kathedralenplatz) Nr. 25 im Haus von Kochendorf, heute: Plechanow-Straße 2/1;

---

20 Da hier auf eine detaillierte Behandlung und Diskussion dessen verzichtet wird, sei auf folgende Quellen verwiesen: Anciferov 1991, Konečnyj/Kumpan 1991 und Tichomirov 2016, der weitere Arbeiten dazu benennt.
21 Hier ist als Name des Eigentümers Kunin vermerkt, was Konečnyj/Kumpan im Kommentar auf S. 317, Fußnote 29 zu Kutschin korrigieren.
22 Vgl. Konečnyj/Kumpan in Anciferov 1991 im Kommentar auf S. 317, Fußnote 30.

Dostojewskijs Petersburgbild im Wandel 55

- ab November 1846: auf der Wasiljew-Insel, gegenüber der lutheranischen Katherinenkirche, an der Ecke Bolschoj prospekt und 1. Linie im Haus von Soloschitsch, heutige Adresse: Bolschoj prospekt 4/19;
- ab dem Frühjahr 1847: bis zu seiner Verhaftung am 23.04.1849: Bei der Isaak-Kathedrale an der Ecke Malaja Morskaja (Gogol-Straße) und Wosnesenskij prospekt im Haus von Schiller, heutige Adresse: Majorow-Prospekt 8/23, Ecke Gogol-Straße. (Anziferow 1991: S. 186)

Nach seiner Rückkehr aus Sibirien 1860 bis zur Abreise nach Westeuropa konnte Anziferow (1991: 188) keine einzige Adresse feststellen. Konečnyj/Kumpan (Anciferov 1991: S. 318, Fußnote 44) machen aufgrund der erst 1928 publizierten Briefe Dostojewskijs, die Anziferow 1923 ja noch nicht kennen konnte, für 1861–1867 die Adresse Malaja Meschtschanskaja-Straße 7 (heute Kusnetscheskaja-Straße) in der Nähe des Heuplatzes aus. Ab Juli 1871, nach seiner Rückkehr aus Westeuropa, hatte er folgende Adressen:

- Jekaterinskij-Prospekt, heute Rimskij-Korsakow-Straße[23];
- ab Juli 1871: Serpuchow-Straße 15 im Haus von Archangelskaja (das Haus ist nicht erhalten);
- ab 1872: Straße der 2. Kompanie des Ismailow-Regiments im Haus von Mebes, heute Krasnoarmejskaja uliza (Rote-Armee-Straße), Nr. unbekannt;
- Winter 1873–74: Ligowskij prospekt 25 im Haus von Sliwtschanskij (heutige Adresse: Ligowskij-Prospekt 27);
- September 1875 – Mai 1878: Gegenüber der griechischen Kirche: Gretscheskij prospekt 6 im Haus von Strubinskij (das Haus ist nicht erhalten);
- 1878 bis zum Tod 1881: Kusnetschnyj-Gasse 5. (Anciferov 1991: S. 188–189)

---

23 Konečnyj/Kumpan in Anciferov 1991 im Kommentar auf S. 318, Fußnote 45.

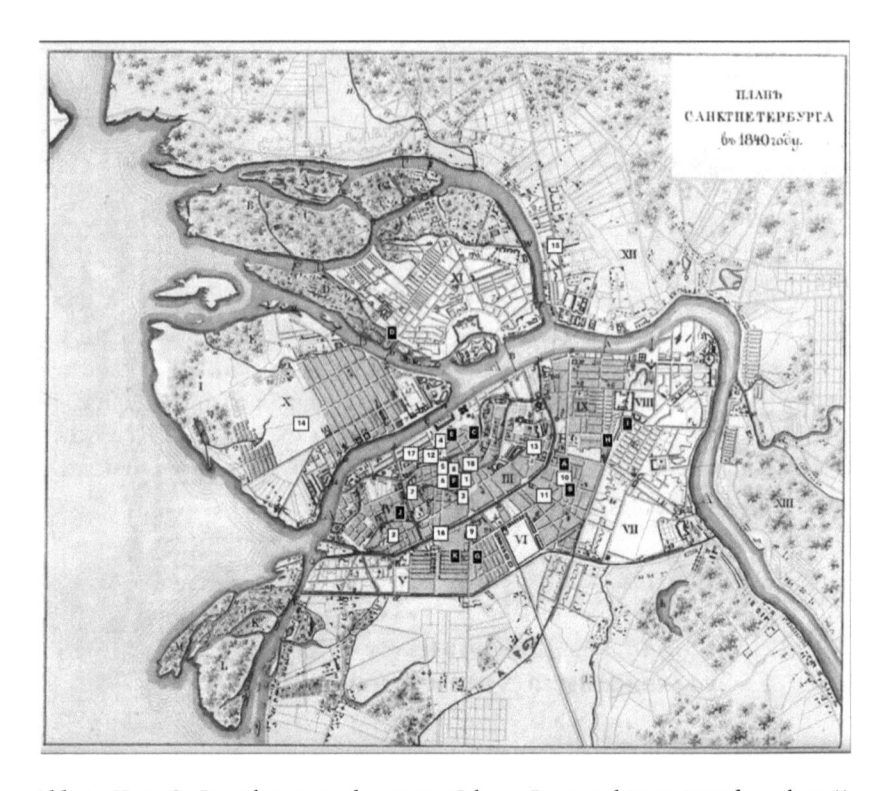

Abb. 3: Karte St. Petersburgs aus den 1840er Jahren. Retrieved 21.01.2019 from: http://access.bl.uk/item/viewer/ark:/81055/vdc_00000000FA5C#?c=0&m=0&s=0&cv=69&xywh=-1443%2C-679%2C4853%2C5097. Für die Bearbeitung der Karte und die Eintragung der Adressen danke ich meiner Studienassistentin Diana Brunnthaler.

Wohnadressen Fjodor Dostojewskijs in Petersburg:

A Wladimirskij prospekt 11
B Kusnetschny pereulok 5
C Kirpitschny pereulok
D Bolschoi prospekt 4/19
E Prospekt Majorowa 8/23
F Malaja Meschtschanskaja
G Serpuchowskaja uliza 15
H Ligowskij prospekt 2
I Gretscheskij prospekt 6
J Jekaterinskij prospekt
K Krasnoarmeiskaja uliza

Handlungsorte in den Werken

1 Heumarkt (Sennaja ploschtschad)
2 Turgenew-Platz (Ploschtschad Turgenewa)
3 Jusupow-Garten (Jusupow sad)
4 Isaak-Kathedrale (Isaakiewskij sobor)
5 Wosnesenskij prospekt
6 Wosnesenskij-Brücke (Wosnesenskij most)
7 Theaterplatz (Teatralnaja ploschtschad)
8 Stoljarny pereulok
9 Moskowskij prospekt
10 Wladimir-Kirche (Wladimirskaja zerkow)
11 Pjat uglow
12 Peski
13 Newskij prospekt
14 Wasiljew-Insel (Wasilewskij ostrow)
15 Lesnoi prospekt
16 Ismailow-Brücke (Ismailowskij most)
17 Konnogwardeiskij bulwar
18 Gorochowaja uliza

Zur Werktopografie

Auch die Handlungsräume vieler Erzählungen und Romane befinden sich vorwiegend im Viertel um den Heumarkt, das als „Gedärm Petersburgs" (Fedorov 2004: S. 224) gesehen wird. Es handelt sich dabei um: *Arme Leute, Der Doppelgänger, Die Wirtin, Herr Prochartschin, Eine Novelle in neun Briefen, Netoschtka Neswanowna, Das schwache Herz, Weihnachtsbaum und Hochzeit, Weiße Nächte* aus dem Frühwerk, *Erniedrigte und Beleidigte, Aufzeichnungen aus dem Kellerloch, Das Krokodil, Die fremde Frau und der Mann unter dem Bett* aus dem Übergangswerk und *Verbrechen und Strafe, Der Idiot, Ein grüner Junge, Bobok, Der ewige Gatte* und *Die Sanfte* aus dem Spätwerk. An dieser Stelle sei jedoch eine grundsätzliche Anmerkung erlaubt: Auch wenn die topografischen Angaben der fiktiven Handlungen von Dostojewskijs Werken scheinbar relativ eindeutig zugeordnet werden können, erheben sich vereinzelt Zweifel. Darauf verweist z.b. Tichomirov[24], der sich ausführlich und unter Rückgriff auf architektonische Quellen und Katasterauszüge, aber auch auf andere Quellen der Sekundärliteratur zu dieser Frage (Cholševnikov, Lichačev, Konečnyj/Kumpan[25]) mit der Adresse der Pfandleiherin aus *Verbrechen und Strafe* befasst. Wie Tichomirov nachweist, ist die Angabe bei Anziferow nicht widerspruchsfrei und korreliert nicht mit den anderen (topografischen oder kulturhistorischen) Angaben im Roman. Dabei dienen ihm allerdings die diskutierten Details eher als argumentative Anhaltspunkte und verdeutlichen die Grundthese des Literaturhistorikers: Dass es nämlich Dostojewskij keineswegs um exakte Nachvollziehbarkeit der topografischen und damit verbundenen Einzelheiten gegangen sei. Im Gegenteil: Ihn habe bei der Gestaltung der künstlerischen Topografie das „Prinzip der Unbestimmtheit" (princip neopredelennosti) geleitet. Nur so habe sich nämlich vermeiden lassen, dass konkrete Personen mit den literarischen Figuren identifiziert würden (wie z.B. der zuständige Ermittlungskommissar aus einem der 13 Polizeibezirke des damaligen Petersburg mit dem Untersuchungsrichter Porfirij) (vgl. Tichomirov 2016: S. 73–74). Belov weist jedoch in aller Deutlichkeit darauf hin, dass viele der

---

24 Tichomirov, Boris N.: „Vnov' ob adrese staruchi-procentščicy". In: Neizvestnyj Dostoevskij 4, S. 61–78, retrieved 13.03.2018, from DOI 10.15393/j10.art. 2016.2901.

25 Tichomirov verweist u.a. auf folgende Quellen: Cholševnikov V.E:. Fedor Michajlovič Dostoevskij. Literaturnye pamjatnye mesta Leningrada. Leningrad 1959, S. 399–434. Kumpan, K.A./Konečnyj, A.M.: „Nabljudenija nad topografiej «Prestuplenija i nakazanija»". Izvestija Akademii Nauk SSSR. Serija literatury i jazyk, 35(2) 1976, S. 180–190. Lichačev, D. S.: Dostoevskij v poiskach real'nogo i dostovernogo. In: Literatura – real'nost' – literatura. Leningrad 1981, S. 53–72.

literarischen Handlungsorte auch in Dostojewskijs Biografie eine wichtige Rolle spielten. So sei z.b. die finstere Gorochowaja-Straße, die auf den Semjonow-Platz führe, wo Dostojewskij zur Scheinhinrichtung geführt wurde, immer mit Verbrechen und Tod konnotiert. Dort habe Rogoschin Nastasja Filippowna (*Der Idiot*) umgebracht und Stawrogin die minderjährige Matrjona missbraucht, die sich dort erhängt habe.[26]

Die Stadtsemantik: Zeichensystem und Topografie als Handlungsfaktor im 19. Jh. und bei Dostojewskij

Wie Anziferow in seiner „Meisterarbeit" – so Schlögel – eindrücklich und detailliert nachweist, ist der Petersburg-Mythos durch eine Abfolge von Bildkonjunkturen und eine generationsweise „Arbeit am Mythos" gekennzeichnet, der mit Puschkin als Schöpfer des Mythos vom schönen und todgeweihten Gebilde (Schlögel 2003, S. 21) und Gogol, der Moskau und Petersburg als Gegensätze russischer Kultur begreift, einen ersten Höhepunkt erreicht. Anfänge sind allerdings schon im frühen 18. Jh. zu suchen, da Peter die „Hauptstadt als Theater" (Lotman 1984: S. 39) betrachtet und den theatralischen Charakter der Stadt begründet. Anziferow argumentiert nicht ganz widerspruchsfrei, wenn er einerseits postuliert, dass die „Seele der Stadt" (Lotman verwendet dafür den Begriff „genius loci") nur durch die langjährigen Bewohner entwickelt werden kann, andererseits aber – wohl mit Fug und Recht – darauf verweist, dass gerade die Newcomer aus der Provinz Sensibilität für die Neusicht entwickelten (vgl. Schlögel 2003: S. 22). Dostojewskij zeigt schon früh ein sehr komplexes, widerspruchsbehaftetes Verhältnis zu Petersburg (vgl. Anziferow 2003: S. 183–184) und gestaltet die Stadt literarisch zu einer Metropole der europäischen Moderne (Schlögel). Petersburg führt ein Eigenleben, das auch das Verhalten seiner Einwohner bestimmt, wie Dostojewskijs Protagonist Dolgorukij (*Der Jüngling*) es ausdrückt:

> Ich weiß nicht, warum, aber der frühe betriebsame Petersburger Morgen, ungeachtet seiner ausgesprochenen Unansehnlichkeit, gefällt mir immer, und dieses geschäftig eilende egoistische und stets gedankenverlorene Volk hat für mich um acht Uhr früh etwas besonders Anziehendes. [...] Der Petersburger ist tagsüber oder gegen Abend weniger mitteilsam, dagegen geneigt, bei jeder Gelegenheit zu schimpfen oder zu spötteln; ganz anders noch vor der Arbeit, in der Frühe, zu der nüchternsten und seriösesten Zeit.[27]

---

26 Belov, S.V.: F.M. Dostoevskij. Ènciklopedija. Moskva 2010, S. 457.
27 Dostojewskij, Fjodor: Ein grüner Junger. Übers. Swetlana Geier. Frankfurt/M., Zürich, Wien 2006, S. 195–196.

Diese Stadt hat demnach nicht nur ihren eigenen Puls und ist in sich widersprüchlich, nüchtern und phantasmagorisch zugleich, sondern die literarischen Figuren der Vorgänger gehören ganz selbstverständlich zu ihrem Inventar:

> Aber nebenbei möchte ich erwähnen, daß ich den Petersburger Morgen, auch wenn er als der prosaischste auf der Erdkugel gilt – beinahe für den phantastischsten der Welt halte. [...] An einem solchen Petersburger Morgen, faulig, feucht und neblig, müßte der, wie mir scheint, absurde Traum des Hermann aus Puschkins „Picque Dame" (eine kolossale Gestalt, ein außerordentlicher, durch und durch Petersburger Typus – der Typus der Petersburger Periode!) an Faszination gewinnen. Hundertmal hat sich mir mitten in diesem Nebel die sonderbare Phantasie aufgedrängt: „Was, wenn dieser Nebel nach oben stiege und verschwände, und mit dem Nebel zusammen auch diese modrige, glitschige Stadt nach oben stiege und sich auflöste, wie Rauch, und nur der frühere finnische Sumpf übrigbliebe, geschmückt in seiner Mitte mit einem ehernen Reiter auf dem feuerschnaubenden hochgerissenen Roß?" (Dostojewskij 2006: S. 196–197)

Dostojewskij ist von der literarischen Metropole angezogen, zeigt aber auch schon früh eine starke Abneigung gegen die „charakterlose" Stadt (vgl. Schlögel 2003: S. 23). Seine Figuren verdeutlichen ihre Abhängigkeit von der Topografie der Stadt, die, wie Belknap (vgl. 2016: S. 174) es formuliert, manchmal die Stimmungen der Figuren reflektiert oder sogar bestimmt. Petersburg ist demnach bei Dostojewskij nicht nur eine ambivalente Stadt, „a frighteningly beautiful, frighteningly ugly, paradoxical city", sondern vor allem ein literarisches Mittel (vgl. Belknap 2017: S. 175), um die Figuren sozial, mental und emotional in ihrem Lebensraum zu verankern.

Veränderungen in Dostojewskijs Petersburgbild

Der Handlungsraum der Frühwerke ist durch zwei wichtige literarische Tendenzen gekennzeichnet: die der romantischen Phantasmagorie und der physiologischen Skizze, der Präsentation sozialer Lebensbedingungen der „kleinen Leute" in Petersburg, wie sie die „Natürliche Schule" der 40er Jahre als poetisches Programm favorisierte. Dostojewskij schildert diese Umstände, doch keineswegs um lediglich die Hässlichkeit der Welt zu betonen, sondern um den Menschen im Milieu zu situieren und seine mentale Verankerung in der sozialen Umwelt zu unterstreichen. Er knüpft dabei wie die Romantiker an die Wahrnehmung des Einzelnen an. Es geht nicht um eine objektive Verdeutlichung ärmlicher Biografien, sondern um die Wahrnehmung sozialer Gegebenheiten und die Einwirkungen auf die menschliche Psyche, die hervorgerufenen Gefühle der Ohnmacht, des Gefangenseins und der Einsamkeit (vgl. Harreß 1993: S. 34) in einer Welt der Elendsquartiere, trotz der überbelegten Räume (vgl. Makar Dewuschkin). Wilhelm Wolfsohn, der 1863 den in Deutschland noch unbekannten Dostojewskij vorstellt, bescheinigt seinem Briefroman eine „neuartige ‚Socialpoesie' […] mit besonderer Vorliebe [für] ‚verkommene Existenzen'"[28] und er charakterisiert ihn folgendermaßen:

> So hatte noch kein russischer Poet in dieses eigentümliche Beamten- und Kleinbürgerproletariat, in dieses Elend einer sehr verbreiteten Klasse der Stadtbevölkerung hineingeleuchtet. Es war keine bloße Beleuchtung ihres Elends, sondern auch eine Darlegung ihrer ganzen moralischen Widerstandskraft, ihrer Empfänglichkeit für das Leben, ihrer Erhebung in Liebe und Erbarmen. (Wolf 1991: S. 283)

Wie die berühmte Küchenszene aus dem Erstling *Arme Leute* (1846) zeigt, stehen die menschliche Würde und das Erleben der ganzen Situation im Mittelpunkt. Darin schildert Makar Dewuschkin der angebeteten Warwara Dobroselowa scheinbar beschönigend, de facto aber in einem Akt der Selbstentblößung seine ärmliche Behausung:

> Ich wohne in der Küche, oder es wird weit richtiger sein, wenn ich mich folgendermaßen ausdrücke: neben der Küche ist ein Zimmer (unsere Küche aber ist, wie ich Ihnen bemerken muß, rein, hell und sehr hübsch), ein kleines Zimmerchen, so ein bescheidenes Winkelchen… oder noch besser gesagt: die Küche ist groß und dreifenstrig, und da ist nun parallel mit der Seitenwand eine Halbwand gezogen, so daß gewissermaßen noch ein Extrazimmer herauskommt; es ist ganz geräumig und bequem und hat ein Fenster und alles; mit einem Worte: recht behaglich. Na, das ist also mein Winkelchen. Aber glauben Sie nicht, liebes Kind, daß die Sache doch noch so einen geheimen Haken hätte, weil es die Küche ist. Ich wohne ja allerdings eigentlich in der Küche, nur hinter einer Halbwand; aber das macht nichts; ich bin von allen abgesondert und wohne ganz still und ruhig für mich. Ich habe mir in meinem Zimmer ein Bett, einen Tisch, eine Kommode und zwei Stühle aufgestellt und ein Heiligenbild aufgehängt. Es gibt freilich auch bessere Wohnungen, vielleicht sogar viel bessere; aber die Bequemlichkeit bleibt doch die Hauptsache, und ich bin ja um der Bequemlichkeit willen hierher gezogen; glauben Sie nicht, daß ich einen anderen Grund gehabt hätte. Ihr Fensterchen liegt mir gegenüber, auf der anderen Seite des Hofes, und der Hof ist nur schmal; da kann ich Sie denn mitunter flüchtig sehen, und das ist eine Aufheiterung für mich trübseligen Gesellen. Außerdem ist es auch billiger. Das geringste Zimmer

---

28 Wolfsohn, Wilhelm: „Theodor Dostojewsky und seine sibirischen Memoiren". Russische Revue 1. Bd., 2. Heft, S. 136–168; hier: S. 143. Zitiert nach: Korn, Karl-Heinz: „Vermittler der Musen – Russische Literatur in Deutschland". In: Keller, M. (Hrsg.): Russen und Rußland aus deutscher Sicht: 19. Jahrhundert: Von der Jahrhundertwende bis zur Reichsgründung (1800–1871). München 1991, S. 247–286, hier S. 283.

kostet hier bei uns mit Beköstigung fünfunddreißig Rubel Papier. Das ist nichts für meinen Beutel!²⁹

Diese Welt vermittelt gleichzeitig keine Sicherheit, sondern Angst durch Einsamkeit;³⁰ die Stadt wirkt unheimlich. Wie Bowers nachweist, fügt sich Dostojewskij damit in die Darstellung der Stadt ein, wie sie schon bei Wissarion Belinskij zu finden ist, dessen Beschreibung der im Schauerroman entspricht.³¹ Die ärmeren Gegenden sind jedoch auch ländlich; denn die Stadt war zur damaligen Zeit noch relativ klein und gerade der Heumarkt bildete, wie schon erwähnt (Belknap 2016: S. 172), das soziale und wirtschaftliche Zentrum der Stadt, wo Kneipen und Misthaufen nebeneinander existierten. Die unheimliche und Furcht einflößende Stadt, wie sie die Romantik etabliert hatte (Nikolai Gogol mit *Die Nase* und *Der Mantel*), findet sich auch bei Dostojewskij (*Arme Leute, Der Doppelgänger*, aber auch noch in *Ein schwaches Herz*). Die Stadt wird zum Ort des Schreckens, sie ist undurchschaubar und – ganz im Unterschied zu ihrem rationalen Schöpfungsakt – nicht zu verstehen. Für den kleinen Menschen ist sie zwar potentiell zerstörerisch, aber sie wird zum „literarischen Instrument" (Belknap 2016: S. 175) und bringt die psychologische und emotionale Stimmung der Figuren zum Ausdruck (Bowers 2013: S. 1248). Der paradoxe Charakter der Stadt korreliert bei Dostojewskij mit der inneren Zerrissenheit der Helden; Petersburg ist – mit den Worten von Bowers (2013: S. 1247) – „a living, anthropomorphized city." Die tragischen und schrecklichen Momente werden durch „a Petersburg nightmare" verkörpert. (Bowers 2013: S. 1248) In den frühen Werken spielt daher der Wahnsinn des Protagonisten eine große Rolle, ganz in der Fortführung der durch Puschkin und Gogol eingeführten Stadtsemantik. Der Verlust

---

29 Dostojewski, F.M.: Sämtliche Werke. Band 1: Arme Leute. Übers. Hans Röhl. Leipzig 1921, S. 11f.
30 Fantasien, die die Figuren erschauern lassen, wie Warwara am 03.09. an Dewuschkin schreibt (vgl. Bowers 2013: S. 1246), sind auch mit dem Land verbunden – das zeigt dieser Brief ganz deutlich in der Gegenüberstellung –, doch vermittelt die Stadt im Unterschied zum Dorf das Grundgefühl der Einsamkeit: „Und so ist mir denn jetzt sehr traurig zumute. Fedora ist heute auf den ganzen Tag weggegangen, und ich sitze allein. Seit einiger Zeit fürchte ich mich, wenn ich allein bin; es scheint mir immer, als ob noch ein andrer mit mir im Zimmer wäre und mit mir redete; besonders ist das der Fall, wenn ich in Gedanken versunken gewesen bin und plötzlich aus meiner Versunkenheit auffahre, so daß ich einen Schreck bekomme." (Dostojewski 1921: S. 156)
31 Bowers, Katherine: „The City through a Glass, Darkly: Use of the Gothic in Early Russian Realism". The Modern Language Review (108/42) 2013, S. 1237–1253, hier S. 1240, retrieved 28.12.2018, from http://www.jstor.org/stable/10.5699/modelangrevi.108.4.1237.

des Verstands wird zuweilen sogar metaphorisch durch das „gelbe Haus" (*Weiße Nächte*) vertreten, das nicht nur die Fassadenfarbe, sondern in der russischen Umgangssprache das „Irrenhaus" (želtyj dom) bezeichnet.[32]

Die Semantik der Petersburger Örtlichkeiten wird zuweilen sehr sparsam und dennoch hochwirksam eingesetzt. So nimmt der Autor in *Ein schwaches Herz* gleich zu Beginn eine prägnante soziale Verortung der beiden Protagonisten Arkadi (dessen Name auf Arkadien und den utopischen Traum vom Paradies verweist[33]) und des familiär benannten Wasja, zweier kleiner Beamten vor, wenn er das gemeinsam bewohnte Zimmer im ärmlichen 3. (russ. 4. Stock) als wesentlichen Teil ihrer Wohnung darstellt, in der sich ein Großteil der Handlung abspielt. Darauf stoßen wir auch in *Verbrechen und Strafe* – im Zimmer Raskolnikows – oder in *Böse Geister*, in der Beichte Stawrogins, wo er die Vergewaltigung der jungen Matrjoscha gesteht, als er in einem Petersburger Mietshaus im 3./4. Stock direkt neben einer armen Kleinbürgerfamilie wohnte. Während die Außenwelt nur die groben Koordinaten abgibt (Kolomna, Newa), dient das Zimmer zur Verdeutlichung von Wasjas sich zuspitzendem Nervenzustand, bis er schließlich wahnsinnig wird. Arkadij, der das nicht verhindern konnte, blickt auf dem Heimweg vom Dienst nach Hause auf die Newa. Das Unvorstellbare weckt in ihm Zweifel an der Wirklichkeitswahrnehmung, in der die fantastische Tradition der Romantik noch nachklingt:

> Als er an die Neva kam, blieb er einen Augenblick stehen und warf einen Blick an den Ufern entlang nach der nebligen, kalttrüben Ferne, die von dem letzten Purpurscheine der am dunklen Horizonte verglimmenden Abendröte plötzlich noch einmal erhellt wurde. Die Nacht lagerte sich über die Stadt, und die ganze gewaltige, hoch mit gefrorenem Schnee bedeckte Oberfläche der Neva war vom letzten Widerschein der Sonne wie übersät mit Millionen funkelnder Eisnadeln. […]
>
> Ja, diese ganze Welt mit allen ihren Bewohnern, den starken und den schwachen, mit all ihren Wohnungen, den Schlupfwinkeln der Armen und den vergoldeten Palästen der Starken dieser Welt, glich in dieser Dämmerstunde einem phantastischen

---

32 Vgl. dazu Peterson, Dale: "Dostoevsky's White Nights: Memoir of a Petersburg Pathology." In: Allen, Elisabeth C. (Hrsg.): Before they were titans: essays on the early works of Dostoevsky and Tolstoy. Boston (et al.) 2015, S. 93–114, hier S. 98, retrieved 13.03.2018 from URL: http://www.jstor.org/stable/j.ctt1zxsjmd.10.

33 Bowers (2013: S. 1250) führt zwar Arkadijs Namen nicht auf die utopische Tradition zurück, diskutiert aber die Semantik der Figur im Zusammenhang mit den idealistischen, fantastischen und subversiven Positionen und illustriert die Bedeutung der anderen Welt des Jenseits im Bild des gefrorenen Flusses, der das Sonnenlicht reflektiert.

Zaubergebilde, das im Begriff war, sich wie ein Dampf zum dunkelblauen Himmel zu erheben und dort zu verschwinden.³⁴

Generell ist Dämmerung oder Nacht nicht nur in dieser längeren Erzählung (russ.: povest') die dominante Handlungszeit, sondern auch in vielen anderen von Dostojewskijs Werken; daneben enthält die Stelle weitere für Dostojewskij typische Motive, die sich (im Unterschied zur Fantastik) auch später wiederfinden: das Wasser, den Nebel und damit die Undurchsichtigkeit, den Schnee – nicht den des klaren blauen Frosttages, sondern den verwehten Schnee der feuchten Kälte.

Das Ambiente des anderen, des armen Petersburgs, in dem die meist einfachen Figuren des Autors beheimatet sind, nimmt v.a. im Frühwerk einen konstanten Platz ein. Es sind häufig die kleinen Zimmer, die ärmlichen Wohn- und Lebensverhältnisse mit Hunger und Kälte, die sich durch diese Werke ziehen; sie stehen zwar nicht immer im Mittelpunkt, geben aber immer die wesentliche Einbettung für die Handlung und die Figuren ab. Ein gutes Beispiel dafür stellt die Erzählung *Die Wirtin* dar, die ein Liebessujet gestaltet und dieses in einem abgelegenen Teil der Stadt lokalisiert, in das der Flaneur Ordynow zufällig gerät. Dort zieht ein ungewöhnliches Paar seine Aufmerksamkeit auf sich.

> Unversehens war er in ein vom Petersburger Stadtkern weit entferntes Viertel geraten. Nachdem er in einer abgelegenen Schenke recht und schlecht gegessen hatte, streifte er weiter umher. Wieder passierte er viele Straßen und Plätze. Lange gelbe und graue Zäune zogen sich hin, statt protziger Häuser fand er windschiefe Hütten und zugleich kolossale Fabrikgebäude, häßlich, rußgeschwärzt, rot, mit hohen Schloten. Überall war es menschenleer und öde; […]. […] Es war schon Abend.³⁵
> Es war bereits ganz dunkel; er ging in einem gewissen Abstand von den beiden. Der alte Mann und die junge Frau betraten eine große, breite, kotige Straße, mit allerlei Werkstätten, Kornspeichern und Ausspannen, die Straße führte geradewegs zur Stadtgrenze, dort bogen sie in eine lange, schmale Nebengasse mit langen Zäunen zu beiden Seiten ein, die kurz vor der hohen, geschwärzten Mauer eines dreistöckigen Mietshauses endete, durch dessen Durchgangstor man auf eine andere, ebenfalls große, belebte Straße kam.³⁶

---

34 Dostojewski, Fjodor M.: „Ein schwaches Herz." In: Dostojewski, F. M.: Sämtliche Romane und Novellen. Dreizehnter Band. Der Spieler und kleinere Erzählungen. Leipzig 1921, S. 419f.

35 Dostojewski, Fjodor M. (1994): „Die Wirtin." In: Dostojewski, Fjodor: Der Doppelgänger. Frühe Prosa I. Deutsch von Wilhelm Plackmeyer und Georg Schwarz. Berlin 1994, 409f.

36 Ebda, S. 412.

Wie in den meisten Texten dieser Zeit geben die Ortsmerkmale und die häufig in der Dämmerung oder ganz im Dunkeln situierte Zeit die atmosphärischen Koordinaten für die Handlung ab. Die klimatischen Bedingungen Petersburgs erfahren dabei eine wichtige semantische Anreicherung, die für das Frühwerk Dostojewskijs tpisch ist und sich auch später noch findet: Sie verdichten sich zu einem sozialen Klima, das den Ausschluss der städtischen Unterprivilegierten und ihr Gefühl der Erniedrigung und fehlender Anerkennung im Begriff sozialer Kälte subsumieren. Daher kann mit Peterson (2015: S. 96), der Dostojewskijs pathologisches Petersburg-Bild als kritische Auseinandersetzung mit Jean-Jacques Rousseaus *Träumereien eines einsamen Spaziergängers* (Les Revêries du Promeneur Solitaire) versteht[37], für den jungen Autor festgestellt werden: „Dostoevsky exposed with cutting precision the anatomy of the contemporary body of the Russian urban intelligentsia, stiftling in fear, frustration and avoidance."

Nach der Rückkehr aus Sibirien setzen sich diese Motive detailreich fort. Die Darstellung Petersburgs orientiert sich an der physiologischen Großstadtskizze der „Natürlichen Schule", die die Stadt als Dschungel präsentiert und in dem es ums nackte Überleben geht. Es sind Darstellungen der Armut, Krankheit und des Elends, der Bettelei und Prostitution, die sich vermehrt finden (z.B. in *Verbrechen und Strafe*, *Aufzeichnungen aus dem Untergrund*). Die negative, menschenfeindliche Semantik Petersburgs schlägt sich in den unerträglichen klimatischen Bedingungen (im Winter nasskalt, im Sommer heiß und stickig) und auch in olfaktorischen Wahrnehmungen nieder. Armut und Elend sind so nicht nur fühlbar und rauben den Atem, die Luft zum Atmen, sondern sie verpesten buchstäblich die Luft. Eine wichtige Rolle spielen auch Elemente des Schmutzes, ebenfalls intensiviert durch die Olfaktorik, und verstärken den Eindruck des Ekels, wenn z.B. in *Das Krokodil* Exkremente umschrieben werden: „Mehr noch, da ich am Leben bin, widersetze ich mich der Verdauung durch meine Willenskraft, weil klar ist, dass ich nicht in das verwandelt werden möchte, in das jede Nahrung verwandelt wird, das wäre ja viel zu demütigend für mich."[38] Eine vergleichbare Wahrnehmung findet sich in den *Aufzeichnungen aus dem Untergrund* mit Essensgerüchen und Abfällen, die die unerträglichen Lebensbedingungen in

---

37 Hier kann nur darauf verwiesen werden, dass Peterson bei Dostojewskij in den 40er Jahren eine Rousseau-Faszination ausmacht, die beim älteren Autor nach der Rückkehr aus Sibirien kritischer Distanz gegenüber dessen sentimentalen Anfängen weicht. Ebenso wie den älteren Rousseau zeichnet Dostojewskij dabei „an increasing sense of desperation" (Peterson 2015: S. 94) aus.
38 Dostojewski, Fjodor M.: „Das Krokodil." In: Das Krokodil. Erzählungen. Aus dem Russischen übersetzt von Christiane Pöhlmann. Zürich 2015, S. 35–111, hier S. 85f.

den Wahrnehmungen des erlebenden Subjekts vorstellbar werden lassen. Darin wird das Motiv des Schmutzes sogar auf den Protagonisten selbst übertragen, und es beleidigt die Würde und Selbstwahrnehmung des „kleinen Menschen" ebenso, wie wenn es sich um eine sozial privilegierte Figur handelte:

> Held oder Dreck, eine Mitte gab es nicht. Das war mein Verderben, denn im Dreck beruhigte ich mich damit, daß ich zu anderen Zeiten wiederum Held war, der Held aber den Dreck verdeckte: für einen gewöhnlichen Menschen ist es sozusagen eine Schande, sich zu beschmutzen, der Held jedoch steht viel zu hoch, um sich überhaupt beschmutzen zu können, folglich darf er sich ruhig beschmutzen.[39]

Auch in *Verbrechen und Strafe* treffen wir solche Situationen an, in denen unerträgliche Hitze, Schwüle und Gestank eine intensive, aber gewohnte Verbindung eingehen:

> Draußen war es wieder unerträglich heiß; in all diesen Tagen war nicht ein Tropfen Regen gefallen. Wieder Staub, Ziegel und Kalk, wieder Gestank aus den Läden und Schenken, wieder auf Schritt und Tritt Betrunkene, finnische fliegende Händler und heruntergekommene Droschken.
> Das war die Ursache des schrecklichen Gestanks.[40]

Dostojewskij vermittelt so eindringlich, wie lebensfeindlich die Stadt für den Menschen ist – nicht als Ausnahme, sondern als Regel. Er ist ihr ausgeliefert, unzuträglichen klimatischen Bedingungen (nasskalt, schwül), und sinkt auch selbst in die Gosse. Doch es geht Dostojewskij weniger um die soziale Anklage, sondern – so jedenfalls Harreß (1993: S. 112f.) – darum, dass die Stadt den Menschen in die Irre und ins Verderben führt, dass sie ihm keine würdige Existenz bietet. Die Erfahrung von Armut, Schmutz und Gestank ist für Dostojewskijs Protagonisten erniedrigend und beleidigt ihre menschliche Würde. Die Stadt bestimmt – das macht auch eine Namenswahl wie die z.B. von Smerdjakow deutlich, dessen Name von „stinken", „Gestank" abgeleitet ist und der zwar nicht in Petersburg beheimatet ist, aber ein Merkmal seiner Lebensumstände als Charakteristikum trägt – die Umstände, die den die in ihr lebenden Figuren anhaften. Der Gestank der Stadt, das für den Menschen Unerträgliche, wird zum Merkmal ihrer moralischen Verdorbenheit, ihre Ausdünstungen vergiften die Menschen. So ist es auch kein Wunder, dass in der Stadt nicht nur Verbrechen, Tod und Mord, sondern auch der Selbstmord (Swidrigajlow, Matrjona, die Sanfte) an der

---

39 Dostojewskij, Fjodor: Aufzeichnungen aus dem Kellerloch. Übers. S. Geier. Frankfurt/M. 2003, S. 66.
40 Dostojewskij, F. M.: Verbrechen und Strafe. Aus dem Russischen von Swetlana Geier. Zürich 1994: S. 130f.

Tagesordnung sind (vgl. Belov 2010: S. 456). Die psychologische Ausleuchtung der Figuren wird im Werk verfeinert; dazu gehört eine von gegensätzlichen Tendenzen bestimmte Psyche, auf die die Lebensumstände zwar nicht eindimensional Einfluss nehmen. Deren Bedeutung für das Gefühl der sozialen Ausgrenzung ist nicht zu leugnen; neben objektiven Umständen sind es Gefühle der verweigerten Anerkennung und Emotionen, die dadurch hervorgerufen werden.

Rosenshield macht einen Wandel im Petersburg-Mythos des frühen und des späten Dostojewskij aus, wenn er ausführt: „But the myth of Petersburg in the mature Dostoevskii differs not only from Pushkin's mythic presentations but also from his own more radical treatment of the myth in *The Double*."[41] Dieser äußere sich nicht nur in einer veränderten Bewertung Peters I., sondern sei in seinem slawophilen Weltbild begründet, dem zufolge Petersburg ein Babylon geworden sei, „a city of dismal, dirty, cramped slums, ravaged by unemployment, alcoholism, and crime". (Rosenshield 1996: 403)

Die Stadt Petersburg verkörpert nun zunehmend Westeuropa, auf das begrifflich all das projiziert wird, was Dostojewskij ablehnt und dann sein Spätwerk bestimmt: die frühsozialistischen Ideen, Materialismus, Verlust des religiösen Glaubens, moralischer Verfall, utopisches Fortschrittsdenken. In den *Aufzeichnungen aus dem Untergrund* rechnet Dostojewskij vor allem mit Letzterem als Kategorie der menschlichen Orientierung ab. Während der erste große Roman *Verbrechen und Strafe* die Poetik der Frühwerke und auch die Stadtsemantik in diesem Sinne noch fortsetzt, wird der Verlust einer sicheren Weltverortung, situiert in Petersburg, aus der Perspektive eines Heranwachsenden in *Der Jüngling* gestaltet und mit dem Erleben der Stadt verbunden. Auffällig ist, dass *Böse Geister* und *Die Brüder Karamasow* nicht mehr in Petersburg spielen, sondern in der Provinz. Dennoch steht auch hier die Stadt Petersburg als drohendes Sinnbild moralischer, durch den Westen verkörperter Verkommenheit über den Handlungen und bestimmt einige ihrer Figuren, z.B. den dämonischen Stawrogin. Gestank und körperlicher Verfall wird damit (vgl. auch Belov 2010: S. 457) zum metonymischen Ausdruck geistiger Fäulnis und des Atheismus, wie ihn Petersburg im Werk des späten Dostojewskij verkörpert.

---

41 Rosenshield, Gary: "The Bronze Horseman and The Double: The Depoeticization of the Myth of Petersburg in the Young Dostoevskii". Slavic Review 55(2) 1996, S. 399–428, hier 403, retrieved 13.03.2018, from URL: http://www.jstor.org/stable/2501917.

Hans-Christian Petersen

Städtische Armut in Russland im 19. Jahrhundert. Der Petersburger Heumarkt (Sennaja ploščaď) als sozialer Brennpunkt und sozialer Raum

Fenster zum Westen, Venedig des Nordens, Laboratorium der Moderne – die Metaphern für die russische Metropole St. Petersburg sind zahlreich, und sie beziehen sich in aller Regel auf die hochkulturellen und repräsentativen Seiten der an Umbrüchen reichen Geschichte dieser Stadt.[1] Abwesend sind in diesen Erzählungen die Menschen, die das andere Ende der sozialen Skala bildeten, die städtischen Unterschichten. Als das Sozialgefüge der vermeintlich ‚geordneten Stadt' infolge ihres rasanten Wachstums in der zweiten Hälfte des 19. Jahrhunderts in Aufruhr geriet, ging der Ausbau der ‚besseren' Teile St. Petersburgs mit einem Anwachsen der sozialräumlichen Ungleichheiten einher.[2] Das Wort *truščoba* hielt Einzug in den hauptstädtischen Diskurs, als russisches Synonym für *Slum*, jenen Begriff, mit dem in London seit den 1840er Jahren die Orte der *urban poor* im städtischen Raum bezeichnet wurden.[3] Das Erscheinen des voluminösen Texts *Die Slums St. Petersburgs* (Peterburgskie truščoby) von

---

1 Das Bild St. Petersburgs als Laboratorium der Moderne hat Karl Schlögel geprägt: Schlögel, Karl: Petersburg. Das Laboratorium der Moderne, 1909–1921. München 2002.
2 Vgl. hierzu nach wie vor grundlegend Bater, James H.: St. Petersburg. Industrialization and Change. London 1976. Vgl. jetzt auch meine Habilitationsschrift: Petersen, Hans-Christian: An den Rändern Stadt? Soziale Räume der Armen in St. Petersburg (1850–1914). Wien, Köln, Weimar 2019. Ohne Schwerpunkt auf den Räumen der städtischen Unterschichten, zur Topographie der Stadt dennoch sehr lesenswert: Schlögel, Karl/Schenk, Frithjof Benjamin/Ackeret, Markus (Hrsg.): Sankt Petersburg. Schauplätze einer Stadtgeschichte. Frankfurt/Main, New York 2007. Zur Sozialgeschichte Russlands in dieser Zeit insgesamt Mironov, Boris: Social'naja istorija Rossii perioda imperii (XVIII-načalo XX v.). 2 toma. 3-e izd., ispr., dop. Sankt-Peterburg 2003.
3 Vgl. Dyos, Harold J.: The Slums of Victorian London. In: Victorian Studies 11, 1 (1967), S. 5–40; Jones, Gareth Stedman: Outcast London. A Study in the Relationship between Classes in Victorian Society. Oxford 1971; Gaskell, Martin (Ed.): Slums. Leicester et al. 1990. Zur russischen Rezeption auch Buckler, Julie A.: Mapping St. Petersburg. Imperial Text and Cityshape. Princeton, Oxford 2005, S. 171–179.

Wsewolod Krestowskij[4] markierte ab 1864 den Beginn der Popularisierung des Begriffs in der russischen Öffentlichkeit. Schaurige und obszöne Geschichten über das ‚andere' Petersburg entwickelten sich ebenso wie in west- und mitteleuropäischen Metropolen zu einem einträglichen Geschäft, Bücher wie *Die Welt der Slums* (Mir truščobnyj) von Alexej Swirskij[5] oder *Neue Petersburger Slums* (Novyja peterburgskija truščoby) von Jurij Angarow[6] waren ebenso wie die zahlreichen Artikel in der lokalen Presse Teil des *Slumming*[7], bei dem ‚die Armen' ‚entdeckt', vermarktet und dem ‚besseren' Teil der Bevölkerung zur Unterhaltung präsentiert wurden.

Die städtischen Unterschichten waren also in St. Petersburg durchaus präsent – zum einen als Teil dessen, was Hubertus Jahn als die „imaginäre Geographie des ‚anderen' Petersburgs"[8] bezeichnet hat, zum anderen aber auch ganz konkret, da sich viele der Nachtasyle, Armenhäuser und Slums mitten in der Stadt befanden. Ein sozialräumliches Charakteristikum der Stadt an der Newa war nämlich die große Nähe von Arm und Reich – sowohl in vertikaler Hinsicht (die armen Bewohner der Stadt lebten in großer Zahl entweder in den Kellern oder auf den Dachböden der Häuser, während das Residieren in der im ersten Stock befindlichen Beletage als Ausdruck von Wohlstand galt), als auch in Form einer großen Nähe von wohlhabenderen und ärmeren Gegenden in horizontaler Richtung, vor allem im Zentrum der Stadt.

Dies galt auch für den bekanntesten ‚sozialen Brennpunkt' St. Petersburgs, den Heumarkt (Sennaja ploščad') samt dem angrenzenden, größten Slum der Stadt,

---

4 Das Werk erschien zunächst in Fortsetzung in der Zeitschrift *Otečestvennye zapiski*. Zugleich wurde es mehrfach als Monographie herausgegeben, zuletzt vor wenigen Jahren: Krestovskij, Vsevolod V.: Peterburgskie truščoby. Kniga o sytych i golodnych. Polnoe izdanie v odnom tome. Moskva 2011.

5 Svirskij, Aleksej: Pogibšie ljudi. 3 Bände, hier Band 1: Mir truščobnyj, Sankt-Peterburg 1898.

6 Angarov, Jurij: Novyja peterburgskija truščoby: Očerki stoličnoj zizni, vyp. 1–4, Sankt-Peterburg 1909–1910.

7 Der Begriff wurde im Viktorianischen England geprägt. Vgl. Koven, Seth: Slumming. Sexual and Social Politics in Victorian London, Princeton 2006; Schwarz, Werner Michael/Szeless, Margarethe/Wögenstein, Lisa (Hg.): Ganz unten. Die Entdeckung des Elends. Wien, Berlin, London, Paris, New York. 338. Sonderausstellung des Wien Museums, Wien 2007; Lindner, Rolf: Walks on the Wild Side. Eine Geschichte der Stadtforschung, Frankfurt a. M. 2004. Für St. Petersburg hat Hubertus Jahn in seiner Habilitationsschrift diesen Prozess der ‚Entdeckung' der *urban poor* nachgezeichnet: Jahn, Hubertus F.: Armes Russland. Bettler und Notleidende in der russischen Geschichte vom Mittelalter bis in die Gegenwart. Paderborn u.a. 2010.

8 Jahn: Armes Russland, S. 122.

Städtische Armut in Russland im 19. Jahrhundert 69

der *Vjazemskaja lavra*. Beide befanden sich nur rund zehn Gehminuten vom Prachtboulevard der Stadt, dem Nevskij prospekt, entfernt. Heumarkt und *Vjazemskaja lavra* waren im Petersburg des ausgehenden 19. Jahrhunderts Begriffe, die schillernde Assoziationen weckten. Dies lag nicht zuletzt, neben dem bereits erwähnten Roman Wsewolod Krestowskijs, am Werk Fjodor Dostojewskijs, in dem die *lavra* einen zentralen Punkt im Milieu der ‚kleinen Leute' rund um den Heumarkt bildet. In Dostojewskijs Roman *Verbrechen und Strafe*[9] (Prestuplenie i nakazanie) ist es eine Kneipe namens „Kristallpalast" (chrustal'nyj dvorec) innerhalb der *lavra*, in der Raskolnikow aus den Zeitungen erfährt, dass über seinen Mord berichtet wird. Später trifft er sich hier mit Swidrigajlow, der Raskolnikows Geständnis mit angehört hat. Diese Motive wurden von der Petersburger Lokalpresse aufgegriffen und in Form sensationslüsterner Reportagen über spektakuläre Mordfälle und ausschweifende Orgien in der *lavra* ausgeschlachtet.[10] Innerhalb weniger Jahre avancierte der Gebäudekomplex am Rande des Heumarkts damit zum Zentrum des ‚anderen', ‚dunklen' Petersburg, und

---

9   Dostojewskij, Fjodor: Verbrechen und Strafe, 16. Auflage, Frankfurt/Main 2014 (Russische Erstausgabe 1866).
10 Vgl. u.a. M., Dom Vjazemskogo (Iz sudebnoj chroniki). In: Nedelja, 21.05.1895, S. 668–670; [o.N.], Dnevnik priključenij. V Vjazemskoj lavre. In: Peterburgskij listok, 07.07.1894, S. 3.

ebenso wie in London gab es regelrechte Exkursionen durch den berühmtesten Slum der russischen Hauptstadt.[11]

Die reißerischen Bilder über die Armutsviertel russischer Städte haben sich bis in unsere Gegenwart gehalten, auch in den Werken prominenter Vertreter der Osteuropahistorie. Laut Jörg Baberowski „ertranken" die russischen Städte am Ende des 19. Jahrhunderts „im Meer bäuerlicher Zuwanderer", sie wurden zu „Bauernmetropolen", von denen die aus dem Umland kommenden „Bauernmassen [...] Besitz ergriffen."[12] Die auf der Suche nach Arbeit in die Stadt kommenden Migranten waren nach Baberowski unfähig, eine neue Identität im städtischen Umfeld zu entwickeln, vielmehr erfolgte die „Verbäuerlichung der Städte" durch „das werktätige Volk", das unter Freiheit vor allem die Freiheit verstanden habe, „sich hemmungslos zu betrinken", und sein Dasein an den „geographischen und kulturellen Rändern" der Städte gefristet habe, in denen es „nicht heimisch"[13] geworden sei. Kurz: Die „Gewalt- und Konfliktkultur"[14] des russischen Dorfes habe Einzug in die Städte gehalten. Und auch im heutigen Stadtbild schreibt sich dies fort: Wer sich in Petersburg auf die Suche nach den Orten der russischen *urban poor* begibt, wird sie nur schwerlich finden. Keine alte Bausubstanz, kein Schild und auch kein Hinweis in den gängigen Stadtführern bringen einen zu den Stellen, an denen früher Zehntausende von Menschen unter prekären Bedingungen lebten.

Beließe man es hierbei, dann bliebe die Frage unbeantwortet, welche Bedeutung Orte wie der Heumarkt und die *Vjazemskaja lavra* für die Menschen gehabt haben könnten, die sie regelmäßig aufsuchten. Eine solche Perspektive, bei der marginalisierte Räume mit einem ‚Minuszeichen' versehen werden, ohne nach ihren Binnenstrukturen zu fragen, ist von dem amerikanischen Soziologen Loïc Wacquant treffend als „Exotisierung des Ghettos"[15] kritisiert worden. Sie

---

11 Vgl. Tereščuk, A. V.: Vjazemskaja lavra. In: Tri veka, Bd. 2, Buch 1. Sankt-Peterburg 2005, S. 667f., hier S. 668.
12 Baberowski, Jörg: Die Entdeckung des Unbekannten. Russland und das Ende Osteuropas. In: ders./Conze, Eckhart/Gassert, Philipp/Sabrow, Martin (Hg.), Geschichte ist immer Gegenwart. Vier Thesen zur Zeitgeschichte, Stuttgart, München 2001, S. 9–43, hier S. 25.
13 Ebd., S. 23, 26, 28.
14 Ebd., S. 23.
15 Wacquant, Loïc J.: Drei irreführende Prämissen bei der Untersuchung der amerikanischen Ghettos. In: Heitmeyer, Wilhelm/Dollase, Rainer/Backes, Otto (Hg.): Die Krise der Städte. Analysen zu den Folgen desintegrativer Stadtentwicklung für das ethnisch-kulturelle Zusammenleben, Frankfurt/Main 1998, S. 194–211, hier S. 203. Ich folge der

übersieht, dass auch an und in den Rändern Machtstrukturen entstehen, dass es dort Selbstorganisation und umkämpfte Räume gibt. Möchte man nicht bei solchen äußerlichen Zuschreibungen verharren, sollten die vermeintlich klaren Grenzen zwischen „Innen" und „Außen", zwischen „Zentrum" und „Peripherie" nicht unhinterfragt übernommen, sondern selbst zum Gegenstand der Analyse gemacht werden:

> Die Homogenität der Viertel entsteht durch den Blick von außen, dem die inneren Differenzierungen entgehen. [...] Die Behauptung der Homogenität täuscht über die individuellen Schicksale und die Differenzen hinweg, die sich hinter den allgemeinen Bildern von homogenen Stadtvierteln verbergen. Wenn man die Mühe nicht scheut, näher hinzusehen, erfährt man dagegen, wie wenig die Bilder, die wir uns von benachteiligten Wohngebieten, Ghettos, Favelas und Banlieus machen, mit den Realitäten ihrer Bewohner zu tun haben.[16]

Ein Hort versammelter Regellosigkeit? Die *Vjazemskaja lavra*

Die *Vjazemskaja lavra*, deren Name sich am ehesten mit „Wjazemskij-Kloster" übersetzen lässt, stellte bis zur Mitte des 19. Jahrhunderts noch ein reguläres Ensemble von insgesamt dreizehn zusammenhängenden Gebäuden dar, die in erster Linie aus Mietwohnungen bestanden. Das gesamte Anwesen erstreckte sich zwischen Heumarkt, Obuchowskij prospekt (dem späteren Zabalkanskij und jetzigen Moskowskij pospekt), Poltorazkij pereulok (einer kleinen Gasse, die später in der Gorstkina uliza und heutigen Uliza Jefimowa aufging) und der Fontanka.

Erster Besitzer des Grundstücks war seit Beginn der 1780er Jahre der Kaufmann Krasnoschtschekow.[17] Von ihm erwarb Ende des 18. Jahrhunderts Mark Poltorazkij das Anwesen. Poltorazkij, Direktor der zarischen Gesangskapelle und Ahnherr des Adelsgeschlechts der Poltorazkijs, errichtete mehrere neue Gebäude auf dem Gelände. Zu seinen Ehren wurde später die erwähnte kleine

---

Diagnose der „Exotisierung", während ansonsten zu betonen ist, dass „Ghetto" und „Slum" keine synonymen Begriffe darstellen, weshalb ich im Folgenden von „Slums" (und nicht von „Ghetti") sprechen werde.

16 Schroer, Markus: Räume, Orte, Grenzen. Auf dem Weg zu einer Soziologie des Raums. Frankfurt/Main 2006, S. 249f.

17 So übereinstimmend Anciferov, Nikolaj: Ulica rynkov (Ėkskursija po b. Sadovoj ul. v Leningrade). In: Grevs, Ivan (Red.), Po očagam kul'tury. Novye temy dlja ėkskursij po gorodu. Metodičeskij sbornik, Leningrad 1926, S. 57–109, hier S. 90; Tereščuk, A. V.: Vjazemskaja lavra. In: Tri veka Sankt-Peterburga. Ėnciklopedija v trech tomach. Bd. 2: Devjatnadcatyj vek, Bd. 2, Buch 1, Sankt-Peterburg 2005, S. 667f., hier S. 667.

Straße, die das Anwesen im Osten begrenzte, Poltorazkij pereulok genannt.[18] Nach Poltorazkijs Tod 1795 führte seine Witwe, Agafokleja Poltorazkaja, geb. Schischkowa, den Ausbau fort. So entstanden mehrere Handelshäuser sowie repräsentative Fassaden am Ufer der Fontanka.[19] Ihr folgte als Besitzer Fürst Alexander E. Wjazemskij. Er ließ weitere Häuser auf dem Grundstück bauen, so dass schließlich in den 1830er Jahren die dreizehn Gebäude vorhanden waren, die bis zum Abriss der gesamten Anlage in sowjetischer Zeit Bestand haben sollten. Laut Nikolaj Swjeschnikow, einem langjährigen Bewohner der *lavra*, der später seine Erinnerungen an diesen Ort publiziert hat, worauf im Folgenden noch näher einzugehen sein wird, wohnte Fürst Wjazemskij bis in die 1850er Jahre auch persönlich in einem zur Fontanka gelegenen Flügel des Anwesens.[20] Den Großteil der übrigen Wohnungen vermietete er und erzielte damit ein beträchtliches Einkommen – lagen der Heumarkt und seine Umgebung doch bald nicht mehr wie ursprünglich am Rande der Stadt, sondern mitten im Zentrum der rasch wachsenden Metropole.[21]

Insgesamt hatte das Anwesen somit bis hierhin eine Entwicklung genommen, die durch namhafte Besitzer und einen steten Ausbau charakterisiert war. Um die Mitte des 19. Jahrhunderts befand es sich in bester Lage und hätte an sich das Potential besessen, zu einer ‚guten Adresse' der russischen Hauptstadt zu werden. Stattdessen entwickelte sich jedoch genau hier innerhalb weniger Jahre der bekannteste Slum St. Petersburgs, eine *truščoba*, der entgegen der ursprünglichen Bedeutung des Wortes keine Einöde und kein abgelegener Winkel mehr war, sondern sich nur wenige Gehminuten von den repräsentativsten Orten der Stadt entfernt befand.

Fragt man nach den Gründen für diese Entwicklung, so ist zum einen die Nähe zum Heumarkt zu nennen. Der Heumarkt war nicht nur der größte Lebensmittelmarkt der Stadt, sondern auch ein Ort der ‚kleinen Leute', ein Ort der Volksunruhen und ein hygienischer Problemfall. Es ist festzuhalten, dass das

---

18 Vgl. Anciferov: Ulica rynkov, S. 90.
19 Vgl. Tereščuk: Vjazemskaja lavra, S. 667.
20 Svešnikov, Nikolaj: Peterburgskie Vjazemskie truščoby i ich obitateli. Original'nyj očerk s natury, napisannyj N. Svešnikovym. Sankt-Peterburg 1900, S. 5.
21 Vgl. Zur Geschichte des Heumarkts Jahn, Hubertus: Der St. Petersburger Heumarkt im 19. Jahrhundert. Metamorphosen eines Stadtviertels. In: Jahrbücher für Geschichte Osteuropas 44 (1996), H. 1, S. 162–177; Jurkova, Zoja: Sennaja ploščad'. Včera, segodnja, zavtra, Moskva, Sankt-Peterburg 2011; Petersen: An den Rändern der Stadt?, S. 282–320. Die wörtliche Übersetzung lautet „Heuplatz". Im Deutschen hat sich jedoch die Bezeichnung „Heumarkt" etabliert.

Grundstück des Fürsten Wjazemskij in einem Umfeld lag, das geprägt war von zahlreichen Spelunken, Bordellen und ärmlichen Unterkünften. Da die spätere *lavra* direkt an den Heumarkt grenzte, war sie entsprechend eng mit diesem verknüpft, wie noch zu zeigen sein wird.

Vor diesem Hintergrund mag die weitere Entwicklung des Gebäudekomplexes nicht überraschen, zwangsläufig war sie jedoch nicht. Es hätte ebenso die Möglichkeit bestanden, die zahlreichen Wohnungen auf dem Gelände nach dem Vorbild von Wohlfahrtsgesellschaften und Wohnungsgenossenschaften für die Schaffung bezahlbarer Unterkünfte zu nutzen und diese trotzdem in einem annehmbaren Zustand zu halten, so wie es später im „Gawaner Städtchen" geschah. Über das entsprechende Kapital und vor allem über die notwendigen Beziehungen, um weitere vermögende Unterstützer zu gewinnen, verfügte Fürst Wjazemskij zweifellos. Stattdessen verweigerte er nach der Fertigstellung der Häuser jegliche Investition und zog zugleich einen beträchtlichen Profit aus der chronisch überfüllten Anlage.

Während nach offiziellen Angaben 1871 rund 4000 Menschen in der *lavra* lebten,[22] waren es nach anderen Schätzungen deutlich mehr. Krestowskij sprach von 10.000 Bewohnern,[23] laut Fjodor Erisman, der als Sanitärarzt die *lavra* aus eigener Anschauung kannte, waren es zwischenzeitlich bis zu 12.000 Menschen,[24] und in der zum 300-jährigen Stadtjubiläum erschienenen Enzyklopädie ist von zwischenzeitlich bis zu 20.000 Bewohnern die Rede.[25] Eine exakte Zahl ließ sich weder zeitgenössisch nennen noch ist dies heute möglich – Übereinstimmung herrscht jedoch darüber, dass die *lavra* chronisch überfüllt war und sich zum größten Slum der Hauptstadt entwickelt hatte, dessen Bevölkerung der einer „durchschnittlichen Kreisstadt"[26] entsprach. Tausende Petersburger lebten in den dortigen Zimmern und Fluren, in völlig überfüllten Räumen, mit unzureichender Luftzufuhr, ohne ausreichend Tageslicht, schliefen an feuchten

---

22 Vgl. Zasedanii v stoličnom mirovom s"ezde 15-go fevralja, po delu narušenii sanitarnych pravil domvladel'com knjazem Vjazemskim, in: Vedomosti Sankt-Peterburgskogo gradonačal'stva i vedomosti Sankt-Peterburgskoj gorodskoj policii, 1871, No. 64, 19.03.1871, S. 1–2, No. 65, 20.03.1871, S. 1–2 und No. 66, 21.03.1871, S. 1–2, hier No. 65, 20.03.1871, S. 1.
23 Vgl. Krestovskij: Peterburgskie truščoby, S. 911.
24 Vgl. Dr. med. Èrisman, F[edor]: Nastojaščee sostojanie v sanitarnom otnošenii domov kn. Vjazemskogo v Peterburge,. In: Archiv sudebnoj mediciny i obščestvennoj gigieny 7 (1871), No. 2, S. 45–78, hier S. 55.
25 Vgl. Tereščuk, Vjazemskaja lavra, S. 667.
26 Krestovskij: Peterburgskie truščoby, S. 911.

Wänden und auf nassen Böden und hatten nach der Einschätzung von Erisman bei einem dauerhaften Aufenthalt an diesem Ort eine drastisch reduzierte Lebenserwartung von nicht mehr als 25–30 Jahren.[27] Zugleich zahlten sie für ihren Aufenthalt in der *lavra*, in der Regel nicht direkt an Fürst Wjazemskij, sondern an einen der Mieter, denen Wjazemskij die Wohnungen verpachtet hatte. Das hieraus entstehende System von Miete und Untervermietung führte zu beträchtlichen Preisschwankungen: So war es möglich, für wenige Kopeken eine Nacht in irgendeinem feuchten Winkel zu verbringen, während die Anmietung eines ganzen Zimmers über 30 Rubel im Monat kosten konnte.[28] Ein beträchtlicher Teil des Profits floss dennoch an den letztendlichen Besitzer, Fürst Wjazemskij. Nach den Berechnungen von Fjodor Erisman lag der jährliche Gewinn, den er mit der Vermietung von Zimmern in der *lavra* erzielte, zwischen 9000 und 12.000 Rubel, abhängig davon, welche Teile des Gebäudekomplexes gerade bewohnt und welche von der Stadt gesperrt waren.[29]

Die Zustände in der *lavra* entwickelten sich zu einem beständigen Gegenstand polizeilicher, sanitärärztlicher, politischer und juristischer Auseinandersetzungen. Die städtische Duma debattierte wiederholt über diesen Ort und setzte eine eigene Kommission zur Inspektion der Anlage ein.[30] Die Ärzte der Sanitärkommission führten zahlreiche Begehungen der Wohnungen durch, und die Polizei wurde damit beauftragt, geltende Verordnungen durchzusetzen und den Zuzug weiterer Bewohner zu verhindern.[31] Zudem ging die Stadt gerichtlich gegen Wjazemskij vor, um ihn auf diesem Weg zu Investitionen und Renovierungsarbeiten zu bewegen. Mithilfe seiner Anwälte gelang es ihm jedoch, die

---

27 Die durchschnittliche Lebenserwartung des besser gestellten Teils der Bevölkerung lag laut Èrisman demgegenüber bei rund 70 Jahren. Vgl. Èrisman: Nastojaščee sostojanie, S. 60.
28 Vgl. hierzu anhand zahlreicher Beispiele Svešnikov: Peterburgskie Vjazemskie truščoby i ich obitateli.
29 Vgl. Èrisman: Nastojaščee sostojanie, S. 74.
30 Vgl. u.a. die Sitzungsprotokolle vom 22.01. und 27.01.1882: Izvestija Sankt-Peterburgskoj gorodskoj obščej dumy (ISPGOD), 1882, No. 9, S. 575f., 583f., vom 24.11.1882: ebd., 1882, No. 42, S. 685f., sowie den ausführlichen Bericht über die (Un)wirksamkeit der in der *lavra* ergriffenen sanitären Maßnahmen im Anhang zur Dumasitzung vom 08.12.1882: ebd., 1883, No. 14, S. 872–885.
31 Vgl. neben Èrisman, Nastojaščee sostojanie, auch die Korrespondenz über die Begehungen der *lavra* am 12.09.1868 sowie am 19.09.1870 sowie über die hieraus zu ziehenden Konsequenzen im Bestand der Bauabteilung der Stadtverwaltung: Central'nyj gosudarstvennyj istoričeskij archiv Sankt-Peterburga (CGIA SPb), f. 256, op. 1, del. 3035, insbesondere ll. 5f., 24–26ob., 130f.

Verantwortung auf andere Personen wie etwa die vorherige Besitzerin abzuwälzen oder geltend zu machen, dass er von den Zuständen in seinen Häusern nichts gewusst habe. So übernahm 1871 in einem Berufungsverfahren vor dem städtischen Amtsgericht einer der bekanntesten Advokaten Petersburgs (Spasowitsch) die Verteidigung Wjazemskijs. Er erwirkte einen weitgehenden Freispruch vom Vorwurf des Verstoßes gegen die sanitären Bestimmungen, indem er unter anderem den Nachweis führte, dass die Choleraepidemie, welche die Stadt 1870 heimsuchte, offiziell erst am 1. September dieses Jahres zu einer solchen erklärt worden war, wohingegen eine Aufforderung der Polizei an Wjazemskij, dringende Renovierungsarbeiten zur Verhinderung einer Epidemie umgehend durchführen zu lassen, vom 24. August datierte und damit von einem Zeitpunkt, zu dem der Adressat noch nichts von einem Choleraausbruch habe wissen können.[32] Dass sich das Gericht dieser Argumentation anschloss, blieb für einen Mediziner wie Erisman vollkommen unverständlich, konnte er doch detailliert auflisten, dass es de facto bereits seit Mitte August 1870 die ersten Choleraerkrankungen gegeben hatte und dass hygienische Missstände wie jene in der *lavra* hierfür ursächlich waren.[33]

Letztendlich bestanden die einzigen praktischen Ergebnisse in Ausbesserungen vereinzelter Gebäudeteile und darin, dass Teile der Anlage zwischenzeitlich geräumt und geschlossen wurden.[34] Die betroffenen Bewohner wurden vor vollendete Tatsachen gestellt und sich selbst überlassen – was in der Regel bedeutete, dass sie in anderen Teilen der *lavra* Unterschlupf suchten, wodurch der Kreislauf aus Überbelegung und sanitären Missständen nur weiter verschärft wurde. Ein umfassendes Konzept, wie es von verschiedenen Seiten eingefordert wurde und das aus einer sukzessiven Renovierung oder Schließung bei einer gleichzeitigen Schaffung alternativer Wohnmöglichkeiten durch die Stadt hätte bestehen können,[35] kam hingen nicht zustande. So konnte Fürst Wjazemskij weiterhin seine einträgliche Strategie verfolgen, möglichst wenig zu investieren und stattdessen maximale Einkünfte zu erzielen. Er avancierte hiermit zum wahrscheinlich prominentesten Petersburger Vertreter des Typus Hausbesitzer, der die Wohnungsnot gezielt ausnutzte und von ihr profitierte. Fjodor Erisman gelangte angesichts dessen zu dem Urteil, dass sich Fürst Wjazemskij nicht nur

---

32 Vgl. die detaillierte Darlegung des Prozessverlaufs in: Zasedanii v stoličnom mirovom s"ezde 15-go fevralja.
33 Vgl. Ėrisman: Nastojaščee sostojanie, S. 49–52.
34 So waren im März 1871 nur acht Flügel bewohnt. Vgl. ebd., S. 55f.
35 Vgl. ebd., S. 77f., sowie die entsprechende Stellungnahme des Abgeordneten Kitner in der Dumasitzung vom 22.01.1882: ISPGOD, 1882, No. 9, S. 575f., hier S. 576.

der „groben Unterlassung" seiner Sorgfaltspflicht gegenüber den Tausenden von Bewohnern der *lavra* schuldig mache, sondern hiermit auch das Wohlergehen „der Gesellschaft und damit aller Bewohner der Stadt"[36] gefährde. In Anbetracht der vielfach dokumentierten Missstände sei es „unmöglich, die Durchdachtheit dieser Handlungen"[37] in Abrede zu stellen, auch wenn die Anwälte Wjazemskijs genau dies glaubhaft zu machen versuchten.

Innerhalb weniger Jahre war somit in der allgemeinen Wahrnehmung aus einem regulären Wohnungskomplex ein „Ort der *Unordnung und des Mangels* [Hervorhebung im Original – H.-C. P.]"[38] geworden, wie es Loïc Wacquant hinsichtlich der Darstellung US-amerikanischer Ghettos formuliert hat. Die Beobachter und Analytiker gingen, so Wacquant weiter, davon aus, dass eine Untersuchung solcher Orte „mittels *negativer Begriffe* [Hervorhebung im Original – H.-C. P.] zu befriedigenden Ergebnissen führe, indem [ihre] Unzulänglichkeiten und diejenigen [ihrer] Bewohner aufgezeigt werden und indem näher bestimmt wird, wie (und wie sehr) beide von einer ‚Mehrheits'-Gesellschaft abweichen […]."[39] Sie erschienen hierdurch als ein „Hort versammelter Regellosigkeit, Abweichung, Anomie und Atomisierung, vollgepfropft mit Verhaltensweisen, die die allgemeinen Normen von Moral und Anstand verletzen, sei es durch exzessive Handlungsweisen […] oder durch Versäumnisse […]."[40]

Diese Feststellungen, abgeleitet aus der Untersuchung des Diskurses über das Ghetto in der amerikanischen Gesellschaft und den amerikanischen Sozialwissenschaften im 20. Jahrhundert, beschreiben trotz der räumlichen und zeitlichen Differenz exakt das Bild, das in der Petersburger Öffentlichkeit von Orten wie der *lavra* gezeichnet wurde. Nicht zufällig sprach die lokale Presse in einer kolonialistischen Perspektive von den „Aborigines"[41] (*aborigenov*), die sich dort sammeln würden, und ordnete das ganze Geschehen der „Ethnographie"[42] St. Petersburgs zu. Und auch die Forschung ist bis heute bis auf wenige Ausnahmen[43] nicht darüber hinausgekommen, die Orte der städtischen Unterschichten

---

36 Ėrisman: Nastojaščee sostojanie, S. 76.
37 Ebd.
38 Wacquant: Drei irreführende Prämissen, S. 200.
39 Ebd.
40 Ebd., S. 201.
41 [o. N.]: Nočležnye doma i ich naselenie, in: Peterburgskij listok, 21.02.1893, S. 2.
42 Skorodumov, Petr: Vjazemskie kadety, in: ebd., 02.07.1866, S. 4.
43 Jahn: Der St. Petersburger Heumarkt; Bradley, Joseph: „Once You've Eaten Khitrov Soup You'll Never Leave!". Slum Renovation in Late Imperial Russia. In: Russian History/Histoire Russe 11 (1984), No. 1, S. 1–28.

anders als allein mittels negativer Attribute zu beschreiben. Wie Loïc Wacquant zu Recht kritisiert, werden damit jedoch nur die immer gleichen „Bilderreihen"[44] reproduziert, ohne dass wir etwas über die *innere* Struktur dieser Orte erfahren. Wolle man diesen Exotismus überwinden, müsse der Analytiker die Arbeit der *kollektiven* [Hervorhebung im Original – H.-C. P.] Selbsterzeugung untersuchen, durch welche die Ghettobewohner ihrer Welt eine Form, eine Bedeutung und einen Zweck verleihen, statt sich mit der Feststellung zu begnügen, dass dieser Modus sich von denjenigen, die in anderen Bereichen der Gesellschaft gültig sind, schlicht unterscheidet.[45]

Will man diesem Plädoyer Wacquants folgen, so stellt sich die Frage, welche Quellen uns hierfür mit Blick auf die *lavra* zur Verfügung stehen. Neuere Arbeiten, die sich explizit dem größten Slum Petersburgs widmen würden, existieren nicht. Einen guten, aber naturgemäß sehr knappen Überblick über die Geschichte dieses Orts bietet der Beitrag von Tereščuk in der aktuellen Petersburg-Enzyklopädie.[46] Soja Jurkowa verbleibt in ihrem ansonsten zweifellos wichtigen Überblickswerk zum Heumarkt in dem Kapitel zur *lavra* weitgehend dabei, ausführlich aus dem Roman Krestowskijs zu zitieren, ohne die Passagen einer weiteren Analyse zu unterziehen.[47] Ähnlich verhält es sich diesbezüglich mit der Studie von Nikolaj Anziferow über die „Straße der Märkte", wobei seinem Text allerdings darüber hinaus interessante Informationen über die Veränderung des Anwesens in sowjetischer Zeit zu entnehmen sind.[48]

So führt der Weg zu einer Beschreibung der inneren Strukturen der *lavra* in erster Linie über die zeitgenössischen Darstellungen. An deren Anfang steht der Roman Krestowskijs. Er ist insgesamt sicherlich dem Bereich des fiktionalen Erzählens zuzuordnen und somit als historische Quelle nur schwerlich verwendbar. Allerdings basierten die Beschreibungen Krestowskijs auf seinen mehrfachen Aufenthalten in der *lavra* sowie auf Exzerpten aus Gerichts- und Polizeiakten.[49] Während die von ihm entworfenen Figuren sich einer Überprüfung entziehen

---

44 Wacquant: Drei irreführende Prämissen, S. 200.
45 Ebd., S. 203.
46 Vgl. Tereščuk: Vjazemskaja lavra.
47 Vgl. Jurkova, Zoja: Sennaja ploščad', S. 162–178.
48 Vgl. Anciferov: Ulica rynkov, S. 90–96.
49 Vgl. hierzu das Vorwort in: Krestovskij: Peterburgskie truščoby, S. 5–13, sowie Jahn: Armes Russland, S. 113f., 120–123. Auch Nikolaj Swjeschikowv berichtet davon, dass er während eines seiner Gefängnisaufenthalte einen anderen Insassen kennengelernt habe, der Krestowskij mit Material über die *lavra* versorgt habe: Svešnikov: Vospominanija propaščego čeloveka, 1996, S. 104.

und hier nicht weiter betrachtet werden sollen, bietet vor allem das erste seiner beiden diesbezüglichen Kapitel („Vjazemskaja lavra"[50]) eingehende Informationen über die Struktur der Anlage, die sich mit den Angaben in anderen Quellen wie den bereits erwähnten Prozessberichten oder den Begehungsprotokollen der Sanitärärzte decken. Und auch das zweite Kapitel („Obitateli Vjazemskoj lavry"[51], Die Bewohner der *Vjazemskaja lavra*) ist hinsichtlich der von Wacquant eingeforderten Untersuchung der „kollektiven Selbsterzeugung" der Bewohner nicht ohne Relevanz, wie noch zu zeigen sein wird.

Neben dem vielzitierten Werk Krestowskijs sind vor allem die Aufzeichnungen Nikolaj Swjeschnikows zu nennen. Swjeschnikow, Buchhändler, Autor und mehrjähriger Bewohner der *lavra*, veröffentlichte rund 30 Jahre nach Krestowskij seine Erinnerungen an diesen Ort.[52] Er legte hierbei Wert darauf, dass alle bisherigen Texte über die *lavra* zu großen Teilen der „Fantasie" entsprungen seien, auch wenn sie „in vielem der Wirklichkeit ähneln." Er hingegen, dem „aufgrund verschiedener Zufälle das Unglück widerfahren ist, dort gelebt zu haben", werde den Ort, „wenn auch vielleicht ungeschickt, wahrheitsgetreu" beschreiben.[53] Hubertus Jahn hat diese vollmundige Ankündigung zum Anlass genommen, die Erinnerungen Swjeschnikows als das literarisch wertlose Werk eines „notorische[n] Trinker[s] und glücklose[n] Bouquinist[en]"[54] zu verwerfen. Dies ist insoweit zutreffend, als Swjeschnikow tatsächlich Alkoholiker und Buchhändler war, wie sich seinen ebenfalls publizierten Erinnerungen[55] entnehmen lässt. Insoweit ist Jahns harsche Kritik zutreffend.

Fraglich ist jedoch, ob die Aufzeichnungen Swjeschnikows damit gleichsam auch als historische Quelle obsolet werden. Abram Rejtblat, Herausgeber der kommentierten Neuauflage der Erinnerungen Swjeschnikows, die 1996 bei *Novoe literaturnoe obozrenie* erschienen ist, attestiert dem Verfasser, dass sich sein Text durch „die Weite des Panoramas (Hauptstadt, Provinzstädte, Dörfer), durch die Bandbreite unterschiedlicher Stände der ‚Helden' (von den Bewohnern

---

50 Krestovskij: Peterburgskie truščoby, S. 900–911.
51 Ebd., S. 911–921.
52 Die Aufzeichnungen Swjeschnikows erschienen erstmals 1892 unter der Überschrift „Vjazemskie truščoby" (Vjazemskij-Slums) in einer Artikelserie der Zeitung *Novoe vremja*. 1900 folgte ein Buch, das den Titel „Die Vjazemskij-Slums und ihre Bewohner. Eine Originalskizze aus dem Leben" trug: Svešnikov: Peterburgskie Vjazemskie truščoby i ich obitateli.
53 Svešnikov: Peterburgskie Vjazemskie truščoby i ich obitateli, S. 5.
54 Jahn: Armes Russland, S. 124.
55 Svešnikov: Vospominanija propaščego čeloveka, 1996.

der Nachtasyle bis zum Zaren) sowie durch die Exaktheit und Ausdruckskraft der Erzählung"[56] auszeichne. Zu einem ähnlichen Urteil gelangten die Herausgeber der ersten kommentierten Ausgabe aus dem Jahr 1930: Die Autobiographie Swjeschnikows sei von „exakter und bemerkenswerter Aufrichtigkeit" und nehme aufgrund der „unverfälschten Persönlichkeit" des Autors und dessen „eigentümlichen Lebensschicksals" einen „einzigartigen Platz"[57] in der vielfältigen russischen Memoirenliteratur ein. Und auch Julie Buckler kommt in ihrer Studie *Mapping St. Petersburg* zu einem wesentlich differenzierteren Urteil: Trotz ihrer deutlichen Skepsis hinsichtlich des literarischen Werts der Werke von Krestowskij und Swjeschnikow attestiert sie Letzterem eine realistischere und weniger sensationsheischende Herangehensweise:

> In contrast to the sensationalist Krestovskii, Sveshnikov walks his readers calmly through the notorious slum in order to dispel the persistent social mythology that clings to them. [...] He thus sought to humanize the Viazemskii slums, rendering diverse individual histories in resident's own words, rather than through the shocked eyes of Krestovskii's cultured-but-degraded protagonists, and emphasizing the circumstances that have led these people to such a place.[58]

Zudem weist Buckler darauf hin, dass Swjeschnikows Perspektive schon deswegen ein anderes Gewicht habe, weil er infolge seines Alkoholismus tatsächlich jahrelang in der *lavra* gelebt hat, während Krestowskij sie nur zu Recherchezwecken aufsuchte.[59] Dies ist nachweislich zutreffend, so dass die Erinnerungen Swjeschnikows im Folgenden als Quelle herangezogen werden, die dort, wo dies möglich ist, mit anderen zeitgenössischen Texten abgeglichen wird.

Fragt man nun auf dieser Grundlage nach den inneren Strukturen, Hierarchien und Aneignungen des Raums durch die Bewohner der *lavra*, so ist zunächst ein Blick auf den Grundriss des Gebäudekomplexes hilfreich. Wie bereits erwähnt, erstreckte sich die gesamte Anlage auf einer Fläche zwischen Heumarkt, Obuchowskij prospekt, Poltorazkij pereulok und Fontanka. Nachdem Fürst Wjazemskij nach der Übernahme des Anwesens weitere Häuser hatte errichten lassen, war seit den 1830er Jahren die Grundstruktur aus dreizehn Gebäuden vorhanden,

---

56 Rejtblat, A[bram] I.: N. I. Svešnikov. Knigotorgovec, memuarist, p'janica. In: Svešnikov, N[ikolaj], Vospominanija propaščego čeloveka, Moskva 1996 (erstmals 1896/97 in *Istoričeskij Vestnik*), S. 5–13, S. 5.
57 Predislovie. In: Svešnikov, N[ikolaj] I.: Vospominanija propaščego čeloveka. S priloženiem očerka N. S. Leskova „Spiridony-Povoroty", Moskva, Leningrad 1930, S. 5–9, hier S. 5.
58 Buckler: Mapping St. Petersburg, S. 175.
59 Ebd., S. 176.

die bis zum Abriss der gesamten Anlage in sowjetischer Zeit Bestand hatte. Die verschiedenen Gebäudeteile waren untereinander verbunden und begehbar, so dass sie wie ein Ganzes wirkten. Hinzu kamen mehrere Höfe sowie drei Torwege in Richtung Fontanka, Obuchowskij prospekt und Heumarkt. Der Hauptzugang befand sich an der Stelle, an der auch heute noch der Eingang zum Sennoj rynok liegt: Zwischen den Häusern Nr. 4 und 6 des jetzigen Moskowskij und damaligen Obuchowskij bzw. späteren Zabalkanskij prospekt.[60]

Von den drei Hauptflügeln des Komplexes gingen zwei zum Obuchowskij prospekt und einer zur Fontanka. Während die ersteren beiden wenig repräsentativ waren und zahlreiche Kneipen, Badehäuser und Geschäfte beherbergten, besaß der letztere große Spiegelfenster und war in rötlicher Farbe im Stil des Klassizismus errichtet worden.[61] Hier wohnte bis zu Beginn der 1850er Jahre der Besitzer, Fürst Wjazemskij. Am Ende dieses Jahrzehnts stand der Flügel hingegen bereits leer, wie sich der Eröffnungsszene entnehmen lässt, mit der Krestowskij seine Beschreibung der *lavra* beginnt. Er spricht von einem Haus, in dem man niemals „Leben oder irgendeine menschliche Gestalt" bemerken könne, es sei „stumm und öde, als wenn alle seine Insassen gestorben wären."[62] Einzig das Fenster des Portiers in der unteren Etage sei noch beleuchtet gewesen.

Krestowskij führt den Leser anschließend durch dieses verlassene, fürstliche Anwesen. Detailliert beschreibt er die Zeugnisse des früheren Reichtums, die Marmorsäulen und Standbilder, die zahlreichen Treppen, den Wintergarten, die mit dunklem Holz vertäfelte Bibliothek und die mit seidenen Stoffen tapezierten Empfangszimmer.[63] Zugleich gibt es in dieser Darstellung kein Anzeichen menschlichen Lebens, alles ist von Spinnweben und dicken Staubschichten bedeckt.

Mit dem Rundgang und der ausführlichen Schilderung der Überreste vergangenen Reichtums vermittelt Krestowskij dem Leser das Gefühl, ihn tatsächlich hinter die Fassade eines Slums schauen zu lassen. Das aristokratische Äußere des Gebäudes und das verlassene, einstmals luxuriöse Innere entsprechen hierbei

---

60 Vgl. Jurkova: Senaja ploščad', S. 163, sowie die Skizze ebd., S. 149. Swjeschnikow berichtet in seiner Autobiographie davon, wie er 1859 den Obuchowskij prospekt entlang ging, erstmals die Tore des Wjazemskij-Hauses erblickte und dieses bald darauf betrat, um sich eine Ecke in einem Zimmer mit 25 Personen zu mieten. Vgl. ders.: Vospominanija propaščego čeloveka, 1996, S. 55.
61 Vgl., in ihrem Lob dieses Gebäudes übereinstimmend: Krestovskij: Peterburgskie truščoby, S. 900; Svešnikov: Peterburgskie Vjazemskie truščoby i ich obitateli, S. 5.
62 Krestovskij, Peterburgskie truščoby, S. 900.
63 Vgl. ebd., S. 901–904.

allerdings in keiner Weise den Erwartungen und bilden den größtmöglichen Gegensatz zum überfüllten und prekären Innenleben der übrigen Gebäude der Anlage – eine Kontrastierung, mittels derer Krestowskij seine folgenden Beschreibungen der weiteren Flügel noch einmal zu verstärken suchte.[64]

Hinter dem repräsentativen Flügel an der Fontanka erstreckten sich in nördlicher Richtung entlang der Poltorazkij pereulok bis zum Heumarkt mehrere Gebäudeteile. In ihnen befanden sich die nach den dort lebenden Korbmachern benannte „Korbfabrik" (korzinočnyj fligel') sowie das Kontor der *lavra* und die Wohnung des Hausmeisters (dvornik). Die Räume im unteren Teil der „Korbfabrik" waren unter den Bewohnern der *lavra* als *Nikanoricha* bekannt – ein Name, der sich vom Namen der Besitzerin der dort befindlichen Kneipe (*Nikanorovna*) ableitete.[65] Insgesamt galt die Poltorazkij pereulok als eine der gefährlichsten Ecken des gesamten Anwesens, was darauf zurückzuführen war, dass sich dort neben den Korbmachern auch zahlreiche Kriminelle niedergelassen hatten. Folgt man Krestowskij, so galt die Gasse als so gefährlich, dass man sie „sogar am Tage nicht ohne Gefahr zu besuchen wagte."[66]

Die „Korbfabrik" grenzte an mehrere Innenhöfe, darunter auch an den so genannten „leeren Hof" (pustoj dvor), an dessen einer Seite der „Bock" (kozel) lag – ein fensterloses Gebäude, das zum Ort der Selbstjustiz in der *lavra* wurde, auf die ich noch näher eingehen werde. Dahinter existierten eine Kuttelküche, die bereits an den Heumarkt grenzte und in der alle möglichen Innereien ausgekocht wurden, sowie mehrere Bäckereien.

In westlicher Richtung, gen Obuchowskij prospekt, lag der „Lumpenflügel" (fligel' trjapičnyj), ein großer, unbewohnter Gebäudeteil mit einem separaten Hof, der den zahlreichen in der *lavra* lebenden Lumpensammlern als Unterkunft und Lagerraum diente. Gegenüber dem Haupteingang erblickte man zudem den von Tischlern bewohnten „Tischlerflügel" (stoljarnyj fligel') sowie den Eingang zur „Mausefalle" (myšelovka) – ein Ort, der vor allem Obdachlosen und Passlosen als Zuflucht diente und der seinen Namen deshalb trug, weil er bei Polizeirazzien schnell zur Falle werden konnte.[67]

Das größte und markanteste Gebäude im Inneren der *lavra* war der „gläserne Flügel" (stekljannyj korridor). Er lag zwischen „Lumpenflügel" und Poltorazkij pereulok, erstreckte sich über zwei Etagen und war mit rund 50 Wohnungen der am dichtesten bevölkerte Teil der gesamten Anlage. Nach Krestowskij war

---

64 Vgl. hierzu auch Buckler: Mapping St. Petersburg, S. 174f.
65 Vgl. Krestowskij: Peterburgskie truščoby, S. 904.
66 Ebd., S. 909.
67 Vgl. Svešnikov: Peterburgskie Vjazemskie truščoby i ich obitateli, S. 8

dies „der Slum der Petersburger Slums"[68] (truščoba truščob Peterburgskich), die Zeitung *Nedelja* (Die Woche) sprach mit einem unverkennbar ironischen Unterton vom „berühmten Glaskorridor"[69], und auch Erisman wählte gewiss nicht zufällig diesen Teil der *lavra* für seine ausführliche Schilderung der dortigen Missstände.[70] Die Bezeichnung als „gläserner Flügel" rührte von den oberen Stockwerken her, an denen sich balkonartige Galerien entlang zogen, die von großen Bogenfenstern geschützt wurden.[71] In seiner Anlage erinnerte er, ebenso wie das Haus an der Fontanka, an die repräsentative Geschichte dieses Orts. Jetzt waren die meisten Scheiben zerschlagen, und die hohen Räumlichkeiten beherbergten dicht gedrängt lebende Menschen sowie eine „Fressmeile" (obžornyj rjad), auf der einfache Speisen zu niedrigen Preisen angeboten wurden.

Neben den genannten Beispielen existierten auf dem Gelände der *lavra* noch diverse weitere Einrichtungen, darunter Kneipen, Teestuben, Bäckereien, Badehäuser, eine Tischlerwerkstatt und eine Schmiede. Die innere Struktur dieses Orts war mithin äußerst differenziert und mit der äußeren Klassifizierung als *Slum* nur sehr ungenügend erfasst. Das System der zahlreichen und für Außenstehende kaum zu durchschauenden Bezeichnungen entsprach vielmehr dem, was Tereščuk als „spezifische Mikrotoponymie"[72] bezeichnet hat, die für die *lavra* charakteristisch gewesen sei.

Die innere Heterogenität der *lavra* spiegelte sich auch in der sozialen Zusammensetzung der Bewohner wider. Auf der einen Seite gab es einen statistisch kaum greifbaren Teil an Bettlern, Prostituierten, Obdachlosen und (Klein)kriminellen – mithin jenen Personenkreis, der in der öffentlichen Meinung an einem solchen Ort vermutet wurde und der üblicherweise mit Kollektivbegriffen wie „elende und dunkle Menschen"[73] (niščie i temnye ljudi), „dunkelste und zwielichtigste Gestalten"[74] (samye temnye, samye podozritel'nye ličnosti) oder einfach als das „eingenistete Übel"[75] (vkorenivšagosja zla) belegt wurde. Was bei solchen Pauschalisierungen übersehen wurde, waren die unterschiedlichen Motive und Umstände, die die Menschen an einen Ort wie die *lavra* führten: Während Diebe oder Passfälscher sich auf diesem Weg dem Zugriff der

---

68 Krestovskij: Peterburgskie truščoby, S. 909.
69 M.: Dom Vjazemskogo (Iz sudebnoj chroniki), S. 668.
70 Vgl. Érisman: Nastojaščee sostojanie.
71 Vgl. ebd., S. 910.
72 Tereščuk: Vjazemskaja lavra, S. 668.
73 M.: Dom Vjazemskogo (Iz sudebnoj chroniki), S. 668.
74 Skorodumov: Vjazemskie kadety, S. 4.
75 Ebd.

Polizei zu entziehen suchten, blieb Personen, die über keine gültige Aufenthaltserlaubnis verfügten, kaum eine andere Möglichkeit, musste doch in Nachtasylen und Herbergen ein Pass vorgelegt werden, ehe man möglicherweise Aufnahme fand. Dementsprechend landeten sie, wenn sie nicht auf der Straße übernachten wollten, an Orten wie der „Mausefalle", von der Swjeschnikow berichtet, dass sie vor allem von Passlosen belegt wurde und von so genannten *Spiridony-Povoroty* – Personen, die der Stadt verwiesen worden waren und illegal zurückkehrten.[76] Und auch der „Lumpenflügel" war nicht nur eine unter sanitären Gesichtspunkten problematische Ansammlung alter Kleiderreste,[77] sondern zugleich ein Nachtlager für obdachlose Frauen,[78] für die es in den Nachtasylen und Herbergen St. Petersburgs kaum Plätze gab. Unabhängig von der jeweiligen moralischen Bewertung dieser Beweggründe bleibt somit festzuhalten, dass die *lavra* ein zentraler Anlaufpunkt und Zufluchtsort für all diejenigen war, die aus den unterschiedlichsten Gründen durch das offizielle Raster gefallen waren.[79]

Zugleich lebten in dem Gebäudekomplex auch Handwerker, Arbeiter, Bauern aus dem Umland, ehemalige Soldaten und Fuhrleute vom nahe gelegenen Heumarkt. Dies wird bereits an den von den Bewohnern geprägten Bezeichnungen wie „Korbfabrik" oder „Tischlerflügel" deutlich. Auch Krestowskij gelangte zu der Feststellung, dass sich in der *lavra* entgegen der offiziellen Lesart nicht nur „unzuverlässige Elemente" versammelten, sondern dass sie ebenso als „Zuflucht für Proletarier aller Art und Klassen" diente, von denen „der größte Teil zur armen Bevölkerung dieser Stadt gehört."[80] Der Arbeit von Hubertus Jahn lässt

---

76 Die Zahl der Personen ohne gültigen Pass belief sich in St. Petersburg auf durchschnittlich rund 8200/Jahr (im Zeitraum von 1869–1877). Wobei der Begriff „Passlose" (*bezpasportnye*) nicht ganz zutreffend ist, denn die meisten dieser Menschen verfügten über einen Pass. Es handelte sich nämlich in der großen Mehrzahl um Bauern, die zur Saisonarbeit in die Stadt kamen und hierfür von ihrer Heimatgemeinde mit einem Pass ausgestattet wurden, der nur für einen bestimmten Zeitraum Gültigkeit besaß. Wenn dieser Zeitraum ablief, ohne dass sie die Stadt verlassen hatten, galten sie als „Passlose" und liefen Gefahr, bei Polizeirazzien verhaftet und der Stadt verwiesen zu werden. Vgl. Michnevič, Vladimir: Jazvy Peterburga. Opyt istoriko-statističeskogo issledovanija nravstvennosti stoličnogo naselenija, Sankt-Peterburg 2003 (erstmals 1886), S. 98–120.
77 So etwa die Perspektive Fedor Ėrismans. Vgl. ders.: Nastojaščee sostojanie, S. 55.
78 Vgl. Krestovskij, Peterburgskie truščoby, S. 908, der abschätzig von „umherstreunenden' Frauen" spricht.
79 Dies gilt auch für Swjeschnikow selbst, der während seiner Aufenthalte in St. Petersburg immer wieder zu trinken begann und völlig mittellos in der *lavra* landete. Vgl. ders.: Vospominanija propaščego čeloveka, 1996, S. 55–60, 85, 89, 130, 132, 153–163.
80 Ebd., S. 911.

sich entnehmen, dass von 120 Personen, die bei einer Polizeirazzia in der *lavra* in der Nacht vom 25. auf den 26. März 1852 verhaftet wurden, 74 dem Stand der Bauern angehörten und 23 den *meščaniny* (Kleinbürger) zuzurechnen waren.[81] Nun sagt der Stand noch nicht zwingend etwas über die Art des Lebensunterhalts in der Stadt aus, die Übergänge zwischen einem Dasein als Tagelöhner und der Existenz als Bettler oder Kleinkrimineller waren fließend und nicht selten in einer Biographie vereint. Ein Beispiel hierfür ist der Vermieter des Zimmers, in dem Swjeschnikow während seiner Zeit in der *lavra* gemeinsam mit anderen Personen lebte. Es handelte sich um einen früheren leibeigenen Bauern und späteren Soldaten, der nach seiner Entlassung aus dem Militärdienst in die Hauptstadt gekommen war. Dort hatte er zunächst als Bediensteter und dann als Händler auf dem Heumarkt gearbeitet, ehe er eine Seitenwohnung in der obersten Etage des „Glasflügels" anmietete und sich auf die (illegale) Untervermietung der Schlafplätze und „Winkel" verlegte.[82] Später begann er zudem, dem Beispiel vieler anderer Vermieter in der *lavra* folgend, mit dem ebenfalls nicht legalen Verkauf von Wodka[83] und der Vergabe von Krediten. Sein Lebensweg kann als exemplarisch für die Verflechtung der nicht trennscharf zu unterscheidenden Kategorien von ‚regulärer' und ‚irregulärer' Lebensführung dienen. Es verdeutlicht, dass es nicht hinreichend ist, die Bewohner der *lavra* allesamt einfach als ‚Randgruppe' der Gesellschaft zu klassifizieren. Die Lebenswirklichkeit und die Biographien der Individuen waren deutlich komplexer.

Dies bildete sich auch auf einer räumlichen Ebene ab. Einerseits lässt sich an der „Mikrotoponymie" der *lavra* ablesen, dass bestimmte Flügel von bestimmten Gruppen bewohnt wurden, dass es also eine an den Tätigkeiten orientierte Aufteilung der Anlage durch die Bewohner gab. Zugleich lebten aber alle gemeinsam an einem Ort, dem sie mit *Vjazemskaja lavra* einen übergreifend verwendeten Namen gegeben hatten. Die einzelnen Gebäudeteile waren miteinander verbunden und untereinander begehbar, und auch die Höfe waren zwar bestimmten Gebäuden zugeordnet, wurden aber de facto von allen genutzt. So stand der Hof vor der „Korbfabrik" primär den Korbmachern zur Verfügung,

---

81 Vgl. Jahn: Armes Russland, S. 234.
82 Vgl. Svešnikov: Peterburgskie Vjazemskie truščoby i ich obitateli, S. 14–16.
83 Der großflächige Verkauf von Wodka in den Zimmern der *lavra* hatte sich mit dem Anwachsen des Slums entwickelt. Den Aufzeichnungen Swjeschnikows lässt sich entnehmen, dass Ende der 1860er Jahre 5 Kneipen in der Anlage existierten. Zehn Jahre später habe er die *lavra* deutlich überfüllter angetroffen, und die Kneipen seien obsolet geworden, da der Alkohol in praktisch jedem Zimmer schwarz verkauft wurde. Vgl. Vospominanija propaščego čeloveka, 1996, S. 85, 130.

was durch die zahlreichen Holzbalken zum Ausdruck kam, auf denen sie ihre Weidenruten trockneten. Zugleich stellten die Balken an Feiertagen und im Sommer jedoch auch einen beliebten Treffpunkt zum Kartenspielen und Trinken dar.[84] Ein weiteres Beispiel für einen Ort, an dem die verschiedenen Gruppen der *lavra* einerseits bestimmte, angestammte Plätze innehatten und sich ihre Wege andererseits kreuzten, war der „gläserne Flügel". Auf einer vertikalen Ebene gab es zunächst die Keller-‚wohnungen'. Sie verfügten nur in Ausnahmefällen überhaupt über Fenster und wurden bei Tauwetter oder starkem Regen direkt überflutet. Nach Krestowskij glichen sie eher „Ställen"[85] als menschlichen Behausungen. Nichtsdestotrotz lebten dort Menschen, und zwar die Allerärmsten der Armen, Obdachlose ohne Papiere und ohne Geld. Demgegenüber wohnten die Bäcker und Branntweinhändler für gewöhnlich im dritten Stock des Hauses, in Zimmern mit Heizung, Licht und Wasser, für die Preise von über 30 Rubel/Monat verlangt wurden.[86] Das mittlere Stockwerk, die eigentliche Glasgalerie, war den Dieben und Kriminellen vorbehalten.[87] Auch einen Ort wie die *lavra* durchzogen also die gleichen vertikalen Hierarchien des Wohnens, wie sie für die gesamte Stadt typisch waren.

Zugleich war der „gläserne Flügel" als größter und am dichtesten bewohnter Teil der gesamten Anlage eine Zone der Überschneidung zwischen den verschiedenen Bewohnern und über diese hinaus. Vor allem die „Fressmeile" (obžornyj rjad) im Eingangsbereich hatte sich als Treffpunkt etabliert. Sie bestand aus Tischen und Bänken, die entlang des Flurs und in den Zimmern aufgestellt wurden und auf denen von Milch und Käse über Kartoffeln und Suppen bis hin zu billigem Tabak alle möglichen einfachen Lebensmittel angeboten wurden. All dies war, wie Swjeschnikow schreibt, „nicht immer lecker, aber dafür preiswert und sättigend."[88] Während die Kundschaft unter der Woche vor allem aus den armen Einwohnern der *lavra* wie Obdachlosen und Bettlern bestand, kamen an den Wochenenden auch zahlreiche Händler, Arbeiter und Handwerker vom Heumarkt und aus der Umgebung. Viele von ihnen waren Stammkunden und erhielten einen entsprechenden Rabatt. Sie kamen nicht nur zum Einkaufen, sondern auch um der Geselligkeit willen und um gemeinsam zu trinken. Nicht

---

84 Vgl. Svešnikov: Peterburgskie Vjazemskie truščoby i ich obitateli, S. 8.
85 Krestovskij: Peterburgskie truščoby, S. 910.
86 Vgl. Svešnikov: Peterburgskie Vjazemskie truščoby i ich obitateli, S. 11. Entsprechend auch, mit noch höheren Zahlen, Krestovskij: Peterburgskie truščoby, S. 910.
87 Vgl. Krestovskij: Peterburgskie truščoby, S. 913.
88 Svešnikov: Peterburgskie Vjazemskie truščoby i ich obitateli, S. 9.

selten mündeten die Abende im „Glasflügel" in Streitigkeiten und Schlägereien, und die Zusammenkünfte endeten oft erst am frühen Montagmorgen.[89]

Die Boulevardpresse nahm dies zum Anlass für Berichte über „Orgien"[90], die nächtelang im „Glasflügel" der *lavra* stattfänden. Jenseits dieser voyeuristischen und auf Umsatz abzielenden Perspektive lässt sich bei genauerem Hinsehen konstatieren, dass der Gebäudekomplex in seinem Inneren eine räumliche Struktur aufwies, die sowohl auf bestimmten Zuordnungen als auch auf Überschneidungen und Verflechtungen basierte. Diese Struktur war durch das alltägliche Handeln der Bewohner geschaffen worden, die ihrer Welt damit, um auf Loïc Wacquants Definition der „kollektiven Selbsterzeugung" zurückzukommen, eine „Form" gegeben hatten. Diese Form entsprach nicht den Modi anderer Bereiche der Gesellschaft, aber für die Menschen in der *lavra* funktionierte sie.

Ein Ort wie die „Fressmeile" auf den Fluren des „gläsernen Flügels" hatte darüber hinaus eine zweifellos wichtige ökonomische und für die dort verkehrenden Menschen existentielle Funktion. Hier konnten sie Grundnahrungsmittel zu Preisen erwerben, die noch einmal unter denen der Händler auf dem Heumarkt lagen. Solche „Fressmeilen" waren angesichts der weitgehenden Untätigkeit der Stadt in dieser Frage der einzige Anlaufpunkt für all diejenigen, die, aus welchen Gründen auch immer, nicht in den städtischen Nachtasylen oder bei einer der Wohlfahrtsgesellschaften unterkamen. Nachdem die „Fressmeile" auf dem Heumarkt infolge des Umbaus des Platzes 1886 geschlossen worden war, kam dem Verkauf in der *lavra* eine umso größere Bedeutung zu.

Auch in anderer Hinsicht besaß der Gebäudekomplex eine wichtige ökonomische Funktion. Dies gilt zum einen für seine innere Struktur, in der sich bestimmte Handelsbeziehungen zwischen den Bewohnern herausgebildet hatten. Die Kleinkriminellen fanden in den Lumpensammlern und Trödelhändlern Abnehmer für ihr Diebesgut. Die Bäckereien, Brennereien und die Kuttelküche verkauften einen Teil ihrer Ware an die Bewohner der *lavra* oder an die Händler der „Fressmeile". Und nicht wenige Vermieter boten ihren Gästen für ein paar Kopeken am Tag neben der Übernachtung auch noch Verpflegung an.[91] Es hatte sich eine Struktur entwickelt, bei der die verschiedenen Gruppen voneinander profitierten und bei der die Übergänge zwischen Legalität und Illegalität erneut fließend waren. Joseph Bradley hat bei seiner Untersuchung des Moskauer Chitrow-Markts von einer „duality" und einer „symbiotic nature" der Beziehungen

---

89 Vgl. ebd.
90 Vgl. beispielsweise [o. N.]: Dnevnik priključenij. V Vjazemskoj lavre.
91 Vgl. Krestovskij: Peterburgskie truščoby, S. 913–920; Svešnikov: Peterburgskie Vjazemskie truščoby i ich obitateli, S. 19.

zwischen einer „above-ground world" der Händler und Handwerker und der „underground world"[92] der subproletarischen Schichten gesprochen – ein Befund, der sich auf die *Vjazemskaja lavra* in Petersburg übertragen lässt.

Über ihren inneren Raum hinaus war die *lavra* vielfältig mit dem angrenzenden Heumarkt verknüpft. Händler des Heumarkts nutzten Räume in dem Gebäudekomplex zur Lagerung ihrer Waren, und mit Anbruch des Morgengrauens strömten die verschiedenen Gruppen aus der *lavra* auf den Heumarkt: Die Bäcker, die Verkäufer der Waren aus der Kuttelküche, die Lumpenhändler und die Korbmacher ebenso wie die Bettler, Diebe und Prostituierten. Ab fünf Uhr am Nachmittag füllten sich die Gebäudeflügel dann langsam wieder.[93] Zahlreichen Bettlern der Stadt diente die *lavra* als Basis, von der aus sie ihre Touren durch Petersburg unternahmen. Sie wussten sich hierbei sehr gut des städtischen Raums zu bedienen. So berichtet Swjeschnikow von einem Bettler namens Popljewkin, einem ehemaligen Unteroffizier der Gendarmerie. Dieser konzentrierte sich samstags auf kleinere Märkte und die großen *prospekty* der Stadt, suchte sonntags bestimmte Kneipen auf, von denen viele im Umfeld des Heumarkts lagen, dienstags war er auf der Wasilij-Insel, der Petersburger und der Wyborger Seite unterwegs, und an allen übrigen Tagen versuchte er sein Glück auf dem Apraxin- und dem Heumarkt. Abends kehrte er jeweils in die *lavra* zurück.[94] Ein solch systematisches Vorgehen war nicht ungewöhnlich,[95] es bedurfte jedoch bestimmter Fixpunkte, die als Rückzugsorte dienten.

Auch die ökonomische Verflechtung der *lavra* mit ihrer Umgebung lässt sich mithin nicht einfach entlang der Kategorien von „Legalität" und „Illegalität" beschreiben. Unabhängig von juristischen oder moralischen Einordnungen entspricht sie jedoch dem, was Loïc Wacquant als weiteres Charakteristikum einer „kollektiven Selbsterzeugung" der Bewohner beschrieben hat: Sie verliehen ihrer Welt nicht nur eine „Form", sondern auch einen „Zweck".

Über „Form" und „Zweck" hinaus lassen sich, trotz der zweifellos prekären Lebensumstände, auch Anzeichen für eine Identifikation mit dem Ort ausmachen. Insbesondere das übergreifend verwendete und von den offiziellen Bezeichnungen abweichende System der Benennung bestimmter Orte lässt sich als Aneignung des Raums durch die Bewohner deuten. Das bekannteste und ‚erfolgreichste' Beispiel ist sicherlich die Titulierung der gesamten Anlage als

---

92 Bradley: „Once You've Eaten Khitrov Soup You'll Never Leave!", S. 9.
93 Vgl. Krestovskij: Peterburgskie truščoby, S. 915–919; Svešnikov: Peterburgskie Vjazemskie truščoby i ich obitateli, S. 8.
94 Vgl. Svešnikov: Peterburgskie Vjazemskie truščoby i ich obitateli, S. 47–51.
95 Vgl. hierzu ausführlich Jahn: Armes Russland.

Vjazemskaja lavra. Der Name etablierte sich innerhalb weniger Jahre auch im allgemeinen Sprachgebrauch und war bald deutlich geläufiger als das offizielle *Dom Vjazemskogo* (Wjazemskij-Haus). Zugleich spricht aus ihm ein gehöriges Maß an Selbstironie und Sarkasmus, war der bezeichnete Ort von einem „Kloster" doch denkbar weit entfernt. Möglich ist zudem, dass mit der Selbstbezeichnung als *lavra* die eigene, herausgehobene Stellung innerhalb der Slums St. Petersburgs unterstrichen werden sollte – durften in der Rangfolge der orthodoxen Kirche doch nur die wichtigsten Klöster des Landes diesen Ehrentitel führen.

Weitere Beispiele für eine Aneignung des Raums, die außer durch das alltägliche Handeln und durch die ökonomische Nutzung auch sprachlich zum Ausdruck gebracht wurde, sind die bereits genannten Bezeichnungen der einzelnen Gebäudeflügel, der Höfe und auch solcher an sich leer stehender Gebäude wie dem eingangs beschriebenen Haus an der Fontanka. Im Slang der Bewohner der *lavra* firmierte es als *Fontaločnyj dom*[96], abgeleitet von dem Substantiv *Fontalka*, der Bezeichnung des ‚einfachen Volkes' für die Fontanka.[97] Auch dies war Bestandteil jener alternativen Toponymie, durch welche die Bewohner die Orte der *lavra* als ‚ihre' markierten. Sie entspricht dem, was Loïc Wacquant als „Bedeutung" bezeichnet, die einem Ort gegeben wird, und die neben „Form" und „Zweck" die dritte Komponente einer „kollektiven Selbsterzeugung" darstellt. Genau dies lag hier vor. In diesem Sinne lässt sich die *Vjazemskaja lavra* als ein sozialer Raum bezeichnen, den die in ihr lebenden Menschen geschaffen haben und den sie durch ihr Handeln täglich neu konstituierten und veränderten.

Dies festzustellen bedeutet nicht, einer retrospektiven Romantisierung der prekären Lebensumstände in einem Slum das Wort zu reden. Die *Vjazemskaja lavra* war keine solidarische Gemeinschaft der Ausgestoßenen der Gesellschaft, sondern ebenso wie andere Orte von Machtstrukturen und Ungleichheiten durchzogen. Das vielgliedrige System von Mietern und Untermietern führte zu Abhängigkeiten und Ausbeutung, vermietet wurden ‚Schlafplätze' auf der Hälfte einer Matratze, feuchte und schimmelige ‚Winkel' und sogar der Steinboden unter den Pritschen.[98] Es gab die einfachen Badehäuser und es gab eine

---

96 Vgl. Krestovskij; Peterburgskie truščoby, S. 904; Tereščuk: Vjazemskaja lavra, S. 668.
97 Vgl. Sindalovskij: Naun, Slovar' Peterburžca. Leksikon Severnoj stolicy. Istorija i sovremennost', Moskva 2014 (erstmals 2003), S. 164.
98 Vgl. hierzu, mit zahlreichen Beispielen, Ėrisman: Nastojaščee sostojanie; Krestovskij: Peterburgskie truščoby; Svešnikov: Peterburgskie Vjazemskie truščoby i ich obitateli.

Banja von „beträchtlichem Luxus"[99], die zum früheren Wohnbereich des Fürsten Wjazemskij im *Fontaločnyj dom* gehörte, ausgestattet mit marmornen Wannen, Teppichen und weichgepolsterten Möbeln. Sie war den besser gestellten (Klein) kriminellen vorbehalten, wenn diese einen ertragreichen Tag gehabt hatten. Es gab zutiefst patriarchalische Strukturen und alltägliche Gewalt, die in erster Linie von den Männern der *lavra* ausging und die Rechte der dort lebenden Frauen massiv einschränkte. Und es gab den bereits erwähnten „Bock" – ein fensterloses Gebäude in der Nähe der „Korbfabrik". Hier wurden Personen, die ohne gültigen Pass aufgegriffen wurden, mit einem Strick, an dessen einem Ende sich ein Knoten befand, gnadenlos ausgepeitscht. Für die so Gestraften existierte innerhalb der *lavra* die Bezeichnung als „Wjazemskier Kadetten" (Vjazemskie kadety).[100]

Dieses System der Selbstjustiz (domašnaja rasprava) stellt das vielleicht drastischste Beispiel dafür dar, wie schnell die Aneignung des Raums durch die Bewohner in die Entstehung neuer Hierarchien und in Willkür umschlagen konnte. Nicht zufällig war die Titulierung der Bestraften als „Kadetten" der Sprache des Militärs entlehnt, wie auch unter den Bewohnern als weiterer Name für den gesamten Gebäudekomplex neben *Vjazemskaja lavra* der Ausdruck „Wjazemskij-Korps" (Vjazemskij korpus) existierte.[101] Wer dazu gehörte, war Teil einer Gemeinschaft, und er durchlief zugleich eine harte Schule – so lässt sich das Selbstverständnis deuten, das mit solchen Begriffen transportiert werden sollte.

Die Petersburger Presse empörte sich über die „Willkür" (samoupravstvo), die in der *lavra* herrsche, und forderte ein strenges Durchgreifen seitens des Staats. Hierfür mangelte es jedoch zum einen an einem wirklichen politischen Willen, in der Wohnungsfrage aktiv zu werden, was nicht nur in diesem Fall bedeutet hätte, Hausbesitzer wie den Fürsten Wjazemskij zur Verantwortung zu ziehen. Und zum anderen blieben die Maßnahmen, die es dennoch gab, weitgehend folgenlos. Neben den bereits erwähnten juristischen Auseinandersetzungen und den Begehungen des Orts durch Sanitärärzte wurde wiederholt die Polizei in die *lavra* geschickt, gegen Ende des Jahrhunderts erhielt sie sogar einen festen Standort am Rande der *lavra* in Form einer Polizeiwache. Aber auch diese Maßnahme führte weder in sanitärer noch in kriminalpolizeilicher Hinsicht zu wesentlichen Veränderungen.[102] Stattdessen entwickelten die Bewohner ein offensichtlich gut

---

99 Krestovskij: Peterburgskie truščoby, S. 907f.
100 Vgl. Skorodumov: Vjazemskie kadety.
101 Vgl. ebd.
102 Vgl. hierzu die Stellungnahmen der Polizei in: Zasedanii v stoličnom mirovom s"ezde 15-go fevralja, sowie in Ėrisman, Nastojaščee sostojanie.

funktionierendes Frühwarnsystem, in dem der *Nikanoricha* eine zentrale Rolle zukam. Zur Poltorazkij perulok gelegen, ließ sich aus diesem Gebäudeteil jede Bewegung rund um den „gläsernen Flügel" hervorragend beobachten. Sobald sich Polizisten dem Gebäude näherten, erlosch das ansonsten zu jeder Uhrzeit brennende Licht in den Fenstern der *Nikanoricha* – wodurch eine Abfolge von Klopfzeichen ausgelöst wurde, die sich über alle Zimmerwände erstreckte und mittels derer in kürzester Zeit alle Bewohner des Gebäudes informiert waren.[103]

So beschränkten sich die Auswirkungen der staatlichen Regulierungsversuche im Wesentlichen auf die temporäre oder dauerhafte Schließung bestimmter Trakte. Damit wurden die Probleme jedoch nicht gelöst, sondern nur verschoben. Ein Beispiel hierfür war das bekannte Bordell *Malinnik* (der Himbeerstrauch). Im Spasskij pereulok am Rande des Heumarkts gelegen, galt es seit Langem als sanitärer und polizeilicher Brennpunkt. Die Schließung des *Malinnik* führte jedoch lediglich dazu, dass die Prostituierten sich einen anderen Ort suchten – in diesem Fall den „gläsernen Flügel" der *lavra*.[104] Die Menschen ließen sich nicht einfach verdrängen, sie blieben trotz aller Missstände in ihrem Viertel.

Auch seitens wohlfahrtlicher Gesellschaften wurde versucht, auf die Verhältnisse in der *lavra* Einfluss zu nehmen. So eröffnete die eingangs dieses Kapitels erwähnte „Gesellschaft für Nachtasyle in St. Petersburg" 1883 ein Nachtasyl in der *lavra*, im Haus Nr. 79 an der Fontanka.[105] Und 1898 folgte ein durch Spenden namhafter Vertreter der Petersburger Gesellschaft ermöglichtes Arbeitshaus, das sich an Kinder zwischen 7 und 14 Jahren richtete. Der dortige Tagesablauf war strikt reglementiert und bestand aus Schulunterricht, Handwerkskursen sowie religiöser Unterrichtung durch Geistliche.[106] So sinnvoll eine elementare Bildung für die Kinder der *lavra* gewesen sein mag, so weit war dieses Programm von der Lebenswirklichkeit und den materiellen Notwendigkeiten der Menschen entfernt. So erklärt es sich, dass einige Mütter versuchten, ihre Kinder wieder aus der Obhut des Arbeitshauses zurückzunehmen, um sie zum Betteln auf den Heumarkt schicken zu können. Die Leitung des Arbeitshauses reagierte hierauf „ungeachtet des Widerstands der Angehörigen mit verschiedenen Maßnahmen […], bis dazu, dass einige der Unglücklichen ganz in Verwahrung genommen wurden, obwohl die Unterkunft auch den grundlegendsten Bedürfnissen nicht

---

103 Vgl. Krestovskij: Peterburgskie truščoby, S. 919f.
104 Vgl. Svešnikov: Peterburgskie Vjazemskie truščoby i ich obitateli, S. 10 und 32.
105 Vgl. den Bericht der Gesellschaft an die Duma für das Jahr 1884: ISPGOD, 1885, No. 48, S. 1296–1299, hier S. 1296.
106 Vgl. Detskij prijut trudoljubija v Vjazemskom dome. Sankt-Peterburg 1898.

genügte."[107] Solche Zwangsmaßnahmen mögen zum Besten der Kinder gedacht gewesen sein. Sie illustrieren jedoch zugleich, wie tief der Graben zwischen den betroffenen Bewohnern und den wohltätigen Gönnern war, zwischen dem Innenleben des Slums und den Versuchen, ihn von außen zu regulieren.

Insgesamt stellte die *Vjazemskaja lavra*, die in der öffentlichen Meinung mit den Worten Wacquants als ein „Hort versammelter Regellosigkeit" galt, einen Ort dar, der eine vielschichtige innere Struktur aufwies. Die dort lebenden Menschen hatten *de facto* die Kontrolle über ein Gelände übernommen, welches *de jure* einer anderen Person gehörte. Der Profit, den Fürst Wjazemskij mit seinem Besitz erzielte, war beträchtlich – die Möglichkeiten zur Steuerung des Geschehens hatte er jedoch durch seine gezielte Vernachlässigung des Anwesens selbst aus der Hand gegeben.

Was sich für Außenstehende wie ein schwer durchschaubares Gestrüpp darstellte, das man in Ermangelung passender Kategorien nur mittels negativer Begriffe und damit als Abweichung von der Norm beschrieb, war für die Bewohner eine funktionierende Struktur, die sie geschaffen hatten und an der sie sich orientierten. Basierend auf einem System aus Zuordnungen und Verflechtungen, das in einer eigenen Toponymie zum Ausdruck kam, stellte die *lavra* sowohl einen ausgesprochen prekären und von zahlreichen Hierarchien durchzogenen Ort als auch einen sozialen Raum dar, der zum Fixpunkt der in ihr lebenden Menschen geworden war.

Die weitgehende Reformresistenz dieses Orts, der sich trotz wiederholter Regulierungsversuche über ein halbes Jahrhundert nicht wesentlich veränderte, erklärt sich nicht allein durch den fehlenden politischen Willen der Stadtduma. Selbst wenn es seitens der politisch Verantwortlichen ein entschlossenes Handeln gegeben hätte, wären dessen Auswirkungen vermutlich nicht von Dauer gewesen. Wenn die Zeitung *Nedelja* (Die Woche) 1895 beklagte, dass der Slum trotz aller Versuche der Polizei und der politisch Verantwortlichen auch 30 Jahre nach dem Erscheinen des Romans von Krestowskij nach wie vor „ein Slum geblieben ist"[108], so lassen sich zwei wesentliche Gründe hierfür benennen: Zum einen hatte sich in der *lavra* eine Ökonomie entwickelt, die einer sehr heterogenen Einwohnerschaft ein Überleben (wenn auch auf einem sehr niedrigen Niveau) ermöglichte und die zugleich eine Nische füllte, die von der Ökonomie der gesamten Stadt hervorgebracht worden war, andernorts aber nicht abgedeckt wurde. Um es an einem konkreten Beispiel zu verdeutlichen: Ohne den

---

107 Ebd., S. 11.
108 M.: Dom Vjazemskogo (Iz sudebnoj chroniki), S. 668.

Heumarkt wäre die Lebensmittelversorgung in der russischen Hauptstadt noch wesentlich schwieriger gewesen, als sie es ohnehin schon war – und ohne die *lavra* hätte der Heumarkt nicht so funktionieren können, wie er es tat. Zugleich war die *lavra* Anlauf- und Fluchtpunkt für diejenigen, die andernorts nicht unterkamen, die aber als Gelegenheitsarbeiter für die Metropole unentbehrlich waren. Und zum anderen basierte der alles andere als konfliktfreie, aber doch funktionierende Alltag in der *Vjazemskaja lavra* auf einer gemeinsamen Kultur und personellen Netzwerken, die die Menschen immer wieder dorthin zurückkehren ließen.[109] Die arme Bevölkerung blieb in ‚ihrem' Umfeld, in dem sie sich auskannte und in dem über Kontakte die Möglichkeit bestand, an Jobs zu gelangen. Eine Beobachtung, die Zeitgenossen ebenso für London trafen, selbst nach den als ‚*slum clearances*' bezeichneten gewaltsamen Räumungen ganzer Straßenzüge: „The poor are indeed displaced, but they are not removed. They are shoveled out of one side of a parish, only to render more over-crowded the stifling apartments in another part."[110] Und Friedrich Engels schrieb 1872 in Anbetracht der Umgestaltung des städtischen Raums von Paris unter der Ägide Georges-Eugène Haussmanns: „Das Resultat ist überall dasselbe […]: die skandalösesten Gassen und Gäßchen verschwinden unter großer Selbstverherrlichung der Bourgeoisie von wegen dieses ungeheuren Erfolges, aber – sie erstehen anderswo sofort wieder und oft in der unmittelbaren Nachbarschaft."[111] Angesichts dessen blieben Versuche, von außen regulierend in die *lavra* einzugreifen, zum Scheitern verurteilt. Sie waren vielmehr Ausdruck der Unkenntnis über das Leben der städtischen Unterschichten an einem Ort inmitten der russischen Hauptstadt.

Letztendlich dauerte es bis zum Jahr 1913, bis man sich dafür entschied, die *lavra* abzureißen. Nachfolgend im Besitz einer Aktiengesellschaft, plante diese die Errichtung eines mehrstöckigen Einkaufszentrums mit unterirdischen Garagen, Restaurants und Ausstellungsräumen. Die bisherigen Bewohner der *lavra* mussten an andere Orte ausweichen – ein Teil von ihnen in Häuser am angrenzenden Zabalkanskij prospekt, andere an den deutlich weiter entfernten Obwodnyj kanal.[112] Das Bauvorhaben der Gesellschaft wurde infolge des Beginns des

---

109 Vgl. die entsprechenden Schlussfolgerungen für den Moskauer Chitrow-Markt auch bei Bradley: „Once You've Eaten Khitrov Soup You'll Never Leave!", S. 18–20.
110 So die Beobachtung von Reverend William Danton 1861, hier zitiert nach: Allen, Michelle: Cleansing the City. Sanitary Geographies in Victorian London. Ohio 2008, S. 119.
111 Engels, Friedrich: Zur Wohnungsfrage, in: Marx Engels Werke, Bd. 18, Berlin 1981, S. 20–287, hier S. 260f.
112 Vgl. Aniceferov: Ulica rynkov, S. 90–96; Tereščuk: Vjazemskaja lavra, S. 668.

Ersten Weltkriegs nicht mehr realisiert. Erst die neuen sowjetischen Herrscher ließen Markthallen errichten und verlegten damit zugleich den Heumarkt an den früheren Ort der *Vjazemskaja lavra*. Der *Sennaja ploščad'* wurde zu einem freien Platz umfunktioniert und 1952 in „Friedensplatz" (ploščad' mira) umbenannt.[113] Auch heute befindet sich dort, wo einst die *lavra* stand, der neue Heumarkt (Sennoj rynok). Abgesehen vom Namen des am Moskowskij prospekt Nr. 6 gelegenen Hotels *Dom Vjazemskoj* erinnert nichts mehr daran, dass hier einst Tausende von Menschen im größten Slum St. Petersburgs lebten.

Das Verschwinden der *lavra* aus dem Stadtbild korrespondiert mit dem weitgehenden Desinteresse der Historiographie an der Thematik. Während die *Vjazemskaja lavra* zumindest noch partiell, in den Arbeiten von Hubertus Jahn und Soja Jurkowa sowie in der aktuellen Petersburg-Enzyklopädie, Erwähnung findet, sind die übrigen Orte der *urban poor* St. Petersburgs so gut wie vollständig aus dem historischen Gedächtnis verschwunden. Die Gründe hierfür liegen auf der Hand: Slums entsprechen nicht dem Bild, das von der Stadt vermittelt werden soll(te): In sowjetischer Zeit passten die bereits von Marx und Engels abschätzig als „Lumpenproletarier" bezeichneten Ärmsten der Armen nicht ins teleologische Narrativ der zur Revolution drängenden *class of 'conscious' workers*, und im postsowjetischen Russland werden eher die hochkulturellen und repräsentativen Seiten der Geschichte St. Petersburgs beleuchtet, als dass man sich länger einem Slum und dessen Bewohnern zuwenden würde. Dies mag verständlich erscheinen, für die Menschen am unteren Ende der städtischen Gesellschaft kommt es jedoch einer zweiten, doppelten Marginalisierung gleich.

Wie könnte ein alternativer Umgang mit diesem Teil der Stadtgeschichte aussehen, der die Unsichtbarkeit der Unterschichten überwinden würde? Kehrt man noch einmal zu Loïc Wacquants Kritik an der „Exotisierung des Ghettos" zurück, so bietet er nicht nur eine fundierte Auseinandersetzung mit den immer gleichen „Bilderreihen", die wir uns von städtischen Armutsvierteln machen, sondern er zeigt auch auf, wie eine andere Herangehensweise aussehen könnte. Seine Forderung, „die Arbeit der *kollektiven* Selbsterzeugung" zu untersuchen, „durch welche die Ghettobewohner ihrer Welt eine Form, eine Bedeutung und einen Zweck verleihen"[114], bedeutet für den Bourdieu-Schüler Wacquant nicht, die gesellschaftlichen Ungleichheiten zu relativieren und in einem möglichst bunten Panorama verschwinden zu lassen. Vielmehr geht es ihm darum, die aktive Auseinandersetzung

---

113 1961 folgte der Abriss der Erlöserkirche (Spas na Sennoj). Vgl. Jurkova: Sennaja ploščad', S. 191–210.
114 Wacquant: Drei irreführende Prämissen, S. 203.

mit diesen Ungleichheiten mittels kultureller und sozialer Praktiken ‚von unten' sichtbar zu machen und damit den Blick auf die Heterogenität und Individualität hinter den Fassaden zu werfen:

> Die Ghettobewohner müssen folglich als Handelnde erkannt und näher beschrieben werden, so dass ihre Gewohnheiten und Lebensformen nicht nur als Derivate von Zwängen auftauchen, die sich ‚automatisch' an den strukturellen Bedingungen ‚ablesen' lassen, sondern als das Produkt ihrer aktiven Auseinandersetzung mit den externen und internen sozialen Kräften, die ihre Welt durchkreuzen und formen.[115]

Folgt man diesem Plädoyer und wendet es auf das Beispiel St. Petersburg an, so würde ein erster Schritt darin bestehen, Armut und ‚die Armen' nicht als ein Stigma zu begreifen, das man möglichst aus dem Blickfeld zu nehmen sucht, sondern sie als einen Teil der eigenen Geschichte zu akzeptieren, der ebenso zur Historie dieser Stadt gehört wie der Winterpalast, die Eremitage und der Newskij prospekt. Ansätze hierzu gab es in den 1990er Jahren, etwa in Form einer Ausstellung, die 1996 von der Petersburger Stadtverwaltung in Zusammenarbeit mit der Wohltätigkeitsorganisation *Nočležka* über die Geschichte der Bettler und Obdachlosen in der Stadt gezeigt wurde.[116] Hieran anknüpfend und mit Blick auf die zahlreichen Besucher, die jedes Jahr in das „Venedig des Nordens" strömen, ließe sich darüber nachdenken, die Orte der Unterschichten im Stadtbild wieder sichtbar zu machen – nicht im Sinne einer Wiederbelebung des in anderen Teilen der Welt nach wie vor aktuellen Phänomens des *Slumming*, sondern in Form einer historisch kontextualisierten, kritischen Auseinandersetzung mit den bis heute wirkmächtig Bildern von den vermeintlich ‚anderen' Bewohnern unserer Städte. Die aktuell dominierenden und politisch forcierten Geschichtsnarrative lassen allerdings wenig Hoffnung auf die Umsetzung eines solchen Vorschlags aufkommen. Der Weg zu einem anderen, vollständigeren und integrativeren Verständnis unserer Geschichte und Gegenwart scheint, nicht nur in Russland, noch weit.

---

115 Wacquant, Drei irreführende Prämissen, S. 203. Als wichtige Pionierstudien in diesem Bereich seien genannt: Bourdieu, Pierre u.a.: La misère du monde. Paris 1993; Wacquant, Loïc: Body & Soul: Notebooks of an Apprentice Boxer. Oxford 2004.

116 Vgl. Jahn: Armes Russland, S. 146 f., sowie den kurzen Bericht über die Ausstellung: http://library.by/portalus/modules/sensation/print.php?subaction=showfull&id=1327239358&archive=&start_from=&ucat=&subaction%3Dshowfull%26id%3D1328784863%26archive%3D%26start_from%3D%26ucat%3D%26 (letzter Aufruf 11.03.2019). Zur Arbeit von Nočležka sei auf folgenden Eintrag verwiesen: http://encblago.lfond.spb.ru/showObject.do?object=2812195507 (letzter Aufruf 11.03.2019).

Yvonne Pörzgen

Die Leningrader Blockade im russischen und deutschen Gedächtnis

Dostojewskij und die Blockade? Die Stadt als Palimpsest

Die Leningrader Blockade war eines der grausamsten Ereignisse des Zweiten Weltkriegs. Als solches muss es untersucht und in Erinnerung gerufen werden. Auch und gerade in einer Publikation, die sich in erster Linie der Interpretation und Rezeption des Werkes des Schriftstellers Dostojewskij widmet, ist die Auseinandersetzung mit der Blockade notwendig, wenn es um das Schicksal der Stadt geht, die wie keine andere mit Dostojewskij verbunden ist. Die Schriftsteller Ales Adamowitsch und Daniil Granin sehen im Los der Leningrader während der Blockade Parallelen zu Gedanken, die Dostojewskij formulierte:

> Wie in jeder echten Literatur wird hier dem gefühllosen Ekel getrotzt – nur die Liebe zum Menschen zählt, also auch das Mitleid, dem nichts zuwider ist. Der Mensch leidet unter dem Unvermögen, Nahrung im Körper zu behalten, die ihn so teuer zu stehen kam, und der Autor leidet mit dem Menschen wegen seiner Ohnmacht vor eben dieser ‚Ironie des Lebens', über die Dostojewski im „Idiot" so leidenschaftlich und voller Schmerz geschrieben hat. (Adamowitsch / Granin 2018, S 61)

Für den Direktor des Archivs der Akademie der Wissenschaften der UdSSR, Georgij Alexejewitsch Knjasew, bot Dostojewskijs Porträt während der Blockade geistige Stütze, wie er in seinem Tagebuch schrieb, das in Auszügen in Adamowitschs und Granins „Blockadebuch" publiziert wurde: „Vor mir hängen drei Bilder: Lew Tolstoi, Turgenjew und Tschechow. Etwas seitlich Dostojewski. Die großen Humanisten haben mich gelehrt, den Menschen, die Menschheit zu lieben. Ich bleibe meinen Lehrern treu!" (Adamowitsch / Granin 2018, S. 384)

Dostojewskijs Werk ist untrennbar mit der Stadt St. Petersburg verbunden, in der er entscheidende Jahre seines Lebens verbrachte und in der er viele seiner Werke spielen ließ. Heutzutage werden in St. Petersburg thematische Stadtrundgänge angeboten, bei denen man etwa an die Schauplätze von *Verbrechen und Strafe* geführt wird (vgl. Peterburg Centr). Skulpturen und Gedenktafeln weisen auf Orte hin, die eine Rolle in Dostojewskijs Leben oder Werk spielten. In einigen Fällen befinden sie sich in unmittelbarer Nähe zu einer der zahlreichen Plaketten, die an die Blockade erinnern. Wenige Meter entfernt etwa vom „Haus Raskolnikows" mit Relief und Schrifttafel (Graschdanskaja uliza 19) stößt man auf das Denkmal für die während der Leningrader Blockade an der Front gefallenen Studenten, Mitarbeiter und Lehrer des Leningrader Instituts für Eisenbahnverkehr (Moskowskij Prospekt 9). Die Stadt ist wie ein Palimpsest. Im Stadtraum ist die Geschichte unterschiedlicher historischer Epochen zu sehen, wodurch Ernst Blochs Diktum von der Gleichzeitigkeit des Ungleichzeitigen bestätigt wird. Karl Schlögel erklärte 2003 mit dem Titel einer groß angelegten zivilisationshistorischen Studie „Im Raume lesen wir die Zeit". Konkret für die Stadt Leningrad / St. Petersburg hat Vladimir Toporov 2003 den „Petersburger Text der russischen Literatur" (Peterburgskij tekst russkoj literatury) postuliert, über dessen Gestalt und Existenz die Philologie ausführlich diskutierte und diskutiert.

Denkt man an das Petersburg Dostojewskijs, begegnet einem heute unausweichlich auch die Leningrader Blockade. Und die Auseinandersetzung mit der Blockade führt zur Literatur, darunter zur Literatur Dostojewskijs. Was passierte während der Blockade? Wie erinnert man in sowjetischer und postsowjetischer Zeit an sie? Wie ging und geht man in Deutschland mit der Blockade um? Dies sind die Fragen, die im Folgenden behandelt werden sollen.

Die Blockade[1]

Am 22. Juni 1941 überfiel Nazideutschland in der Aktion Barbarossa die Sowjetunion. Der Vormarsch nach Osten war schnell und brutal. Geplant war, noch vor Wintereinbruch sowohl Moskau als auch Leningrad einzunehmen. Der sowjetische Widerstand war größer als erwartet, und das, obwohl die Sowjetunion und insbesondere Stalin vom Angriff überrascht worden waren. Er hatte sich auf den Nichtangriffspakt mit Hitler verlassen und Warnungen vor einem anstehenden Angriff nicht ernst genommen. Nicht Stalin, sondern Molotow informierte die Bürgerinnen und Bürger am 22. Juni vom Überfall und rief zur Abwehr des Feindes auf. Erst acht Tage später meldete sich Stalin im Rundfunk zu Wort.

Die Kampfsituation, unter anderem aufgrund der Länge der Front, veranlasste Hitler zu Umgruppierungen. Eine Einnahme von Leningrad war mit den verbliebenen Truppen nicht möglich. Stattdessen wurde die Stadt mit Hilfe der mit Deutschland verbündeten Finnen unter General Mannerheim eingeschlossen. Erst wurde die Stadt unter Artilleriebeschuss genommen und mit Flugzeugen bombardiert. Am 29. August wurde die letzte Zugverbindung nach Leningrad gekappt. Ab dem 8. September 1941 war Leningrad von seiner Umgebung abgetrennt, der Blockadering um die Stadt war geschlossen. Damit begannen die 872

---

1 Zur Geschichte der Blockade vgl. v.a. Ganzenmüller 2005, Reid 2011.

Tage der Leningrader Blockade. In Publikationen, Filmen und Reden werden sie in der Regel zu 900 Tagen aufgerundet.

Den Aufrufen zur Verteidigung der Stadt folgend meldeten sich viele Menschen freiwillig zur neu eingerichteten „Volkswehr" (narodnoe opolčenie). Sie unterstützte die Rote Armee im Kampf um Leningrad, organisierte den Bau von Panzergräben, die Löschung von Brandbomben. Die Freiwilligen wurden nur kurz ausgebildet, es gab weder genügend Uniformen noch Waffen. Im Gefecht hatten sie kaum eine Chance, viele starben.

Bereits ab dem 18. Juli, also noch vor der Blockade, wurden in Leningrad wie auch in anderen Städten, beispielsweise Moskau, wieder Lebensmittelmarken ausgegeben. Die Bevölkerung kannte das System noch aus dem Bürgerkrieg und dem Winterkrieg gegen Finnland. Der Transport von Lebensmitteln in die Stadt war unterbrochen. Zentrale Vorräte, die für die Versorgung der mehrere Millionen umfassenden Bevölkerung gereicht hätten, gab es nicht. Bald setzte der Hunger ein. Der Winter war zudem besonders kalt. Die zentrale Beheizung funktionierte nicht mehr, Wasserrohre platzten. Die Menschen besorgten sich, wenn sie konnten, kleine Metallöfen, sogenannte „burschujki". Entkräftet wandten sie die Energie für das pure Überleben auf: Brennholz oder anderes brennbare Material besorgen, nach Brot anstehen, Wasser aus der Newa oder einem Kanal holen. Zur Arbeit gehen und dabei nicht dem Artilleriebeschuss zum Opfer fallen.

Die Lebensmittelraten wurden mehrfach gesenkt. Es wurde unterschieden zwischen Arbeitenden (drei Kategorien), Abhängigen und Kindern bis 12 Jahre. Angestellte bekamen ab dem 18. Juli 1941 600 Gramm Brot am Tag. Ab dem 2. September gab es für sie nur noch 400 Gramm. Die nächsten Senkungen erfolgten am 11. September auf 300 Gramm, am 1. Oktober auf 200 Gramm und am 13. November auf 150 Gramm. Die niedrigste Ration galt ab dem 20. November 1941 mit nur noch 125 Gramm Brot pro Tag. Am 25. Dezember wurde die Ration auf 200 Gramm angehoben. Hierfür gab es zwei Ursachen. Einerseits waren so viele Menschen gestorben, dass die Zahl der zu versorgenden Einwohner signifikant gesunken war. Andererseits wurde die Stadt nun mit Lieferungen über den zugefrorenen Ladoga-See versorgt. Ab dem 24. Januar 1942 wurden 300 Gramm ausgegeben, ab dem 11. Februar 400 Gramm. Zuletzt wurde die Ration am 23. Februar 1943 auf 500 Gramm für diese Gruppe erhöht (vgl. Kislicin 1995, S. 124).

Die Wehrmacht setzte den Hunger der Zivilbevölkerung gezielt als Waffe ein. Die Belagerung war „Bestandteil einer langfristig geplanten Vernichtungsstrategie" (Leetz, Wenner 1992, S. 15). Das Kriegstagebuch der Heeresgruppe Nord zeigt dies deutlich. Am 12. Oktober 1941 heißt es dort: „Das Leben deutscher

Soldaten für die Errettung russ. Städte vor einer Feuersgefahr einzusetzen oder deren Bevölkerung auf Kosten der deutschen Heimat zu ernähren, ist nicht zu verantworten." (Kriegstagebuch in Leetz / Wenner 1992, S. 40) Die Lage Leningrads verbesserte sich durch mehrere Vorstöße, bei denen strategisch wichtige Bahnknotenpunkte erobert wurden. Für die Stromversorgung war das Wasserkraftwerk in Wolchow zentral. Am 27. Januar 1944 gelang es der Roten Armee, den Blockadering aufzuheben. Exakt ein Jahr später befreite die Rote Armee das Konzentrationslager Auschwitz. Am 8. Mai 1945 kapitulierte Deutschland. Die Nachricht traf am 9. Mai Ortszeit in Moskau ein.

Politik während und nach der Blockade

Das Leid der Zivilbevölkerung Leningrads wurde durch Fehler verstärkt, die während der Blockade gemacht wurden. Der Literaturwissenschaftler Dmitri Lichatschow erinnert sich, dass noch vor Schließung des Blockaderings Kinder aus der Stadt evakuiert wurden – aber in Richtung Nowgorod, den deutschen Truppen entgegen. Die veralteten Evakuierungspläne stammten noch aus dem Winterkrieg. Viele Kinder fielen dem Beschuss zum Opfer. Eltern fuhren Richtung Front, um ihre Kinder zurückzuholen (vgl. Lichatschow in Leetz / Wenner 1992, S. 20).

Die Zahl der Opfer der Blockade ist auch deswegen kaum zu erheben, weil nicht registrierte Flüchtlinge in die Stadt kamen, vor allem Bauern. Unregistriert erhielten sie keine Lebensmittelkarten: „Ende 1941 war dieser ganze Bauerntroß tot." (Lichatschow in Leetz / Wenner 1992, 23) Während der Nürnberger Prozesse wurde die von Stalin festgesetzte Zahl von 641.803 Opfern ausgegeben. Sie gilt als viel zu niedrig. Das „Museum der Blockade und der heldenhaften Verteidigung Leningrads" in St. Petersburg zitiert, wie ich 2014 gesehen und fotografisch festgehalten habe, auf einer Schautafel die Zahlen einer Statistik von 2009. Die Bevölkerungszahl von Leningrad zu Kriegsbeginn wird mit 3.000.000 beziffert. 100.000 wurden als Rekruten an die Front geschickt. 448.700 Menschen verließen die Stadt vor Beginn der Blockade. 840.600 Menschen wurden während der Blockade evakuiert, 360.000 von ihnen überlebten die Evakuierung nicht. Im Januar 1944 gab es noch 557.700 Menschen in der Stadt. 1.053.000 Menschen starben demnach während der Blockade unmittelbar in Leningrad. Angesichts dieser Tatsachen kommen die Herausgeber der 1992 erschienenen Kompilation von Interviews, Tagebüchern und Memoiren „Blockade. Leningrad 1941–1944. Dokumente von Russen und Deutschen" zu dem Urteil: „Die Blockade war mehr als nur eine ‚gewöhnliche' Operation einer kriegführenden Macht. Sie war integraler Bestandteil einer Vernichtungsstrategie des NS-Regimes, die sich auf die

Siedlungszentren richtete und die Ausrottung der Zivilbevölkerung durch systematische Aushungerung zum Ziel hatte." (Leetz, Wenner 1992, S. 13)

Für die Nürnberger Prozesse war die Zahl der Opfer letztlich unerheblich. Als Verbrechen gegen die Menschlichkeit konnte die Blockade nicht verurteilt werden, da es in den 1940er Jahren keine verbindliche Vorgabe gab, in der die Aushungerung verboten wurde. Christoph Safferling, Professor für Strafrecht, Strafprozessrecht, Internationales Strafrecht und Völkerrecht, erklärte 2014 in einem Vortrag: „Dies war auch der Grund, weshalb die Richter im Fall United States v. von Leeb et al., dem zwölften der Nürnberger Nachfolgeprozesse, die Leningrader Blockade nicht als Kriegsverbrechen bezeichnen konnten, auch wenn sie das selbst ausdrücklich bedauerten" (Forschungs- und Dokumentationszentrum für Kriegsverbrecherprozesse 2014). 1977 wurde dieses Versäumnis mit Art. 54 des 1. Zusatzprotokolls zu den Genfer Konventionen nachgeholt, allerdings wurde kein Strafmaß angegeben. Erst unter dem Eindruck der Belagerung von Sarajevo wurde im Römischen Statut für den Internationalen Strafgerichtshof, das 2002 in Kraft trat, „das vorsätzliche Verhungernlassen als Methode der Kriegsführung zur Strafnorm" (ebd.).

Politisch war Leningrad während der Blockade weitgehend auf sich allein gestellt. Für die notgedrungene Unabhängigkeit von Moskau musste die Leningrader Führungsriege ab 1948 in der sogenannten „Leningrader Affäre" (Leningradskoe delo) büßen. Die prominentesten Opfer waren Nikolaj Wosnessenski, Mitglied des Politbüros; Alexej Kusnezow, Sekretär des Zentralkomitees, und Michail Rodionow, Vorsitzender des Ministerrates der RSFSR. Im „Blockadebuch" heißt es dazu: „Mit jedem Monat wurden die Ermittlungen ausgeweitet und weitere Beschuldigte verhaftet – Sekretäre von Bezirksparteikomitees, Vorsitzende von Bezirksexekutivkomitees, Mitarbeiter des Stadtexekutivkomitees und nach ihnen die Direktoren der großen Betriebe und Unternehmen." (Adamowitsch / Granin 2018, S. 672) 1950 wurden Wosnessenski, Kusnezow, Pjotr Popkow, Michail Rodionow, Jakow Kapustin und Pjotr Lasutin erschossen, bis 1952 gab es zahlreiche weitere Exekutionen (vgl. Adamowitsch / Granin 2018, S. 677).

2014 wurde im Fernsehen und online eine hitzige Diskussion geführt, als der regierungskritische Fernsehsender Doschd fragte, ob man Leningrad hätte aufgeben müssen, um das Leid der Zivilbevölkerung während der Blockade zu verhindern. Michail Sokolow, Korrespondent für Radio Liberty (Radio Swoboda) kritisiert die Art der Fragestellung, warnt aber vor hysterischen Reaktionen wie der der Duma-Abgeordneten Irina Jarowaja, die gleich per Gesetz alle öffentlichen Diskussionen über den Großen Vaterländischen Krieg verbieten lassen wollte. Fragen müsse man stellen und auf der Grundlage von Dokumenten beantworten (vgl. Sokolov 2014).

Der Blick in das veröffentlichte Kriegstagebuch der Heeresgruppe Nord zeigt, dass eine Kapitulation Leningrads das Leid nicht verringert hätte. Im Eintrag zum 12. Oktober 1941 findet man den Vermerk: „Der Führer hat erneut entschieden, daß eine Kapitulation von Leningrad nicht anzunehmen ist, auch wenn sie von der Gegenseite angeboten würde. […] Schwere Seuchengefahren sind zu erwarten. Kein deutscher Soldat hat daher diese Stadt zu betreten." (Kriegstagebuch in Leetz / Wenner 1992, S. 39) Der Kommandant der 58. Infanteriedivision wird mit der Aussage zitiert, er habe seine Soldaten angewiesen, auch auf Frauen, Kinder und alte Männer zu schießen, sollten diese versuchen sich zu ergeben. Das Leid der Zivilbevölkerung war der Militärführung gleichgültig, sie fürchtete das Mitleid der deutschen Soldaten. Das Oberkommando des Heeres hat, wie im Kriegstagebuch der Heeresgruppe Nord am 27. Oktober 1941 vermerkt ist, „vorgeschlagen, vorwärts der eigenen Linien Minenfelder auszulegen, um der Truppe den unmittelbaren Kampf gegen die Zivilbevölkerung zu ersparen." Sollte die Stadt übergeben werden, solle man nicht einmarschieren: „Die Truppe wird in die Unterkunftsräume verlegt werden. Auch dann wird ein großer Teil der Bevölkerung zu Grunde gehen, aber doch wenigstens nicht unmittelbar vor unseren Augen." (Kriegstagebuch in Leetz / Wenner 1992, S. 42) Im Kriegstagebuch der Quartiermeisterabteilung der 18. Armee wird am 14. November 1941 berichtet: „Abwehr der Flüchtlinge aus Oranienbaum und Petersburg durch Feuer notwendig (auf weite Entfernung), da Ernährung nicht in Frage kommt. In Frage steht nur wo, nicht ob, Zivilisten verhungern." (Kriegstagebuch Quartiermeister in Leetz / Wenner 1992, S. 44)

Narrativ und Gegennarrativ[3]

Spätestens mit der Leningrader Affäre wurde es in der Sowjetunion unmöglich, an die Blockade von Leningrad als außerordentliches Ereignis zu erinnern. Zum 1. Mai 1945 wurde der Stadt zusammen mit Odessa, Sewastopol und Stalingrad der Titel „Heldenstadt" (gorod-geroj) verliehen. Zwischen 1965 und 1985 erhielten neun weitere sowjetische Städte diesen Titel. Damit war das Heldennarrativ festgelegt, von dem man nicht abweichen durfte. Alle Handlungen im belagerten Leningrad waren dem heldenhaften Widerstand gegenüber dem Aggressor beizuordnen. Was nicht dazu passte, wurde verschwiegen. Beispielhaft für die kollektive Heroisierung sei hier eine Stele vor dem Denkmal für die während

---

3 Zu den widerläufigen Blockadenarrativen vgl. Barskova / Nikolozi 2017.

der Blockade getöteten Kinder genannt. Das Denkmal in Form einer 15 Meter hohen Blume aus Beton wurde 1968 erbaut. Es gehört zum „Grünen Gürtel des Ruhms" (zelenyj pojas slavy), einem Ring von Mahnmalen, der in den 1960er Jahren um die Stadt errichtet wurde. Auf einer Betonstele in der Nähe des Denkmals steht: „Im Namen des Lebens und gegen den Krieg – gewidmet den Kindern, den jungen Helden Leningrads, 1941–1944" (Vo imja žizni / i protiv vojny / detjam / – junym gerojam / Leningrada / 1941–1944). Auch das Opfernarrativ war nur in Kombination mit dem dominanten Heldennarrativ zulässig, das alle Beteiligten automatisch heroisierte.

Das Heldennarrativ prägt sich ein und wirkt fort. „Die Blockade war immer da", konstatiert die aus Leningrad / St. Petersburg stammende deutschsprachige Schriftstellerin Lena Gorelik, die als Kind mit ihrer Familie nach Deutschland auswanderte; „bei allen Festen war sie Thema." (Gorelik, Vorwort in Muchina 2013, S. 7) Gorelik wuchs mit den Blockadegeschichten auf, Eltern und Großeltern hatten sie überlebt. Sie las in den Geschichtsbüchern darüber und besuchte die Museen. Ihre Schlussfolgerung: „Die Blockade ist Legende: Die sie überlebt haben, sind Helden. [...] Es sind Helden, die das erduldet haben, die ihre Stadt beschützt, dem Tod getrotzt hatten: Blokadniki." (Gorelik in Muchina 2013, S. 8) Nicht nur die Überlebenden werden kollektiv zu Helden erklärt, sondern auch diejenigen, die während der Blockade gestorben sind: „Helden gab es in jeder Familie. In meiner Familie war es der Bruder meiner Großmutter" (ebd.). Auch der Vater ihres Vaters überlebte die Blockade nicht, „auch er ein Held." (Gorelik in Muchina 2013, S. 9) „Lenas Tagebuch", deren deutschsprachiger Ausgabe Goreliks Erinnerungen vorangestellt sind, spricht eine andere Sprache, doch dazu später.

Das unheroische Gegennarrativ: Memoiren und Tagebücher

In Memoiren und Tagebüchern finden sich Informationen, die dem heroischen Standardnarrativ widersprechen. Sie beschreiben das Grauen der Belagerung, berichten über Verbrechen, Fehler und politische Verfolgung. Dmitri Lichatschow wurde 1906 in St. Petersburg geboren. Er wurde Mitglied der Akademie der Wissenschaften und des Obersten Sowjet, gehörte also wahrlich nicht der Opposition an. Doch auch in seinen Erinnerungen, die er 1957 für seine Töchter aufschrieb, findet sich Vieles, was dem verordneten Heldennarrativ zuwiderlief, weswegen sie auch erst nach Zusammenbruch der Sowjetunion publiziert werden konnten. So erwähnt er zum Beispiel den Kannibalismus und die Ermordung von Menschen um ihres Fleisches willen (vgl. Lichatschow in Leetz / Wenner 1992, S. 29). Er schreibt auch, dass die Trasse über den Ladogasee als „Straße des

Todes" bezeichnet wurde „und nicht ‚Straße des Lebens', wie sie unsere Schriftsteller später schönfärberisch bezeichneten" (Lichatschow in Leetz / Wenner 1992, S. 31). Lichatschow berichtet von Diebstahl und Mord: „Die Leute stahlen, sie nahmen den Erschöpften die Koffer weg und stießen sie unters Eis" (ebd.).

Georgi Zim, Marineoffizier a. D., beschrieb nüchtern, was ihm begegnete: „25.7.1941 [...] Es wurde befohlen, die Fensterscheiben kreuzweise mit Papierstreifen zu bekleben. Als ob so was vor Explosionen und Bombardements schützt. [...] 30.08.1941 / [...] Das Markensystem wurde eingeführt." (Zim in Leetz / Wenner 1992, S. 58) Bombardements werden im Herbst 1941 nahezu täglich verzeichnet, z.B.: „5.10.1941 / Die Bombardements begannen etwa um halb acht am Abend und dauerten die ganze Nacht bis sieben Uhr morgens" (Zim in Leetz / Wenner 1992, S. 61). Genau registrierte Zim die Lebensmittelrationen: „12.11.1941 / Heute ist der letzte Tag, an dem wir 200 Gramm Brot pro Person bekommen haben. Ab morgen werden die Arbeiter 300 Gramm, die Angestellten und die Familienmitglieder je 150 Gramm bekommen. [...] 20.11.1941 / [...] Die Brotration wurde um 25 Gramm gekürzt." (Zim in Leetz / Wenner 1992, S. 64) „3.12.1941 [...] In diesem Monat wird kein Fett, kein Fleisch und kein Zucker ausgegeben. Nur Graupen, 200 Gramm pro Dekade. Und Brot, Seife, Streichhölzer und Salz. Das Brot ist schrecklich, ganz naß, voller Holzmehl." (S. 65) „5.1.1942 [...] Durch die Stadt gehen alle mit Eimern und suchen Wasser. Bereits der dritte Tag, an dem es kein Brot gibt." (S. 69) „6.1.1942 [...] Im Dezember habe ich als Angestellter bekommen: Brot – 250 Gramm pro Tag, das heißt 2 Kilo; Fleisch – 350 Gramm, Butter – 0, Konditoreiwaren – 300 Gramm, Graupen – 350 Gramm, Streichhölzer – 4 Schachteln, Seife – ein halbes Stück, Bier – anderthalb Liter." (S. 69) Zim erwähnte wie die meisten Tagebuchschreiberinnen und -schreiber Leichen auf den Straßen: „14.1.1942 [...] Hier und da liegen auf den Straßen Leichen. Heute zum Beispiel eine Frau vor der Admiralität [...]. 22.1.1941 [...] jetzt liegen schon zwei Leichen in unserer Wohnung. Und wie lange sie liegenbleiben, ist ungewiß." (Zim in Leetz / Wenner 1992, S. 70 bzw. 71) Zim wurde evakuiert, starb aber an den Folgen des Hungers. (Anmerkung im Vorwort, Leetz / Wenner 1992, S. 14)

Viele Leningraderinnen und Leningrader führten während der Blockade Tagebuch. Einige hatten diese Gewohnheit bereits zuvor, andere begannen erst jetzt mit dem Schreiben aus dem Impuls heraus, das Ungeheuerliche festhalten zu müssen. Dem Tagebuch kam in der Sowjetunion v.a. in den 1930er Jahren eine besondere Funktion zu, der Historiker Jochen Hellbeck nennt sie „Laboratories of the Soviet Self" (vgl. Hellbeck 1998). Das Tagebuch wurde als Instrument der Selbsthinterfragung und Transformation propagiert. In Blockadetagebüchern wie „Lenas Tagebuch" ist das in den ersten Aufzeichnungen noch vor dem 22. Juni 1941 zu erkennen. Das junge Mädchen Lena, Schülerin der 8. Klasse, beginnt ihre Notizen mit Ausführungen über die Stärke des Willens und ihre Absicht, jeden Tag etwas Neues zu lernen. Am 28. Mai schreibt sie, sie wolle jeden Tag Deutsch lernen, um im nächsten Schuljahr endlich eine gute Schülerin zu werden. Während der Blockade übernimmt sie erst die Sprache der staatlichen Propaganda, fordert „Blut für Blut" und beschwört die gesamte befreundete Welt, die auf Leningrad blicke, und das gesamte Land, das hinter der Stadt stehe (siehe Eintrag zum 11. September 1941). Im Winter drehen sich ihre Notizen in erster Linie um Essen, so der Eintrag am 22. November 1941, in dem sie von kleinen Portionen Tee, Brot und Schokolade schreibt, die sie zum Frühstück bekommen hat. Die Suppe zu Mittag war gut, selbst ein Stück Butter gab es. Über mehrere Seiten trauert sie dann der Schokolade nach: „Meine Schokoladentafel, meine schöne, echt englische Schokoladentafel, wo bist du geblieben?" (Muchina 2013, S. 145) Am 3. Januar 1942 ist sie verzweifelt: „Uns bleibt nichts mehr übrig, als uns hinzulegen und zu sterben. Von Tag zu Tag wird es immer schlechter. Die letzten Tage war Brot die einzige Quelle unserer Existenz." (Muchina 2013, S. 185)

Für Georgi Knjasew, Direktor des Archivs der Akademie der Wissenschaften, erfüllte sein Blockadetagebuch zwei Funktionen. Zum einen übte er, wie die Autoren des „Blockadebuchs" feststellen, „Selbstkontrolle [...] mit Hilfe des Tagebuchs. Um nicht zuzulassen, dass der Hunger mit den Muskeln auch die Seele auffrisst." (Adamowitsch / Granin 2018, S. 201) Knjasew berichtet, sein Bekannter Beljawskij habe die Idee erwähnt, jemand solle Aufzeichnungen organisieren, um festzuhalten, was in der Stadt passiert. Knjasew erwiderte, im Literaturinstitut arbeiteten keine „Chronisten von Sitten und Bräuchen". Seine eigenen Tagebuchnotizen seien aber „solche Aufzeichnungen", wenn auch bezogen auf einen „sehr kleinen Umkreis und eine geringe Zahl von Begegnungen und Ereignissen begrenzt." (Adamowitsch / Granin 2018, S. 407)

Das Führen von Tagebüchern konnte aber gefährlich sein. Der Geheimdienst arbeitete auch im belagerten Leningrad weiter. 2004 wurden Tagebücher publiziert, die im Archiv des russischen Geheimdienstes FSB lagern. Sie wurden bei Verhaftungen konfisziert und bei Verurteilungen als Beweismittel genutzt. So erging es etwa dem Geographielehrer Alexej Winokurow. Er wurde am 12. Februar 1943 vom NKWD festgenommen. Man machte ihm den Prozess und sprach ihn der konterrevolutionären antisowjetischen Propaganda für schuldig. Als Beweis wurde im Tagebuch beispielsweise der Eintrag vom 1. Februar 1942 unterstrichen, in dem er berichtet, nackte Männerleichen seien von einem Transportwagen gefallen, niemand habe sich für sie interessiert. Ebenfalls unterstrichen ist seine Beobachtung vom 10. August 1942, Kommandeure der Roten Armee hätten häufig keine Waffen und stopften ihre Holster mit Stoff aus. Winokurow wurde am 19. März 1943 hingerichtet. Die Sankt Petersburger Staatsanwaltschaft rehabilitierte ihn 1999 (vgl. Bernev / Černov 2004/2007).

Sowjetisches und postsowjetisches Gedenken: Museen, Denkmäler, Literatur, Filme

Mit der Leningrader Affäre wurde das Gedenken an die Blockade erst einmal für Jahrzehnte unterbunden. Bezeichnend ist die Liquidierung des ersten Blockademuseums. Schon während der Blockade hatte es erste Ausstellungen gegeben, bei denen vor allem erbeutete Kriegsmaschinerie gezeigt wurde. 1944 wurde eine permanente Museumsausstellung eingerichtet. 1946 wurden die Gründer des Museums beschuldigt, einen Mythos um das Sonderschicksal Leningrads kreiert und die entscheidende Rolle Stalins bei der Bewältigung der Blockade vernachlässigt zu haben. Das Museum wurde geschlossen, Exponate wurden vernichtet. 1989 wurde das Museum wiedereröffnet (vgl. Markhaeva, Trapitsina-Matveenko in Simmons / Perlina 2005). Inzwischen gibt es kaum ein Petersburger Museum, in dem die Blockade nicht thematisiert wird, vom Museum des Brotes über das Museum der Geschichte der Stadt und das Militärmuseum bis hin zu Ausstellungen von Betrieben, Schulen und Universitäten. Viel diskutiert wird 2018 der Entwurf des neuen, zentralen Blockademuseums, den das Architekturbüro Studija 44 unter der Leitung von Nikita Javejn vorgelegt hat. Der Komplex besteht aus einer treppenförmigen Anhöhe, auf der in einem Kreis asymmetrische Blöcke angeordnet sind. Durch Größe und dunkle Farbgebung wirkt der Komplex einschüchternd. Die Eröffnung wird für 2021/2022 erwartet. Der Entwurf wurde 2018 beim World Architecture Festival in Amsterdam ausgezeichnet, an dem das Studio bereits 2015 erfolgreich teilgenommen hatte, u.a. mit einer Auszeichnung in der Kategorie „Master Plans" für den Entwurf der Entwicklung des Zentrums von Kaliningrad (vgl. Gladkich 2018).

Was die monumentalen Dimensionen angeht, knüpft der geplante Neubau an sowjetische Traditionen an. In den 1960er Jahren begann man vor allem unter Breschnjew, umfangreich an den Sieg im Großen Vaterländischen Krieg von 1941 bis 1945 zu erinnern. Er wurde zum nationsbildenden und -bindenden Identifikationsgegenstand erhoben. Auch die Leningrader Blockade wurde in das Siegesnarrativ eingebunden und mit Denkmälern geehrt. 1975 errichtete man das „Denkmal für die heldenhaften Verteidiger Leningrads" mit einem 48 Meter hohen Granitobelisk. Auf dem Platz des Aufstandes steht seit 1985 ein 36 Meter hoher Obelisk, auf einem Hausdach am Platz ist der nachts beleuchtete Schriftzug „Heldenstadt Leningrad" angebracht. Die zentrale und zugleich älteste Gedenkstätte für die Opfer der Leningrader Blockade ist der Piskarjow-Friedhof. Insgesamt wurden hier während der Blockade etwa 420.000 Menschen beerdigt. Für den 20. Februar 1942 allein wird die Zahl der Toten, die v.a. in Massengräbern vergraben wurden, mit 10.043 angegeben. 1960 wurde der Friedhof als Gedenkstätte eröffnet (vgl. Piskarevskoe memorial'noe kladbišče). Den Eingang des Friedhofs flankieren zwei Pavillons. An einer ewigen Flamme vorbei führt ein Weg bis zur Gedenkmauer am Ende des Geländes. Auf einem sechs Meter hohen Sockel steht eine ebenso große Frauenstatue, die Mutter Heimat symbolisiert. Auf der Wand hinter der Skulptur sind Verse von Olga Bergholz eingeschrieben.[4]

> Hier liegen Leningrader.
> Hier sind Bürger – Männer, Frauen, Kinder.
> Neben ihnen Soldaten der Roten Armee.
> Mit ihrem ganzen Leben
> Verteidigten sie Dich, Leningrad.
> Die Wiege der Revolution.
> Nicht alle ihre edlen Namen können wir hier nennen.
> So viele sind es unter dem ewigen Schutz von Granit.
> Aber wisse, der du diese Steine betrachtest.
> Niemand ist vergessen und nichts ist vergessen.

Literatur

Die Leningrader Lyrikerin Olga Bergholz las während der Blockade ihre Gedichte im Leningrader Radio vor. So wurde sie zur Dichterin der Blockade. Bergholz war in den 1930er Jahren für ihre Lyrik gefeiert worden. 1938 wurde ihr Exmann als Konterrevolutionär erschossen, sie selbst wurde aus der Partei ausgeschlossen. 1938–1939 wurde sie inhaftiert. Im Juni 1941 wurde sie zum Leningrader Radiokomitee beordert. Ihr Gedicht „Februartagebuch" („Fevral'skij dnevnik") wurde zwar verboten, aber sie konnte es im Radio lesen und dann im Juli 1942 sogar in der *Komsomol'skaja pravda* drucken lassen.[5] Auch Anna Achmatowa,

---

4 „Здесь лежат ленинградцы. / Здесь горожане – мужчины, женщины, дети. / Рядом с ними солдаты-красноармейцы. / Всею жизнью своею / Они защищали тебя, Ленинград, / Колыбель революции. / Их имён благородных мы здесь перечислить не сможем, / Так их много под вечной охраной гранита. / Но знай, внимающий этим камням: / Никто не забыт и ничто не забыто." (Übersetzung ins Deutsche: YP).

5 Zu Bergholz' Blockadelyrik und ihrem Tagebuch vgl. Schmid 2011.

die seit 1922 ihre Gedichte nicht veröffentlichen durfte, sprach im September 1941 im Leningrader Radio. Achmatowas Blockadeerfahrung findet man in ihrem Werk vor allem im „Poem ohne Helden" (Poema bez geroja).

Von der Propagandaprosaliteratur, wie sie etwa Alexander Tschakowskij 1969 mit dem Roman „Blokada" ablieferte, heben sich die 1984 erstmals veröffentlichten „Aufzeichnungen eines Blockademenschen" der Literaturwissenschaftlerin Lidia Ginsburg ab. 2014 erschienen sie in deutscher Übersetzung in einem Band mit der 1943/1944 entstandenen „Erzählung von Mitleid und Grausamkeit", die 2006 in ihrem Nachlass gefunden worden war (vgl. Ginsburg 2014). Darin untersucht Ginsburg die Psyche der dystrophischen Blockademenschen. Ein junger Mann lebt mit seiner Tante zusammen, die er eigentlich liebt. In den Hungermonaten wird sie ihm mehr und mehr zur Last. Nach ihrem Tod plagen ihn Schuldgefühle, weil er ihr gegenüber oft grob wurde. Ginsburg selbst verlor während der Blockade ihre Mutter[6].

Sonderfall: „Das Blockadebuch"

Einen Sonderfall stellt das bereits mehrfach zitierte „Blockadebuch" von Ales Adamowitsch und Daniil Granin dar. Schon ab 1974 widersprachen die beiden Schriftsteller dem verordneten Heldennarrativ und befragten die „blokadniki" selbst nach ihren Erlebnissen und Erinnerungen. Die Aufzeichnungen dieser Gespräche kombinieren sie mit Tagebüchern und Memoiren, die ihnen überlassen wurden. Die Autoren reihen die Berichte nicht einfach aneinander, sondern verbinden sie mit Überlegungen zur Widersprüchlichkeit des Materials, mit Verweisen auf literarische Texte und Verfahren. Dabei orientierten sie sich, wie Granin im später ergänzten Kapitel „Zur Entstehungsgeschichte des ‚Blockadebuchs'" erklärt, unter anderem an Dostojewskij: „Während wir an dem Buch arbeiteten, stützten wir uns gegenseitig in der Auffassung, dass es für die Literatur keine Tabus gibt. Dabei wussten wir uns mit Lew Tolstoi, Fjodor Dostojewski und anderen Brüdern und Kollegen einig. Keinerlei Verbote für die Literatur! Über alles darf berichtet werden!" (Adamowitsch / Granin 2018, S. 22) Ihre Sicht der Blockade war klar: „Die Blockade war ein Epos menschlichen Leidens. Das war nicht die Geschichte von neunhundert Tagen voller Heldentaten, sondern von neunhundert Tagen voller unerträglicher Qualen. All das entsprach natürlich nicht dem pathetischen Bild, das in der Geschichte des Großen Vaterländischen Krieges festgeschrieben war." (Adamowitsch / Granin 2018, S. 17) Entsprechend schwierig wurde es, das Buch zu publizieren. In Leningrad war es unmöglich.

---

6 Vgl. auch Tippner 2011.

Das Stadtparteikomitee teilte ihnen mit: „"Sie entweihen die Heldentat Leningrads. Ihr Thema sollten nicht die Leiden der Menschen sein, sondern ihr Mut und ihre Standhaftigkeit." (Adamowitsch / Granin 2018, S. 20–22) In zensierter Version wurde es schließlich doch in der Zeitschrift *Novyj mir* gedruckt, 1984 kam es auch als Buch heraus. 1984 und 1987 erschien in der DDR im Aufbau Verlag eine deutsche Übersetzung in zwei Bänden, die rasch vergriffen war (vgl. Leetz, Wenner 1992, S. 15). 2018 brachte der Aufbau Verlag die Übersetzung in überarbeiteter Fassung neu heraus. Die Ergänzungen folgten der russischen Ausgabe von 2014, in der Granin die zensierten Stellen wieder eingefügt und die Entstehung des „Blockadebuchs" beschrieben hat.

Im „Blockadebuch" sprechen die Überlebenden vom Alltag in der von der Außenwelt abgeschnittenen Stadt. Sie reden von den Toten, die man im Winter in der Wohnung liegen ließ, weil niemand die Kraft hatte, sie fortzutragen. Außerdem konnte man ihre Lebensmittelkarten noch bis Monatsende nutzen. Die Menschen sprechen von ihrem Bedürfnis nach geistiger Nahrung, wie sie ihnen die im Radio verlesene Lyrik bot. Sie erzählen von Akten der Solidarität in Familien, unter Nachbarn, Bekannten und Fremden. Aber sie erzählen auch von Wucher, von Menschen, die Brot und Lebensmittelkarten stahlen. Viel wird darüber gesprochen, was die Menschen aßen. Man erinnert sich an Zellulose im Brot, an einen Nadelaufguss gegen Skorbut, an Leimsülze, Sauerampfer und Meldekraut. Adamowitsch und Granin verweisen auf entsprechende Stellen aus Lyrik und Prosa, sie zitieren Twardowskij, Achmatowa, Ernest Renan, Lew Tolstoj, Derschawin und Homer. Sie analysieren auch Knut Hamsuns Roman *Hunger* und loben ihn für die differenzierte Beschreibung der Macht des Hungers über den Menschen. Die Auseinandersetzung des „Blockadebuchs" mit dem Phänomen Hunger, in der häufig Melde oder Meldekraut erwähnt wird, erinnert wiederum an Herta Müllers *Atemschaukel*. Hier findet sich ein „Meldekraut" überschriebenes Kapitel, in dem sich die Melde als trügerisch erweist: „Es ist seltsam, wenn sich das Meldekraut zu färben beginnt und längst ungenießbar ist, wird es erst richtig schön. […] Die Zeit des Meldekrautessens ist vorbei. Aber nicht der Hunger, der immer größer ist als man selbst. […] Wie läuft man auf der Welt herum, wenn man nichts mehr über sich zu sagen weiß, als dass man Hunger hat." (Müller 2009, S. 24–25) Die Beschreibungen Hamsuns von 1890 gleichen denen der Blockademenschen. Sie leiden am Hunger, wie Herta Müllers Ich-Erzähler an ihm leidet. Das „Blockadebuch" führt die Existentialität des Leidens vor Augen.

Filme

Bei der Erinnerung an die Blockade, vor allem bei der Bestätigung des Heldennarrativs, waren Filme mindestens so wichtig, wenn nicht wichtiger als literarische Propagandatexte. Noch zu Blockadezeiten ließ der Regisseur Viktor Ejsymont Aufnahmen der Stadt anfertigen, die er für den Spielfilm *Es lebte einmal ein Mädchen* (Žyla byla devočka) nutzte, der im Dezember 1944 Premiere hatte. Dieser Film entspricht der Beobachtung von Lisa Kirschenbaum zu „Myth, Memories and monuments" der Blockade: „Even before it ended, the siege became one of the war's most widely told stories." (Kirschenbaum 2006, S. 1) Der Film erzählt aus der Perspektive eines Mädchens vom Blockadeleben. Ihre Mutter wird krank und kann die beiden nicht versorgen. Das Mädchen muss Wasser aus der zugefrorenen Newa holen. Als ihre Mutter stirbt, kommt sie in ein Heim. Hier findet sie ihr von der Front zurückgekehrter Vater.

Die Verfilmungen *Blokada* und *Baltischer Himmel* (Baltijskoe nebo, 1960) nach Romanen von Alexander Tschakowskij und Nikolaj Tschukowskij konzentrierten sich wie ihre literarischen Vorlagen auf die ruhmreichen Militäraktionen zur Befreiung der Stadt. Dem Heldennarrativ schließt sich auch die russisch-britische Fernseh-Koproduktion *Attack on Leningrad* (2007, Regisseur: Alexander Burawskij) an, die in zwei Varianten als Miniserie bzw. gekürzt als Spielfilm geschnitten wurde. Auf der DVD wird verkündet: „Some fight. Others fall. All are heroes."

2017 lief der Film *Drei Tage bis zum Frühling* (Tri dnja do vesny; Regisseur: Alexander Kasatkin) erfolgreich in den russischen Kinos. Ungewöhnlich ist, dass hier ein Offizier des auch in Russland übel beleumundeten NKWD positiv gezeichnet wird. Es gelingt ihm gemeinsam mit einer Ärztin, den Plan der Faschisten zu durchkreuzen, die Leningrader mit einer Epidemie auszumerzen. Im Trailer wird der Film als Geschichte von „Heldentum, Ehre und Pflicht" (o mužestve, česti i dolge) beworben.

2018 wurde die Blockade in Russland zum Aufregerthema in Medien und Politik. Anlass war der Film *Das Fest* (Prazdnik) des Regisseurs Alexej Krasowskij. Der explizit als Komödie angekündigte Film spielt zur Zeit der Leningrader Blockade. Die Familie des Mitarbeiters in einem Geheimlabor will Neujahr feiern. Erst bringt der Sohn unerwartet ein Mädchen mit, das er in einem Luftschutzkeller kennengelernt hat. Dann erklärt die Tochter plötzlich, dass sie sich von ihrem Freund getrennt und mit Witalij verlobt habe, einem Soldaten, der doppelt so alt ist wie sie. Die größte Sorge der Hausfrau ist, dass die Gäste bemerken, wie privilegiert die Familie lebt. Neben Hühnchen gibt es noch viele weitere Gerichte auf ihrem Tisch.

Die online verfügbare Variante erklärt im Vorspann, der Film sei ohne Unterstützung staatlicher Organisationen oder anderer Stiftungen entstanden. Die Partei Einiges Russland und das Russische Militärhistorische Komitee setzten sich mit ihrem Protest gegen den Film und mit der Forderung durch, ihn nicht für den Kinovertrieb zuzulassen. Die Ankündigung des Films als Komödie über die Blockade erinnerte an Roberto Benignis *Das Leben ist schön*, der den Spagat zwischen Komödie und Konzentrationslager schaffte. In der russischen Berichterstattung über *Das Fest* wurde ebenfalls der Vergleich mit Benigni gezogen (vgl. Ponomareva 2018).

Wissen, Erinnern und Gedenken in Deutschland

In (West-)Deutschland stand im Gedenken an die Schrecken des Kriegs auf dem Gebiet der ehemaligen Sowjetunion jahrzehntelang die Schlacht um Stalingrad im Zentrum. Die Leningrader Blockade war „ein weißer Fleck" (Leetz, Wenner 1992, S. 14), ein „Nebenkriegsschauplatz der Erinnerung". (Ganzenmüller 2011, S. 7)

DDR und BRD

Hierbei gab es durchaus Unterschiede im Umgang mit der Blockade in den beiden deutschen Staaten. Die DDR schloss sich weitgehend dem sowjetischen Heldennarrativ an. Das Thema war im Geschichtsunterricht präsent. Auch in Jugendbüchern war es zu finden, beispielsweise in Bodo Schulenburgs *Tanja – Geschichte eines Mädchens aus Leningrad während der neunhunderttägigen Blockade* (1981).

Für die Bundesrepublik war jahrzehntelang Verdrängung und Verharmlosung charakteristisch (vgl. Leetz, Wenner 1992, S. 14). In Geschichtsbüchern wurde die Blockade bis in die 1960er Jahre mit „Stolz auf die militärische Leistung" (Ganzenmüller 2011, S. 9) präsentiert. Auch in späteren Darstellungen der 1970er-1980er Jahre, die die Blockade zum Wendepunkt im Blitzkrieg erklärten, blieben die Verbrechen an der Zivilbevölkerung außen vor.

Filme

In Deutschland oder mit deutscher Beteiligung wurden keine Spielfilme über die Blockade gedreht, wohl aber mehrere Dokumentarfilme. Den Auftakt machte Thomas Kufus 1991 mit *Blockade*. Die Interviews, ergänzt um Fotos, Bilder und Ausschnitte aus Tagebüchern, wurden 1992 auch als Buch veröffentlicht. Der ukrainische Regisseur Sergej Loznica lebt seit 2001 in Deutschland. 2005 brachte er den Dokumentarfilm *Blokada* heraus, der ausschließlich aus historischen Aufnahmen besteht und vollständig auf gesprochenen Text verzichtet. Nach alter Stummfilmmanier werden nur zwischendurch knappe Situationsbeschreibungen eingeblendet.

Dem Genre „Docutainment" oder Dokudrama ist der Fernsehfilm *Leningrad Symphonie* (2017) der Regisseure Carsten Gutschmidt und Christian Frey zuzuordnen, der bei ARD und ARTE gezeigt wurde. Er erzählt die Geschichte von Schostakowitschs Leningrader Symphonie. Dmitri Schostakowitsch (1906–1975) wurde aus dem blockierten Leningrad evakuiert. In Kuybischew vollendete er seine Symphonie, die dort am 5. März 1942 uraufgeführt wurde. Nach weiteren Aufführungen in London und New York wurde die Partitur ins belagerte Leningrad geflogen. Der Dirigent des Rundfunkorchesters Karl Eliasberg erhielt den Auftrag, sein Orchester aufzustocken und die Symphonie aufzuführen. Die Symphonie wurde am 9. August 1942 aufgeführt, man beschallte die Front. Die Aufführung wurde zum Symbol für den ungebrochenen Widerstand der Leningrader und für Kunstsinn angesichts der Barbarei. Zugleich war es ein gelungener Propagandacoup. Gutschmidt und Frey kombinieren dokumentarische Passagen mit nachgespielten Szenen. Dabei behandeln sie sowohl die Perspektive innerhalb der Stadt als auch die Sicht von außen. Hierfür stützen sie sich auf das unter dem Titel „Vor Leningrad" veröffentlichte Kriegstagebuch des Wehrmachtsunteroffiziers Wolfgang Buff. Die Publikation des Tagebuchs wurde vom Volksbund deutscher Kriegsgräberfürsorge unterstützt, es enthalte Buffs „Gedanken, seine Erinnerungen, seine Schmerzen, Gefühle und Hoffnungen, aber auch seine Liebe zu diesem Land und seinen Menschen" (in Buff 2000, S. 3) Doch eignet sich Buff als Mittler- und Versöhnungsfigur, als die er im Film fungiert? Passagen wie die folgende vom 3. Mai 1942 lassen daran zweifeln:

> Jetzt ist Petersburg vollkommen eingeschlossen, und die drei Millionen Menschen, die immer noch dort leben, sind von allen Zufuhren abgeschnitten. Ob sie den Mut aufbringen werden, sich zu ergeben, oder ob sie weiter in dumpfer Starrheit Widerstand leisten werden? Wir müssen vor dieser unglücklichen Stadt weiter Wache halten.
> Heute überhaupt nicht geschossen. Ich las das Evangelium, die Psalmen und einige Kapitel aus Jeremias und Amos. (Buff 2000, S. 88)

Als Ausdruck von Mitleid oder Liebe zu den Menschen sind Buffs Zeilen doch eher schwach.

Zugängliche Literatur

Für westdeutsche fiktionale Literatur galt wie für die Geschichtsschreibung, dass sie kaum konkrete Ereignisse aufgriff und Leningrad in ihr „ein abstrakter Ort des Kriegsgeschehens" (Ganzenmüller 2011, S. 10) blieb. Als Beispiele können Gert Ledigs *Die Stalinorgel* (1955) sowie die Landserliteratur dieser Zeit genannt werden, in der die deutschen Soldaten als Opfer gezeichnet wurden. Diskursbestimmend waren auch die Erinnerungen von Wehrmachtsoffizieren, beispielsweise die Memoiren General Erich von Mansteins (1955) und Walter Chales de Beaulieu (1961), Stabschef in der Panzergruppe 4, 1941 vor Leningrad stationiert (vgl. Ganzenmüller 2011, S. 11). Wenig überraschend rechtfertigten sie das Vorgehen und schrieben die Blockade den widrigen Umständen, die aus Hitlers Strategiefehlern resultierten, zu. In den folgenden Jahrzehnten entstanden wissenschaftliche und dokumentarische Texte. Tagebücher von Leningradern wurden übersetzt. Umfangreiche fiktionale Texte entstanden nicht.

Auffällig ist eine Häufung englischsprachiger fiktionaler Literatur über die Blockade in den vergangenen Jahren, die alle ins Deutsche übersetzt wurden. Den Auftakt machte die US-amerikanische, aus Leningrad stammende Autorin Paullina Simons im Jahr 2000 mit dem Melodram *The Bronze Horseman* (auf Deutsch 2003 als *Die Liebenden von Leningrad* erschienen), dem ersten Band einer Trilogie über das Leningrader Mädchen Tatiana, das sich in Alexander, den Verlobten ihrer Schwester Dascha, verliebt. Während der Blockade versorgt er die Schwestern, so gut er kann, mit Lebensmitteln und veranlasst beider Evakuierung. Dascha stirbt. Alexander sucht und findet Tatiana in einem Dorf bei Verwandten. Sie heiraten. Als Alexander an die Front zurückgeht, stiehlt sich Tatiana ins immer noch belagerte Leningrad, um ihm nah zu sein. Auf abenteuerlichen Wegen gelingt ihr erneut die Flucht, diesmal mit Alexanders Kind im Bauch, das sie als blinde Passagierin auf einem Schiff in die USA zur Welt bringt. Die weiteren Teile spielen in den USA.

Die britische Autorin Helen Dunmore hat mehrere Romane mit Russlandbezug veröffentlicht. 2001 erschien *The Siege* (dt. *Die tausend Tage der Anna Michailowna*, 2003). Dunmore erzählt die Geschichte der Krankenschwester Anna Levin und konzentriert sich auf die Psyche einer jungen Frau, auf ihre Gefühls- und Gedankenwelt, in der sich im Blockadewinder 1941/42 alles um den Hunger dreht. David Benioff (USA) hat sich vor allem als Drehbuchautor der Fernsehserie *Game of Thrones* einen Namen gemacht. Vor diesem Durchbruch hat er 2008 den Jugendroman *City of Thieves* (dt. *Stadt der Diebe*, 2009) über den Jungen Lew geschrieben, der eine schier unmögliche Aufgabe erfüllen soll. Im belagerten Leningrad muss er im Frühjahr 1942 zwölf Eier besorgen, damit für die Tochter des Stadtkommandanten eine Hochzeitstorte gebacken werden kann. Die Suche gerät zur Abenteuerreise mit schrecklichen, absurden, aber auch komischen Situationen und Szenen.

Die Neuseeländerin Sarah Quigley schließlich greift in *The Conductor* (2011; in deutscher Übersetzung 2012 unter dem Titel *Der Dirigent* erschienen) die Geschichte um Schostakowitschs Siebte, die Leningrader Symphonie auf. Quigley beleuchtet die bekannte Geschichte aus der Perspektive Eliasbergs und zeigt ihn als den ewig Zweiten, der Schostakowitsch immer verehrt, von ihm aber nie ernst genommen wird. Die Leningrader Symphonie wird zum Höhepunkt seiner Tätigkeit, aber auch zu seinem Verhängnis, da er nach der Blockade wieder in die zweite Reihe zurückgedrängt wird. Sarah Quigley lebt seit dem Jahr 2000 in Berlin. Gerade die dortige Atmosphäre brachte sie dazu, sich mit dem Zweiten Weltkrieg auseinanderzusetzen, wie sie in einem Interview sagt: „When I first moved to Berlin, I noticed so many traces of the war that hadn't been erased by time. In East Berlin, there are still bullet holes in buildings and bunkers in the city streets. This made the war seem very much closer than it might otherwise have been." (Quigley / Sell 2011)

Ein deutschsprachiger Roman zur Leningrader Blockade fehlt (noch). Aus Leningrad / St. Petersburg stammende Autorinnen und Autoren haben sich auf andere Weise als Paullina Simons mit der Geschichte befasst: Lena Gorelik hat *Lenas Tagebuch* ins Deutsche übersetzt. Olga Martynova ist in Leningrad aufgewachsen und lebt seit den 1990ern in Berlin. Sie schreibt Lyrik auf Russisch und Prosa auf Deutsch. In ihrem Roman *Der Engelherd* (2016) beschäftigt sie sich ebenfalls mit nationalsozialistischen Verbrechen, aber nicht mit der Blockade, sondern mit Euthanasie. Die genannten englischsprachigen Texte sind alle in deutscher Übersetzung zugänglich. Die Blockade begegnet zudem wie zufällig in übersetzter Unterhaltungsliteratur wie beispielsweise im Kriminalroman *Rotkehlchen* (2000, dt. Übersetzung 2004) des norwegischen Schriftstellers Jo Nesbø, in dem es um norwegische Leningrad-Veteranen geht, die sich nach dem Krieg von ihrem Land zu Unrecht ausgegrenzt fühlen. Einer von ihnen nimmt Jahrzehnte später blutige Rache.

Schlusswort und Ausblick

„Zu unterschiedlich sind die Positionen bei den Parteien des Dialogs", konstatierten Antje Leetz und Barbara Wenner noch 1992 in ihrem Vorwort zum Band „Blockade Leningrad 1941–1944 mit Dokumenten und Essays deutscher und russischer Autorinnen und Autoren" zur Auseinandersetzung mit der Blockade in Deutschland und Russland. Diese Situation hat sich in den vergangenen Jahrzehnten geändert. Das Verbrecherische der Leningrader Blockade wird von deutscher Seite anerkannt und bereut. Die Opfer werden in Deutschland wie in Russland betrauert.

Zunehmend sichtbar werden jedoch die Unterschiede bezüglich der Heldenverehrung und der Glorifizierung des Kampfes. Von der russischen „Distanzierung von heroisierenden Verzeichnungen und offenkundigen Fälschungen" (Leetz, Wenner 1992, S. 13–14) in den 1990er Jahren ist nichts mehr zu spüren, die Gegenbewegung ist in vollem Gange. Bei allem Pathos der Inszenierungen und der Gefahr der Instrumentalisierung des Blockadegedenkens wird wohl immer noch das Vorgehen von Adamowitsch und Granin am ehesten der Situation gerecht, sich unmittelbar den Dokumenten der Blockademenschen auszusetzen. Das bekannteste und wirkungsvollste ist Tanja Sawitschewas Tagebuch (vgl. Ganzenmüller 2007, 188). Es wurde mit dem Mädchen in einer Wohnung gefunden, sie war dort allein. Tanja wurde evakuiert, starb aber mit 14 Jahren 1944 im Oblast Nischnij Nowgorod an den Folgen der Blockadestrapazen. Ihren wenigen, lakonischen Sätzen, auf die Seiten eines Notizbuchs geschrieben, ist nichts hinzuzufügen:

28. Dezember 1941. Schenja ist um 12 Uhr morgens gestorben.
Großmutter ist am 25. Januar 1942 um drei Uhr nachmittags gestorben.
Ljoka ist am 17. März um fünf Uhr morgens gestorben.
Djadja Wasja ist am 13. April um zwei Uhr nachts gestorben.
Djadja Ljoscha ist am 10. Mai um vier Uhr nachmittags gestorben.
Mama am 13. Mai 1942 um 7.30 Uhr morgens.
Die Sawitschews sind gestorben.
Alle sind gestorben.
Nur Tanja ist allein geblieben. *(Übersetzung: YP)*[7]

Literatur

Admovitsch, Granin: Das Blockadebuch. Übersetzung: Mit einem Vorwort von Ingo Schulze. Berlin 2018.

Barskova, Polina; Nikolozi, Rikardo (Hg.): Blokadnye narrativy. Sbornik statej. Moskva 2017.

Bernev, Stanislav; Černov, Sergej: Blokadnye dnevniki i dokumenty. Sankt-Peterburg: Evropejskij Dom, 2004/2007.

Forschungs- und Dokumentationszentrum für Kriegsverbrecherprozesse: Prof. Safferling: Völkerstrafrecht 70 Jahre nach Leningrader Blockade. 03.02.2014. https://www.uni-marburg.de/icwc/aktuelles/news/safferling-vortrag-nuernberg-schwurgerichtssaal-600-leningrader-blockade-hunger-als-methode-der-kriegsfuehrung-voelkerstrafrecht(letzter Zugriff: 05.03.2019).

---

7 Originaltext siehe z.B. auf der Seite des Museums der Geschichte St. Petersburgs https://www.spbmuseum.ru/funds/538/49338/.

Ganzenmüller, Jörg: Nebenkriegsschauplatz der Erinnerung. Die Leningrad-Blockade im deutschen Gedächtnis. In: Die Leningrader Blockade. Der Krieg, die Stadt und der Tod. Osteuropa, 61 / 8–9, August – September 2011, S. 7–21.

Ganzenmüller, Jörg: Doroga schisni: Leningrads Lebensader im Zweiten Weltkrieg. In: Schlögel, Karl; Benjamin, Frithjof; Ackeret, Markus (Hg.): Sankt Petersburg. Schauplätze einer Stadtgeschichte. Frankfurt am Main 2007, S. 175–189.

Ganzenmüller, Jörg: Das belagerte Leningrad 1941–1944. Die Stadt in den Strategien von Angreifern und Verteidigern. Paderborn 2005.

Ginsburg, Lidia: Aufzeichnungen eines Blockademenschen. Aus dem Russ. von Christiane Körner. Mit einem Nachw. von Karl Schlögel. Berlin 2014.

Gladkich, Dar'ja: Proekt Muzeja blokady „Studii 44" stal lučšim na Vsemirnom festivale architektury. 02.12.2018. http://www.sobaka.ru/city/city/82663 (letzter Zugriff: 05.03.2019).

Kirschenbaum, Lisa: The Legacy of the Siege of Leningrad, 1941–1995: Myth, Memories, and Monuments. New York 2006.

Kislicin, N. G. Leningrad ne sdaetsja. Moskva 1995.

Leetz, Antje; Wenner, Barbara (Hg.): Blockade. Leningrad 1941–1944. Dokumente und Essays von Russen und Deutschen. Reinbek bei Hamburg 1992.

Magaeva, S. V.; Simonenko, V. B.: Statistika žertv Leningradskoj blokady. Sankt-Peterburgskij universitet, No.8/2009.

Muchina, Lena: Lenas Tagebuch. Leningrad 1941–1942. Aus dem Russischen übersetzt und mit Vor- und Nachwort sowie Anmerkungen von Lena Gorelik und Gero Fedtke. München 2013.

Müller, Herta: Atemschaukel. München 2009.

Muzej istorii Peterburga: Dnevnik Tani Savičevoj. https://www.spbmuseum.ru/funds/538/49338/ (letzter Zugriff: 05.03.2019).

Peterburg Centr: Ėkskursija po mestam romana „Prestuplenie i nakazanie". http://peterburg.center/ln/ekskursiya-po-mestam-romana-prestuplenie-i-nakazanie.html (letzter Zugriff: 05.03.2019).

Piskarevskoje memorial'noe kladbišče. Internetseite der Gedenkstätte. http://pmemorial.ru/ letzter Zugriff: 05.03.2019).

Ponomareva, Alja: Dopustima li komedija o blokade? Spory o fil'me „Prazdnik". 15.10.2018. https://www.svoboda.org/a/29544326.html (letzter Zugriff: 05.03.2019).

Quigley, Sarah; Sell, Bronwyn: Fiction Addiction: Sarah Quigley Q&A. 20.06.2011.https://www.nzherald.co.nz/entertainment/news/article.cfm?c_id=1501119&objectid=10733323 (letzter Zugriff: 05.03.2019).

Reid, Anna: Blokada. Die Belagerung von Leningrad 1941–1944. Aus d. Engl. v. Bernd Rullkötter. Berlin 2011.

Schmid, Ulrich: „Sie teilten fluchend und starben teilend". Das Pathos der Wahrheit in der russischen Blockadeliteratur. In: Die Leningrader Blockade. Der Krieg, die Stadt und der Tod. Osteuropa, 61 / 8–9, August – September 2011, S. 265–280.

Simmons, Cynthia; Perlina, Nina: Writing the Siege of Leningrad. Women's diaries, Memories, and Documentary Prose. Pittsburgh 2005.

Sokolov, Michail: Blokada od „Doždja". 27.01.2014. https://www.svoboda.org/a/25243821.html (letzter Zugriff: 05.03.2019).

Tippner, Anja: Die Blockade durchbrechen. Hunger, Trauma und Gedächtnis bei Lidija Ginzburg. In: Die Leningrader Blockade. Der Krieg, die Stadt und der Tod. Osteuropa, 61 / 8–9, August – September 2011, S. 281–296.

Christoph Bauer

Persönlichkeitstypen in Dostojewskijs Roman *Der Idiot*[1]

Bei Dostojewskijs zweitem großen Roman handelt es sich um ein Beziehungsdrama. In seinem Zentrum stehen die Titelfigur Fürst Lew Nikolajewitsch Myschkin, der Idiot, der Kaufmannssohn Parfjon Semjonowitsch Rogoschin und die mit den beiden in enger Beziehung stehende Nastassja Filippowna Baraschkowa. Zu diesen Dreien tritt als zweite Frauenfigur die jüngste Generalstochter Aglaja Iwanowna Jepantschina hinzu. Dieses Figurenquartett[2] bildet den Motor der Handlung. Von Dostojewskijs „fünf Elefanten"[3] ist der Inhalt dieses Romans der am stärksten von Gewalt und Leidenschaft getriebene. Der Umstand, dass im Gegensatz zum Vorgängerroman *Verbrechen und Strafe* kein Mörder, sondern ein „schöner Mensch" die Hauptrolle spielt, vermag den unheilvollen Ausgang der Geschichte nicht zu verhindern. Gesellschaftspolitische Ideen treten demgegenüber eher in den Hintergrund.

Der Handlungsverlauf wird bestimmt durch die besonderen Charaktere des Quartetts und deren Einfluss aufeinander. In seinem streng auf ein Endereignis hin angelegten Geschehen erinnert der Roman stark an eine klassische Tragödie. Es lohnt sich daher, diese Charaktere und ihre handlungsbestimmenden Charaktereigenschaften näher zu betrachten.

Neben Myschkin wird in der Sekundärliteratur Nastassja Filippown die bei weitem größte Beachtung zuteil, obwohl sie im Roman deutlich weniger

---

1 An dieser Stelle möchte ich Herrn Professor Andreas Guski dafür danken, dass er sich für das Erscheinen dieses Textes im *Jahrbuch der Deutschen Dostojewskij-Gesellschaft* eingesetzt und meine Ausführungen einer kritischen Begutachtung unterzogen hat.
2 Verschiedentlich wird Aglaja nicht dem Kernteam zugeordnet und der Fokus auf die ‚Troika' Myschkin, Nastassja, Rogoschin gelegt. So in Gerigk, H.-J.: Dostojewskijs Entwicklung als Schriftsteller. Vom ‚Totenhaus' zu den ‚Brüdern Karamasow'. Frankfurt a. M. 2013, aber auch in Guski, A.: Dostojewskij – eine Biographie. München 2018, S. 278: „Im Grunde kreist die Handlung um drei Figuren." Dies erstaunt, da Aglaja (447mal) nicht nur gleich häufig genannt wird wie Nastassja (445mal), sondern sie auch für die Dynamik des Geschehens von zentraler Wichtigkeit ist, was in Abschnitt 4 näher ausgeführt wird.
3 So bezeichnet die Übersetzerin Swetlana Geier Dostojewskijs fünf große Romane: *Verbrechen und Strafe*, *Der Idiot*, *Ein grüner Junge*, *Die Dämonen* und *Die Brüder Karamsow*.

Auftritte hat als ihre Gegenspielerin Aglaja und sich ihre Charakterisierung stärker der Fremdwahrnehmung verdankt als den eigenen Äußerungen und den direkt geschilderten Handlungsweisen. Der Grund hierfür liegt wohl in ihrem rätselhaften, exzentrischen und zwanghaften Verhalten, welches sie schließlich als Opfer enden lässt.

C. G. Jungs „Psychologische Typen" scheinen für die Erhellung der genannten vier Persönlichkeiten wie geschaffen. Insbesondere erlaubt die dieser Typologie zu Grunde liegende Theorie, die typenbestimmenden Merkmale anhand des geschilderten Verhaltens zu erfassen und auch die Frage der Krankhaftigkeit als eine Folge der Ausprägung von Einstellung (Intra-/Extraversion) und Funktionsmerkmalen zu begreifen.[4]

1. Die Kernhandlung rund um Nastassja Filippowna

<u>Teil I</u>: Ort der Handlung ist St. Petersburg. Parfjon Semjonowitsch Rogoschin ist hingerissen von Nastassja Filippownas Schönheit. Mehr aus Berechnung als aus Liebe ist Ganja Ardaljonowitsch Iwolgin seinerseits an Nastassja interessiert. Beide Männer halten um ihre Hand an, der eine aus Leidenschaft, der andere aus Opportunismus. Myschkin, allein schon vom Anblick ihres Portraits fasziniert, steigt als dritter Bewerber ins Rennen ein. Auf Nastassjas Geburtstagsparty erklärt er ihr seine Liebe, auch um sie aus den Klauen der ihm nicht redlich erscheinenden Konkurrenten zu retten. Nastassja ist menschlich berührt, entscheidet sich aber gleichwohl für den ungeschlachten Rogoschin, nicht ohne Ganja Iwolgin zuvor eine drastische und endgültige Absage erteilt zu haben.

<u>Teil II</u>: Der Leser erfährt, dass sich Fürst Myschkin in seiner Erbschaftsangelegenheit nach Moskau begeben musste, wo er sich sechs Monate aufhielt. Die weiteren Begebenheiten dieser Periode werden hauptsächlich in einem Gespräch der inzwischen nach Petersburg zurückgekehrten beiden Männer präsentiert. Demzufolge hatten die gleichzeitig mit Myschkin in Moskau weilenden Nastassja Filippowna und Rogoschin vor, dort zu heiraten. Kurz vor der Hochzeit aber floh Nastassja zu Myschkin, den sie jedoch schon nach einem Monat wieder verlassen hat. Anlässlich einer der geplanten Heirat vorausgehenden dramatischen

---

4   Jutta Riesters gleichgelagerter Versuch in ihrem Buch: Die Menschen Dostojewskijs – tiefenpsychologische und anthropologische Aspekte. Göttingen 2012, hat mich motiviert, meine auf 2009 zurückgehenden Gedanken weiter auszuführen. Jutta Riester beschränkt sich bei ihrer Analyse von *Der Idiot* hauptsächlich auf die Persönlichkeit Nastassja Filippownas. Der Bezug auf René Girard (s. Abschnitt 4) fehlt hingegen gänzlich.

Szene zwischen Rogoschin und Nastassja Filipowna hat diese schließlich „im Bösen", wie Rogoschin sagt[5], in die Ehe mit ihm eingewilligt und auf Myschkin, dem ihre Liebe *mutatis mutandis* im Guten gilt, verzichtet, um diesen nicht zu entehren. In der Moskauer Ferne erwachen Myschkins Gefühle für Aglaja, ein Vorgang ähnlich dem früheren Erwachen seiner Heimatliebe im Schweizer Exil. Sein an Aglaja gerichteter Brief kommt einer Liebeserklärung gleich und weckt bei der Empfängerin ähnliche Gefühle.

Teil III: Während des Sommeraufenthalts der Protagonisten in Petersburgs Villenvorort Pawlowsk erfährt der Leser aus Briefen Nastassja Filippownas an Aglaja, dass jene aus Liebe zu Myschkin und Aglaja deren Heirat herbeiführen möchte. Diese Vermählung soll gleichzeitig mit derjenigen zwischen ihr und Rogoschin stattfinden. Mit diesem Szenario einer Doppelhochzeit glaubt sie, insbesondere den von ihr geliebten Myschkin einem glücklicheren Schicksal zuzuführen, sich selbst jedoch einem fatalen Ende auszuliefern.

Teil IV: Bevor sie sich zur Heirat entschließt, möchte sich Aglaja in einer Gegenüberstellung mit Nastassja Filipowna und Myschkin vergewissern, dass zwischen den beiden kein Liebesverhältnis mehr besteht. Es kommt zu einem Streit der Rivalinnen, bei dem Nastassja ihr Begehren unversehens wieder auf Myschkin richtet und erklärt, nun wieder diesen ehelichen zu wollen. Aglaja bricht daraufhin ihre Beziehung zu Myschkin endgültig ab. Kurz vor der Hochzeit von Myschkin und Nastassja flüchtet diese aber wieder zu Rogoschin, eine Wiederholung der Moskauer Episode, diesmal in umgekehrter Richtung. Mit der Endgültigkeit einer Zweierbeziehung konfrontiert und den unkontrollierten Affekten Rogoschins ausgesetzt, beginnen die destruktiven Kräfte in diesem nun exklusiven Verhältnis zerstörerisch zu wirken. Am Ende schneidet Rogoschin seiner Geliebten zwar nicht die Kehle durch, wie Myschkin befürchtete[6], sondern er ersticht sie. Der Täter gesteht und wird abgeführt. Myschkin verliert den Verstand.

---

5   Dostojewskij, F.: Der Idiot. In der Neuübersetzung von Swetlana Geier. Frankfurt a. M. 2012, S. 313.
6   a.a.O. S. 308f.

2. Typenschilderung nach C. G. Jung

2.1. Die extravertierten Typen

Im Folgenden werden zunächst C. G. Jungs Persönlichkeitstypen vorgestellt und diese anschließend mit den charakterisierten Romanfiguren verglichen. Die Unterscheidung zwischen Extra- und Intraversion bildet das Hauptkriterium in Jungs Typenkonzept. Die *Extraversion* bedeutet eine starke Orientierung auf Mensch und Außenwelt. Entsprechend ist sie nicht primär geprägt von gedanklichen Konzepten, vielmehr ist sie offen gegenüber den Ideen anderer. Ihre Gefahr besteht darin, dass sie sich von den Objekten aufsaugen lässt. Erschöpfung und körperlicher Zusammenbruch können die Folge sein. Die Hysterie[7] ist die häufigste Neurose dieses Typus. Ein Grundzug des hysterischen Wesens[8] besteht in der beständigen Tendenz, sich interessant zu machen und das soziale Umfeld zu beeindrucken.

A) Der *extravertierte Intuitionstyp* – nach C. G. Jung bei Frauen häufiger anzutreffen als bei Männern – zeichnet sich durch eine nicht zu verkennende Psychologie aus. Er unterscheidet zwischen einer „gutgearteten, d.h. nicht zu selbstisch"[9] und einer egoistischen Erscheinungsform. Der Typus lebt dort auf, wo sich neue, erfolgversprechende Lebensperspektiven eröffnen. Stabile Verhältnisse dagegen drohen ihn zu ersticken, worauf er meist mit Ausbruchsversuchen reagiert. Bei Frauen, so Jung, beobachtet man im ersten Fall ein besonderes Talent für das Aufspüren von erfolgversprechenden Männern und für das Knüpfen von interessanten sozialen Verbindungen.

Der *egoistische Typus*: man könnte ihn analog zum „gutgearteten" Typus in dem Sinne bösgeartet nennen, dass er sich zerstörerisch gegen sich selbst und die Umwelt richtet. Der egoistische Typus erfasst neue Objekte und Wege mit

---

7 Der von der psychoanalytischen Schule verwendete Begriff der „Hysterie" wurde 1980 im DSM III (Diagnostical and Statistical Manual of Mental Disorders) durch den Begriff der „histrionischen Persönlichkeitsstörung" ersetzt. Das im vorliegenden Text verwendete Wort „Hysterie" bezieht sich auf den von C. G. Jung verwendeten Begriff, welcher auch in der deutschen Übersetzung des *Idiot* verwendet wird.

8 Der Begriff „hysterisch" tritt im Roman 26mal auf. Rund die Hälfte der Nennungen entfällt zu etwa gleichen Teilen auf die Frauenfiguren Nastassja, Lisaweta Prokofiewna und Aglaja. Bei den Männern ist es einzig Ippolit, der mehrmals mit diesem Wort charakterisiert wird, wobei dieses Symptom dem Endstadium seiner Krankheit (Schwindsucht) zugeschrieben wird.

9 Jung, C. G.: Psychologische Typen. Zürich 1930, S. 530.

großer Intensität, lässt sie aber kaltblütig fallen, wo sie keine Entwicklung mehr versprechen. Seine Sorge um das Wohlergehen der Fallengelassenen ist gering. Nicht überraschend daher, dass er seiner Umgebung als rücksichtslos erscheint. Denken und Fühlen sind relativ verdrängt. Sie können sich aber derart manifestieren, dass die intuitive Frau einen unpassenden Mann wählt, mit dem sie sich in eine archaische Zwangsbindung begibt, aber weiterhin ihre Ungebundenheit beansprucht, bzw. wenn ihr das verwehrt bleibt, dem Verderben zusteuert.

In seiner *gutgearteten Form* ist der extravertierte intuitive Typus in Unternehmen mit interessanten, jedoch unsicheren Geschäftsaussichten anzutreffen. Heute würde man ihn bei *Start-up* Firmen oder bei der Förderung von Tätigkeiten zur Lösung von in der Gegenwart unterschätzten Umweltproblemen erwarten. Stärker auf Menschen als auf Sachen eingestellt, vermag er den Wesenskern Anderer zu erspüren und seinen Mitmenschen Mut zu machen oder in ihnen Begeisterung auszulösen. Er füllt seine Ansichten mit Wärme.

Jung hebt hervor, dass die verbleibenden Funktionen – Denken, Fühlen und Empfinden – umso destruktiveren bzw. infantileren Charakter annehmen, je mehr sie unterdrückt werden. Sie können in Form von extremem Infantilismus oder brutalem Egoismus auftreten. Jung betont weiter, dass es manchmal besonderer Sorgfalt bedürfe, die manifest werdenden minderwertigen Funktionen von der Übertreibung der vorherrschenden Funktion abzugrenzen.

A1) Nastassja Filippowna

Bei ihr handelt es sich um die am detailliertesten, biographisch am breitesten entfaltete Personendarstellung des Romans. In diesem Zusammenhang ist auf das traumatische Kindheitserlebnis, den Verlust von Heim und Mutter durch eine Feuersbrunst, hinzuweisen. Kurz darauf verlor Nastassja auch den Vater und ihr einziges Geschwister, die jüngere Schwester. Ihre Adoleszenz war überschattet von sozialer Isolation in ländlicher Abgeschiedenheit und der Nähe ihres übergriffigen Gönners Afanassij Iwanowitsch Tozkij, der mit Beginn ihrer Pubertät bei seinen sporadischen Besuchen auf dem Landgut seine anfängliche Vaterrolle immer mehr mit der eines sexuellen Ausbeuters vertauschte.

Als Nastassja erfährt, dass ihr Gönner in Petersburg eine andere Person zu heiraten beabsichtigt, regen sich in ihr Eifersuchts- und Rachegefühle und sie zieht, inzwischen zwanzigjährig, nach Petersburg, wo sich eine Hass-Liebe herausbildet, bei welcher zuletzt der Hass überhandnimmt. Durch die Bekanntschaft mit Rogoschin gelingt es ihr zwar, sich der Verbindung mit Tozkij zu entwinden, doch erzeugt auch das neue Verhältnis in ihr widersprüchliche Gefühle, die in eine Wechselfolge von Anziehung und Abstoßung münden. Die

Möglichkeit, in Gelegenheitsbeziehungen zu flüchten, verschafft Nastassja den notwendigen Ausgleich, um die Primärbeziehung auszuhalten. Die Flüchtigkeit dieser Beziehungen verhindert das Aufkommen des Gefühls eines Autonomieverlustes im Gegensatz zur Ausweglosigkeit einer exklusiven Primärbeziehung. Als es schließlich infolge des Scheiterns ihrer Idee einer Doppelhochzeit Myschkin: Aglaja / Rogoschin: Nastassja gleichwohl zu einer solchen Exklusivbeziehung kommt, werden die selbstvernichtenden Kräfte in beiden Partnern aktiviert. Nastassja zahlt es dem Räuber ihrer Autonomie mit Hass und Verachtung heim, während dieser sie die erlittenen Kränkungen aus Eifersucht mit dem Tode büßen lässt. Somit ist es bezeichnenderweise die für Nastassja charakteristische Intuition, welche das dramatische Ende der schicksalhaften Verstrickungen initiiert, indem sie einerseits eine zukunftsträchtig erscheinende Verbindung vermitteln möchte, andererseits aber ihr Schicksal dadurch einer geahnten definitiven, wenn auch fatalen Bestimmung zuführt.

Setzt man Jungs Beschreibung des bösgearteten extravertierten Intuitionstypus daneben, so könnte man auf den Gedanken kommen, Nastassja Filippowna habe dem Zürcher Psychiater Modell gestanden. Die Vermutung drängt sich umso stärker auf, als Jung in seinen Schriften Dostojewskij verschweigt, obwohl man weiß, dass ihm durch seine Patienten die russische Kultursphäre durchaus vertraut gewesen sein muss.

A2) Fürst Lew Nikolajewitsch Myschkin

Insgesamt erscheint der Titelheld als sanftes, vorwiegend reaktives Wesen von reduzierter Vitalität.[10] Zudem fehlt ihm das, was man als „common sense" bezeichnen würde. Nach seiner Selbsteinschätzung ist sein Wesen stark von seiner angeborenen Krankheit, der Epilepsie, geprägt. Sie macht er auch dafür verantwortlich, dass sein Denk- und Sprachvermögen in frühen Jahren so stark beeinträchtigt wurde, dass ihm der Übername ‚Idiot' verliehen wurde. Dieser Begriff, mit dem er zuweilen auch in der Romanhandlung bezeichnet wird, darf aber nicht im Sinne von Schwachsinn verstanden werden, da Myschkin durchaus rationaler Gedankengänge fähig ist.[11] Im frühen Kindesalter hat Myschkin seine Eltern verloren und wurde dann – dem Schicksal Nastassja Filippowanas

---

10 Swetlana Geier bezeichnet ihn als „Jungfrau ohne Unterleib"; Swetlana Geier – Leben ist Übersetzen. Zürich 2008, S. 140.
11 Myschkin bezeichnet seine eigene Fähigkeit, das einstmals Idiotische an sich zu erkennen, eine Form einer retrospektiven Krankheitseinsicht, als Beweis für seine Denkfähigkeit. Dostojewskij, F.: Der Idiot, a.a.O. S. 110.

nicht unähnlich – auf dem Land von Person zu Person geschoben. Hinter der retardierten Sprachentwicklung könnte sich somit ebenso eine Entwicklungsstörung infolge eines traumatischem Hintergrunds verbergen. Klar scheint, dass sich Fürst Myschkin bei emotionaler Beanspruchung schnell erschöpft und diese Belastung Ursache für einen Anfall sein kann.

In seinem Auftreten zeigt sich Myschkin sehr vertrauensselig, ja naiv, er erzählt Geschichten, von denen er sich ein Interesse seiner Zuhörer verspricht, die jedoch von diesen als uninteressant (Geschichte von einem Esel, in den er sich auf dem Basler Marktplatz „verliebt" hat) oder deplatziert (Exkurs über die Christusfeindlichkeit des Katholizismus) empfunden werden. Vor allem aber ist er an Menschen interessiert und offenbart ein unglaubliches Gespür dafür, den Wesenskern seiner Gesprächspartner zu erfassen. Er versucht sie durch positive Urteile in ihrem Selbstvertrauen zu bestärken oder durch Empfehlungen und warnende Hinweise künftiges Unheil von ihnen abzuwenden. Seine Bereitschaft, alles zu verstehen und alles zu verzeihen – man könnte sie als aufdringliche Empathie bezeichnen[12] –, kommt allerdings nicht überall gut an, insbesondere dort nicht, wo das Verziehene vom Täter selbst als unverzeihlich empfunden wird, d.h. wo der Betreffende seine eigene inferiore Seite selbst als verabscheuungswürdig empfindet.[13] Im Allgemeinen entwickelt sich jedoch ein positives Verhältnis zwischen ihm und seinen Kontaktpersonen, welches aber nicht unbedingt in eine verbindliche Kontaktpflege mündet. (So stößt es bei der Generalsfamilie Jepantschin auf Befremden, dass Myschkin nach der äußerst freundlichen Aufnahme durch die Jepantschins in Petersburg sich während seines Moskauaufenthalts sechs Monate lang nicht mehr meldet.) Zurückweisungen von Gesprächspartnern nimmt er ohne ein Gefühl der Kränkung erstaunlich gelassen hin, und wenn ihn ein Verhalten dennoch einmal kränkt, ist er für manche nur allzu schnell bereit, dem Verursacher der Kränkung wieder zu verzeihen.

Jewgenij Pawlowitsch Radomskij, auch er zeitweilig interessiert an Aglaja, registriert beim Fürsten die folgenden Eigenschaften: Unerfahrenheit, Treuherzigkeit, Mangel jeglichen Gefühls für Maß, (bzw. für Angemessenheit möchte

---

12 Gemäß Dostojewskijs Tagebucheintrag vom 18. Oktober 1867 bestand der Plan, den Idioten als einen göttlichen Jago zu formen. Indes blieb von Jagos Eigenschaften in der Romanversion nichts mehr übrig außer dieser aufdringlichen Empathie, welcher die Funktion eines Katalysators der Handlung zukommt. Siehe Feuer Miller, R.: Dostoevsky and The Idiot. Cambridge, Mass. 1981, S. 68.
13 Solche ablehnenden Reaktionen sind festzustellen bei Ippolit Terentjew, Ganja Iwolgin und Parfjon Rogoschin.

man hinzufügen), viele starke abstrakte Überzeugungen, die er in seiner „außergewöhnlichen Ehrlichkeit" für wahr halte.[14]

Während die „abstrakten Ideen"[15], der letzte Punkt in Radomskijs Liste, auf einen intravertierten Typus hinweisen könnten, auf den man in Dostojewskijs Romanen häufig stößt (z.b. Raskolnikow und Arkadij Dolgorukij, der „grüne Junge"), wird aus Myschkins interaktivem Verhalten gleichwohl recht klar, dass es sich bei ihm um eine Form des gutartigen extravertierten Intuitionstypus handelt und er in diesem Sinne die positive Variante der weiblichen Hauptfigur darstellt. Die Seelenverwandtschaft der beiden liegt somit in der Intuition, die sie in ihm den „ersten"[16] Menschen und ihn in ihr das Vertraute erkennen lässt.[17]

B) Das Empfinden des nach Jung häufiger bei Männern anzutreffenden *extravertierten Empfindungstyps* ist auf das Objekt gerichtet. Wo es als dominante Funktion auftritt, ist es stark sinnlich auf dieses Objekt fixiert. Jung schreibt wörtlich: „Das Empfinden ist daher eine vitale Funktion, die mit dem stärksten Lebenstrieb ausgerüstet wird."[18] Je dominanter diese Ausprägung, desto mehr tendiert er zum rohen Genussmenschen. Das Objekt wird nur noch als Auslöser für Empfindungen betrachtet. Die Intuition als die am stärksten verdrängte Funktion manifestiert sich in Form von Projektionen in das Objekt, z.B. in Form von Eifersuchtsfantasien. Die Inhalte der Fantasien haben bemerkenswerten, zum Teil religiös gefärbten Irrealitätscharakter. Es findet sich u.a. primitive, abergläubische und magische „Religiosität", die auf abstruse Riten zurückgreift. Das rationale Urteil gilt ihm nichts. Entsprechend erweist er sich als resistent gegenüber Überzeugungsversuchen, sozusagen als unbelehrbar.

B1) *Parfjon Semjonowitsch Rogoschin*

Rogoschins sinnliche Orientierung kommt bereits in der Anfangsszene des Romans zum Ausdruck. Im Zug nach Petersburg begegnet er erstmals dem Fürsten. Dabei erwähnt er, dass er für das Geld aus dem Verkauf der ihm vom

---

14 Vgl. Dostojewskij, F.: Der Idiot, a.a.O. S. 838.
15 Es mag der hybride Charakter Myschkins sein, der mancherorts als störend empfunden wird. (Gerigk, H.-J.: (2013). Siehe darin den Abschnitt „Das Rätsel Myschkin".) Primär wollte Dostojewskij in Myschkin einen schönen Menschen ohne die komischen Seiten eines Don Quijote zeichnen, ließ dabei aber unberücksichtigt, dass sich eine solche Figur nur schwer mit einem Träger abstrakter Ideen in Einklang bringen lässt.
16 F. Dostojewski: Der Idiot, a.a.O. S. 246.
17 Und dies bereits beim Anblick ihres Portraits; a.a.O. S. 245.
18 Jung, C. G.: Psychologische Typen. S. 520.

Vater anvertrauten Wertpapiere, anstatt es auf ein Konto einzuzahlen, kostbare Ohrringe für Nastassja Filippowna erworben habe. Im weiteren Verlauf der Geschichte kommt es bei ihm immer wieder zu Ausbrüchen rasender Eifersucht. Das Wesen seiner Liebe zu Nastassja ließe sich mit dem französischen Sprichwort „Ce n'est plus de l'amour, c'est de la rage" charakterisieren. Andererseits stellt Nastassja durch ihre an wechselnden Objekten sich belebende Natur geradezu den Idealtypus dar, um Rogoschins dunkle Seiten zu entzünden. Es ist daher nicht verwunderlich, dass diese Beziehung sich zunehmend und mit letztlich fatalem Ausgang zur Gewalt hin entwickelt. Die Unabänderlichkeit von Rogoschins Wesen treibt das Geschehen, einer klassischen Tragödie gleich, diesem Ausgang zu. „Wenn seine Gesten und seine Worte eine gewisse Befangenheit verrieten, so war sie höchstens äußerlich, *in seinem Inneren konnte sich dieser Mann nicht ändern.*"[19]

Die „magische Religiosität"[20], von der Jung schreibt, ist bereits in Rogoschins Moskauer Elternhaus angelegt, in dem er zeitweise wohnt. „Hier haben immer schon Skopzen gewohnt, ..."[21] Das Drama des Romans wird hier gleichsam präfiguriert: Wenn die Genitalien nicht vorsorglich „verschnitten" werden wie bei den Skopzen, so bleibt schließlich zur Elimination des Geschlechtstriebs als radikalste Form nur noch die Triebtat durch Durchschneiden der Kehle, wie Myschkin befürchtet.[22] In diesem Haus hängt auch eine Kopie von Holbeins totem Christus, die die Aufmerksamkeit Myschkins auf sich zieht. Sie löst eine Unterhaltung über den Glauben an Gott aus. Auch bei dem an der Wand hängenden Porträt entdeckt der intuitiv begabte Fürst in den Zügen von Rogoschins Vater einen Hang zum Religiösen und meint, dass, wenn die Liebe nicht über Rogoschin gekommen wäre, sich dieser wie sein Vater in misanthropische Einsamkeit zurückgezogen hätte. Er hätte „die alten Bücher" gelobt und „sich für das Bekreuzigen mit zwei Fingern interessiert, aber auch das erst im Alter."[23] Die Symbolik des Kreuzes schließt diese Begegnung zwischen Myschkin und Rogoschin ab, indem beide die Kreuze, die sie an sich tragen, tauschen. Hierin drückt sich die Verbundenheit beider Männer über die emotionale Nähe zur gleichen Person aus. Myschkin beteuert denn auch, niemals Rogoschins Nebenbuhler

---

19 Dostojewskij, F.: Der Idiot, S. 526.
20 Jung, C. G.: Psychologische Typen, a.a.O. S. 524.
21 Swetlana Geier bezeichnet sie als „Verschnittene, Kastraten, eine religiöse Sekte,[...] die durch Abtötung des Geschlechtstriebes das Seelenheil zu erlangen trachtete und von dem Staat verboten wurde." Dostojewskij, F.: Der Idiot, a.a.O. S. 229.
22 a.a.O. S. 308.
23 a.a.O. S. 309.

gewesen zu sein. Begreift man das Kreuz mehr als Leidenssymbol, so übernimmt Rogoschin mit dem Kreuz auch die Last und das Leid von Myschkins Beziehung zu Nastassja. Aber auch der Fürst hat ein Kreuz zu tragen. Rogoschins Kreuz an seinem Hals bedeutet, dass auch der Titelheld sich der schicksalhaften Verstrickung nicht entwinden kann und ihr zum Opfer fallen wird. Nicht nur scheitert der Versuch des Fürsten, die aus Mitleid geliebte Nastasja Filippowna zu erretten, sondern er selbst verliert am Ende den Verstand, d.h. es widerfährt ihm jenes Schicksal, von dem er zuvor Nastassja bedroht sah.[24] So gesehen versinnbildlicht das Sich-Kreuzen der Kreuze gewissermaßen die Verschränkung der Schicksale beider Männer in ihrer Beziehung zur selben Frau.

2.2 Der intravertierte Typ

Intraversion, der Name besagt es, manifestiert sich nicht nach außen. Sie kann nur über Indizien auf ein inneres Geschehen entschlüsselt werden. Die Intraversion ist durch ein subjektives Auffassen geprägt, durch das die Welt nicht in ihrer Tatsächlichkeit wahrgenommen wird, sondern so, wie sie einem erscheint. Durch die Erhebung der subjektiven Wahrnehmung zur Wahrheit entfremdet sich der Intravertierte dem Objekt. Dem intravertierten Wesen ist eine eigentümliche Angst eigen, vom Objekt überwältigt zu werden. Daher zeigt es eine Scheu, sich vor dem Gegenüber zu entblößen. Es bleibt in dem, was es sagt, immer hinter dem Eigentlichen zurück. Zudem wirkt es abweisend und unausgeglichen. Findet eine Wesensoffenbarung statt, so wird sie nur allzu oft aus Angst vom Objekt überwältigt zu werden, wieder schroff zurückgenommen. Der Intravertierte ist hauptsächlich an seinem Inneren interessiert. Objekte und Phänomene sind für ihn primär insofern von Bedeutung, wie sie seine Ideen im Inneren unterstützen und beflügeln. Dem Extravertierten erscheint der Gegentypus des Intravertierten entweder als eingebildeter Egoist oder als doktrinärer Schwärmer.

C) Der intravertierte Fühltypus, so charakterisiert ihn C. G. Jung, „strebt nach einer inneren Intensität, zu der die Objekte höchstens einen Anreiz beitragen. Die Tiefe des Gefühls lässt sich nur ahnen, aber nicht klar erfassen, da er sich vor der Brutalität des Objekts mimosenhaft zurückzieht, um den tiefen Hintergrund des Subjekts zu erfühlen. Zum Schutze schiebt er negative Gefühlsurteile vor oder eine auffallende Indifferenz."[25]

---

24 a.a.O. S. 245, S. 301.
25 C. G. Jung, a.a.O. S. 55.

C1) Aglaja Jepantschina

Aglaja ist die jüngste der drei wohlsituierten Generalstöchter. Ihre Mutter ist eine entfernte Verwandte des Fürsten Myschkin, weswegen dieser die Familie gleich zu Beginn des Romans nach seiner Rückkehr aus der Schweiz aufgesucht hatte. Nicht nur ist Aglaja die jüngste, sondern auch die schönste und verwöhnteste Tochter, so dass der Familie ein für sie würdiger Freier kaum vorstellbar erscheint.

Aglaja wird nicht aus der Innenperspektive dargestellt, sondern ausschließlich aus der Fremdwahrnehmung.[26] Was in ihrem Inneren vorgeht, bleibt rätselhaft. Das Verschämte dominiert.[27] In einem aufschlussreichen Gespräch der Geschwister Iwolgin zu Beginn des abschließenden vierten Romanteils[28] erklärt Ganjas Schwester Warwara, dass Aglaja in die Hochzeit mit Myschkin nun eingewilligt habe. Als der Bruder zurückfragt: „Hat sie ihm in aller Form das Jawort gegeben?" antwortet die Schwester: „Sie hat nicht nein gesagt – das ist alles; aber mit etwas Anderem konnte man bei ihr unmöglich rechnen." Und sie fügt hinzu: „Als kleines Mädchen versteckte sie sich in einem Schrank und blieb zwei, drei Stunden darin sitzen, nur um nicht vor den Gästen erscheinen zu müssen"[29], was doch sehr stark auf eine intravertierte Haltung schließen lässt. Vermutete echte Gefühle blitzen jeweils nur auf, um kurz darauf in Provokation oder gar Aggression umzuschlagen. Im Laufe der Handlung verdichten sich allerdings die Zeichen einer affektiven Hinwendung zu Myschkin, wobei ihren Gefühlen auch eine Spur Mitleid beigemischt ist, das sie den Gefühlen des Fürsten gegenüber

---

26 Ganz im Gegensatz zu Arkadij Dolgorukij, dem Titelhelden des Romans *Ein grüner Junge*, dem wohl ausgearbeitetsten intravertierten Typus in Dostojewskijs Gesamtwerk. Dass der Leser so viel erfährt über seine inneren Erwägungen, liegt einerseits daran, dass Arkadij selbst der Erzähler des Romans ist, zusätzlich ist er auch ein glänzender Analytiker seiner eigenen inneren Einstellung. So führt er aus, er möge es nicht, „wenn gewisse heikle Stellen meiner Seele mit den Fingern betatscht werden...oder, besser gesagt, wenn gewisse Gefühle zu oft nach außen gekehrt werden und zum Begaffen freigegeben werden, das ist doch peinlich, nicht wahr? Deshalb ziehe ich es vor, ein finsteres Gesicht zu machen und zu schweigen." Dostojewskij, F.: Ein Grüner Junge. Zürich 2006. S. 282f.
27 „genierlich bis zum Geht-nicht-mehr", diese Charakterisierung Dostojewskijs von Raskolnikows Schwester Dunja würde auch auf Aglaja zutreffen. Siehe Dostojewskij, F.: Verbrechen und Strafe. Frankfurt a. M. 2011, S 282.
28 Näheres zu den Geschwistern Iwolgin im nächsten Abschnitt 3. Typenschilderung nach Dostojewski.
29 Der Idiot, a.a.O. S. 678ff.

Nastassja Filippowna annähert. Im zweiten Teil des Romans trägt Aglaja dem genesenden Fürsten eine Ballade vor, in die sie durch den Austausch von Initialen versteckt eine Anspielung auf ihre Gegenspielerin einfließen lässt. Dass dies nicht allein aus Scherz geschah, sondern ein heimliches Zeichen der Zuneigung darstellt, wird am Ende dieses Romanteils von ihrer Mutter, der Generalsgattin, bestätigt. Auslöser für Aglajas Gefühle zu Myschkin dürfte ein Brief des Fürsten gewesen sein, den dieser während seiner halbjährigen, ansonsten nachrichtenlosen Abwesenheit an Aglaja geschrieben hat.

Obwohl die Ambiguität Aglajas gegenüber dem Fürsten bis zum Ende anhält, wird zunehmend klar, dass dieses Verhältnis mehr und mehr den Charakter einer ernstzunehmenden Verbindung annimmt. In der Schlüsselstelle des Romans aus der Beziehungsperspektive, in der es zur Begegnung der beiden Rivalinnen in Anwesenheit der beiden Männer kommt, eskaliert das Geschehen. Unter dem Druck der Auseinandersetzung offenbaren sich die niedrigen Seiten beider Frauen. Die Szene kann nicht besser beschrieben werden, als es Jung in Bezug auf diesen Typus schildert: „Das Bewusstsein beginnt zu fühlen, ‚was die Andern denken'. Natürlich denken die Andern alle möglichen Gemeinheiten, planen Übles, hetzen und intrigieren im Geheimen, usw. Dem muss das Subjekt zuvorkommen, indem es anfängt, präventiv zu intrigieren und zu verdächtigen, auszuhorchen und zu kombinieren."[30]

3. Typenschilderung nach Dostojewskij

Der Idiot

Die Charakterisierung der vier Hauptpersonen des Romans hat eine erstaunliche Übereinstimmung mit Jungs Typologie ergeben. Ja, man kann sie geradezu als beispielhafte Illustrationen derselben verstehen. Nun könnte man vermuten, dass Dostojewskijs Intuition ihn befähigt habe, Figuren nach Bedarf zu erfinden, um sie stimmig in die Erzählung einzufügen. Dass dem nicht nur so gewesen sein muss und dass Dostojewskijs Typenwahl durchaus auf einem Fundament eigener Überlegungen gründete, darüber gibt das erste Kapitel des vierten und letzten Romanteils Auskunft, in welchem auch das Ich des Erzählers die Überlegungen als seine eigenen ausweist.[31] Es ist dasselbe Kapitel, dem

---

30 Jung, C. G.: Psychologische Typen, a.a.O. S. 560.
31 Dass die Ansichten des Ich-Erzählers nicht zwangsläufig denjenigen des Autors zu entsprechen brauchen, erfahren wir aus Feuer Miller, R.: Dostoevsky and the Idiot, a.a.O., daraus Kapitel 1, „The Narrative Imperative". Feuer Miller folgt hier erklärtermaßen

der im vorigen Abschnitt angesprochene Dialog der Geschwister Iwolgin entnommen wurde: „Die Schriftsteller sind meistens bestrebt, in ihren Romanen und Erzählungen sich der Typen einer Gesellschaft zu bedienen und sie mit Kunst anschaulich darzustellen – Typen, die in der Wirklichkeit außerordentlich selten komplett anzutreffen sind, die aber beinahe wirklicher sind als die Wirklichkeit."[32] Er nennt Gogols Podkoljossin aus dessen Komödie *Die Heirat* und George Dandin aus Molières gleichnamiger Komödie als Beispiele. Die derart gezeichneten Personen stellen in gewisser Weise Übertreibungen dar, man könnte sie auch als Karikaturen bezeichnen. Sie verhelfen aber durch eben diese Übertreibung, ihre Züge auch in Menschen des Alltags besser zu erkennen.

Dostojewskij kommt sodann auf das Mittelmaß zu sprechen. Er erklärt es zum Schlimmsten, was einem Menschen widerfahren könne: „In der Tat gibt es nichts Fataleres, als Geld zu haben, aus guter Familie, von angenehmem Äußeren, nicht ungebildet, nicht dumm, ja sogar ein guter Mensch zu sein und zugleich keinerlei Talent, keinerlei Eigenart, keinerlei Marotte, sogar keinerlei eigene Idee zu besitzen und ganz und gar zu sein ‚wie alle'."[33] Die hier aufgezählten Kriterien sind nicht nur Parameter des Mittelmaßes, sondern implizit auch der Außergewöhnlichkeit. Alle Dostojewskij'schen Hauptfiguren zeichnen sich durch die Ausprägung eines oder mehrerer exzeptioneller Merkmale aus.

Nach Jungs Typologie ist man geneigt, die „Helden" Dostojewskijs als von ihren minderwertigen Funktionen geprägte Individuen zu sehen. Dabei darf Minderwertigkeit nicht als Abwertung verstanden werden. Vielmehr bedeutet sie, dass angesichts einer dominanten Funktion – meistens handelt es sich bei Dostojewskij um das ‚Empfinden' bzw. um das ‚Intuieren' – sich die zurückgedrängten Funktionen ‚Denken' und ‚Fühlen' – Jung nennt sie die ‚rationalen' Funktionen – in ungehobelter, man könnte sagen in primitiver Form wie Verdächtigung, Entwertung, Infantilität, religiösem Wahn etc. bemerkbar machen. Vom Protagonistenquartett im *Idiot* würde allein Aglaja, abgesehen von ihrer starken Intraversion, nicht die Kriterien einer auffallenden Persönlichkeit erfüllen. Dass sie gleichwohl bei Dostojewskij darin Platz findet, verdankt sich in

---

Booth, W.C.: The Rhetoric of Fiction. Entsprechend darf eine solche Gleichsetzung nur mit Vorbehalt getroffen werden.
32 Dostojewskij, F.: Der Idiot, a.a.O. S. 667. Diese Aussage zeugt in erster Linie von Dostojewskijs eigener Vorliebe, markante Typen zu Protagonisten seiner Romane zu wählen. Die Weltliteratur kennt dagegen genügend Beispiele, bei denen „Durchschnittstypen" lust- und kunstvoll für den Handlungsverlauf verwertet werden. Als Beispiel sei auf Leopold Bloom in James Joyce's *Ulysses* verwiesen.
33 a.a.O. S. 669.

erster Linie ihrer unbeschreiblichen Schönheit, in zweiter Linie ihrer Herkunft, beides nach seiner Auffassung zu berücksichtigende Kriterien.

Wenden wir uns nun den Nebenfiguren zu, ohne sie hier einzeln allesamt vorzustellen. Dostojewskij hält fest, dass der Schriftsteller, um der Plausibilität seiner Handlung willen, seine Geschichte auch mit ‚Mittelmaß' bevölkern müsse. Er habe sich deshalb zu bemühen, auch an Durchschnittsmenschen Interessantes und Belehrendes zu entdecken und lässt gleich die Frage folgen: Was tun, wenn das eigentliche Wesen mittelmäßiger Personen gerade in der Unabänderlichkeit dieser Mittelmäßigkeit besteht? Und hier beginnt er nun seine eigene Theorie der Mittelmäßigkeit zu entwickeln. In Kürze kann sie folgendermaßen zusammengefasst werden. Grundsätzlich besteht diese unabänderliche Mittelmäßigkeit in der Selbstüberschätzung, deren Schicksal es wiederum ist, dass die Betroffenen ungeachtet aller Anstrengungen wieder auf ihr eigentliches Wesen, eben ihrer Mittelmäßigkeit zurückfallen. Hier unterscheidet Dostojewskij zwei Unterkategorien, nämlich die „Beschränkten" und die „viel Klügeren". Die ersteren bezeichnet er als die Glücklicheren, insofern bei ihnen die „Impertinenz der Naivität" für eine gewisse Unerschütterlichkeit ihres Selbstwertgefühls sorgt. Die „viel Klügeren" dagegen büßen für ihre größere Einsichtsfähigkeit mit einer Ernüchterung, die sie entweder in Verbitterung oder im Alkohol enden lässt.[34]

Aus dieser Schilderung wird klar, dass es sich hier weniger um eine kunsttheoretische Ansicht handelt, sondern dass hier der Ich-Erzähler eine eigene anthropologische Bewertung des Durchschnittsmenschen vorträgt. Er begegnet ihm mit einer gewissen Verachtung. Die Folge ist, dass die meisten seiner Nebenfiguren unsympathische Züge aufweisen, während die Hauptfiguren, mögen sie noch so viele Ecken und Kanten aufweisen, als interessante Charaktere mit differenzierter Nachsichtigkeit geschildert werden.

Dostojewskijs Theorie der Mittelmäßigkeit hat in Jungs Typentheorie kein direktes Pendant. Allenfalls kann dort zwischen einer moderaten oder starken Ausprägung der vorherrschenden Funktion unterschieden werden. Während eine dominante Funktion, wie wir gesehen haben, oft verblüffend auf die Hauptfiguren in Dostojewskijs *Idiot* zutrifft, ist dies bei den ‚Mittelmäßigen' zumindest nicht augenfällig. Wichtig hervorzuheben scheint mir demgegenüber, dass ein wie auch immer gestaltetes Funktionenprofil keine Voraussage darüber erlaubt, was eine Person in ihrem Leben erreichen oder nicht erreichen wird.

---

34 Dostojewskij deutete es feiner an und bemerkt, dass es bei denen nicht so tragisch ende: Sie leiden höchstens gegen Ende ihres Lebens unter Leberbeschwerden, der eine mehr, der andere weniger, und das ist alles." a.a.O. S. 671.

Das Verständnis der Mittelmäßigkeit, wie im *Idiot* vom Ich-Erzähler dargestellt, unterscheidet sich nicht grundsätzlich von jenem im Vorgängerroman *Verbrechen und Strafe*, weshalb der folgende Abschnitt jenen Ausführungen gewidmet ist.

Verbrechen und Strafe

Der Dostojewskij-Leser mag sich erinnern, einer ähnlichen Zweiteilung der Menschheit bei früherer Dostojewskij-Lektüre bereits begegnet zu sein. Eine derartige Vorstellung bildet den Kern der ideellen Rechtfertigung der Straftat Raskolnikows im Roman *Verbrechen und Strafe*. Ihr theoretisches Fundament wurde in einem von der Titelfigur verfassten Artikel vor Einsetzen der Romanhandlung in einer Zeitschrift veröffentlicht.[35]

> [Der Hauptgedanke] „besteht darin, dass die Menschen einem Naturgesetz zufolge *im großen und ganzen* in zwei Kategorien einzuteilen sind: In eine niedere (die Gewöhnlichen), das Material sozusagen, das einzig und allein der Erhaltung der Art zu dienen hat, und in die eigentlichen Menschen, das heißt, jene, die die Gabe oder das Talent haben, ihrer Mitwelt ein *neues Wort* zu sagen. Selbstverständlich gibt es unendlich viele Zwischenstufen, aber die unterscheidenden Merkmale beider Kategorien sind ziemlich ausgeprägt: Zur ersten Kategorie, das heißt zum Material, gehören im allgemeinen Menschen, die ihrer Natur nach konservativ sind, gesittet sind, die im Gehorchen leben und gern gehorchen. [...] Die zweite Kategorie, alle und jeder, übertritt das Gesetz, sie sind Zerstörer, sie neigen jedenfalls dazu – je nach ihrer Fähigkeit. [...] Wenn jemand um seiner Idee willen sogar eine Leiche in Kauf, sogar Blutvergießen auf sich nehmen muss, so sollte er, meiner Meinung nach, in seinem Herzen, im Einklang mit seinem Gewissen, sich erlauben dürfen Blut zu vergießen – allerdings nach Maßgabe seiner Idee, was ich zu beachten bitte."[36]

Raskolnikow gibt keine nähere Auskunft, wie gestaltet oder wie erhaben eine Idee zu sein habe, um das Ausmaß der Gesetzesübertretung zu rechtfertigen. Aus der von ihm selbst begangenen Straftat wird klar, dass er den Raubmord an der alten habgierigen Pfandleiherin und ihrer Schwester für gerechtfertigt hält, wenn der daraus entstehende Vorteil schwächeren Menschen zu Gute kommt. Implizit würde man im Umkehrschluss vermuten, dass eine Straftat aus niederen oder „verwerflichen" – wie das Strafgesetzbuch sie bezeichnet – Beweggründen dagegen seiner Theorie widersprechen würde.[37]

---

35 Siehe hierzu: Morillas, J.: Über das Verbrechen: Raskolnikows philosophische Lehre. In: *Dostoevsky Studies*, New Series 12 (2008), S. 123–137.
36 Dostojewskij, F.: Verbrechen und Strafe, a.a.O. S. 351f.
37 Inwiefern Napoleon ein gutes Beispiel einer solche Rechtfertigung für Vergehen im großen Stil abgibt, darf bezweifelt werden, es sei denn, man beurteilt an Menschen

Die Idee als Rechtfertigungsgrund für die Straftat allein reicht jedoch noch nicht aus, um sich zur höheren Klasse Mensch zählen zu dürfen. Erst durch die zusätzliche Reuelosigkeit und Gleichgültigkeit gegenüber der begangenen Tat wird sie für diese Einstufung auch hinreichend. Bei dem, was Raskolnikow als sein „Experiment" bezeichnet, geht es nicht darum, seine eigene Theorie selbst zu testen – obwohl er im Laufe der Geschichte seinen Glauben an die Theorie immer mehr verliert –, sondern sich darüber Klarheit zu verschaffen, zu welchem Teil der Menschheit er selbst gehört. Wenn die Straftat ihn in eine schwere seelisch-körperliche Krise treibt, so scheint dies anzudeuten, dass er doch zu den gewöhnlichen Menschen gehört. Gawrila bzw. Ganja Iwolgin, dem Mitbewerber um die beiden schönen Frauen im *Idiot*, dem Ich-Erzähler zufolge ein typischer Repräsentant der Mittelmäßigkeit, ergeht es nicht anders, als er von Nastassja Filippowna auf demütigende Weise zurückgewiesen wird. Auch er gerät in eine seelische Krise und versinkt zeitweilig in völlige Apathie. Nach allmählicher Erholung fällt er jedoch wieder in das alte Verhaltensmuster zurück, während Raskolnikow in der sibirischen Gefangenschaft durch Sonjas Zuwendung die Offenbarung der Liebe erfährt. Sie ist es, die ihn am Ende gleichwohl zu einem außergewöhnlichen Individuum im Sinne der im *Idiot* beschriebenen Kriterien der Außergewöhnlichkeit erhebt. Die Erleuchtung durch die Liebe stellt letztlich die Verwerfung zumindest jenes Aspekts seiner Idee dar, wonach Außergewöhnlichkeit ein Rechtfertigungsgrund für Gräueltaten sei. „An die Stelle der Dialektik war das Leben getreten, und in seinem Bewusstsein musste er etwas völlig Neues erarbeiten."[38] Beim ersten Geständnis seines Verbrechens gegenüber Sonja Marmeladowa schildert Raskolnikow, wie seine bedrückenden Lebensumstände und die seiner Familie ihn zu jener Tat veranlasst haben und dass es seine ‚Idee' war, die ihm schließlich just den willkommenen Rechtfertigungsgrund lieferte.

Zu der in den beiden resümierten Romanen beschriebenen „Zweitypentheorie" scheint abschließend folgende Feststellung am Platz. Die Figurenwahl im *Idiot* entfällt auf „Außergewöhnliche" mit dominanter Intuition bzw. dominantem Empfinden, was wenig Raum offenlässt für vernunftbasierte Handlungsentscheidungen. Ihre extremen Ausprägungen lassen die Personen auf einen Endpunkt im Sinne eines Shakespeare'schen Dramas zusteuern. In *Verbrechen und Strafe* dagegen haben wir es bei Raskolnikow mit einem eher dem „Durchschnittsmenschen" zuzurechnenden intravertierten Denktypus zu tun. Die

---

aus Motiven der Macht und Bereicherung begangene Grausamkeiten qualitativ anders, wenn sie für eine Gemeinschaft oder eine Nation begangen werden, anstatt nur für ein einzelnes Individuum.

38 a.a.O. S. 744.

Folgen seiner Straftat lassen ihn das Scheitern seiner initialen Idee erfahren. Durch dieses Scheitern aber und mit Hilfe der selbstlosen Liebe von Sonja Marmeladowa vermag er schließlich zu einer höheren Einsicht zu gelangen.

4. Das mimetische Begehren als Erklärungsprinzip

Es ist das Verdienst des Romanisten und Kulturanthropologen René Girard, die menschliche Neigung zur Nachahmung in den Vordergrund seiner Analyse gerückt und, darauf aufbauend, eine auch für die Literaturwissenschaft fruchtbare Theorie entwickelt zu haben.[39] Im Zentrum steht bei ihm die Beobachtung, dass der Handelnde – bei Girard der ‚Akteur' oder das ‚Subjekt'– sich in seinen Wahlakten nicht primär am Objekt seines Begehrens orientiert, sondern an einem Dritten, der bereits in enger Stellung zum Objekt steht (‚Mittler'). Das Interesse an den im Individuum verankerten Anlagen beschränkt sich in dieser Theorie darauf, dass sich das Begehren an einem Dritten orientiert.[40] Girard spricht in diesem Zusammenhang vom „triangulären' Begehren". Steht der Mittler in einem exklusiven Verhältnis zu seinem Objekt, wird er dem Akteur zum Rivalen, kann hingegen das Objekt des Mittlers von mehreren gleichzeitig in Anspruch genommen werden (nicht exklusiv), übernimmt der Mittler eher die Funktion eines Vorbilds. Girard bezeichnet den ersten Fall als ‚interne', den zweiten als ‚externe Vermittlung'.[41] Nach dem so strukturierten Beziehungsmuster kann jede menschliche Praxis, handle es sich nun um Streit, Mode, Konkurrenz, aber auch kooperatives Verhalten etc. auf eine Dreieckskonstellation

---

39 Gesamtübersichten über Girards Werk finden sich in Palaver, W.: René Girards mimetische Theorie, Wien, 2004² sowie Gebauer, G., Wulf, C.: Mimesis. Hamburg 1998². Girards Gedanken, auf welche in diesem Text Bezug genommen wird, finden sich in Girard, R.: Figuren des Begehrens. Wien 2012²· und Girard, R.: Die verkannte Stimme des Realen. München Wien 2005.

40 In die Volkswirtschaftslehre hat diese Tendenz ganz unabhängig von Girard schon seit längerem Eingang gefunden, indem der Nutzen eines Dritten Teilelement einer Konsumfunktion ist. Salopp wird auf diese Kategorie Konsumfunktionen mit dem Slogan „Keep up with the Joneses" Bezug genommen.

41 Eine andere Unterscheidung, die hier nicht weiter verfolgt wird, besteht darin, ob das Vermittlungsprinzip in der Romanhandlung selbst offengelegt oder ignoriert wird. Girard bezeichnet Romane, die dieses Prinzip ignorieren und von einem spontanen autonomen Begehren ausgehen, als ‚romantisch', jene, die das mimetische Geschehen offenlegen, als ‚romanesk'. Da er selbst aber davon ausgeht, dass sein Prinzip *in jedem Fall* mit im Spiel ist, kommt er zum Schluss, dass in der romantischen Literatur das mimetische Prinzip verdrängt wird.

zurückgeführt werden. Das Sozialleben des Menschen ist auf seiner grundsätzlichen Stufe von Dreiecken bestimmt, wie der Kosmos bei Platon.[42]

Während wir also in C. G. Jungs Typenlehre eine Theorie kennengelernt haben, welche charakterliche Vielfalt und damit Individualität aus einer spezifischen Anzahl – genau genommen aus acht – grundsätzlichen Eigenschaftskonstellationen oder Veranlagungen ableitet, erklärt R. Girard die Vielfalt aus einem einzigen mehr oder weniger prävalenten monokausalen Prinzip. Zur Illustration seiner Theorie hat sich René Girard Roman-Autoren wie Cervantes, Stendhal und vor allem Proust ausgewählt. Den Dostojewskij-Leser wird es aber nicht überraschen, darunter auch seinen Autor prominent vertreten zu finden. Obwohl Girard seine Theorie hauptsächlich auf Dostojewskijs „Der ewige Gatte" und die *Aufzeichnungen aus dem Kellerloch* stützt, finden sich bei ihm auch einige, allerdings nicht sehr erhellende Hinweise zum *Idiot*. Im Folgenden sollen Girards „Dreiecke" auf die oben bereits charakterisierten Zentralfiguren des *Idiot* angewandt werden, um sie schließlich mit den von Jung und Dostojewskij selbst gelieferten Theorien zu vergleichen.[43]

4.1 Trianguläres Begehren und Rollenzuteilung

Das beschriebene Handlungsgeschehen legt es nahe, die vier Hauptpersonen in zwei Girard'schen Dreiecken anzuordnen. Fügt man sie aneinander, so besetzen Myschkin (M) und Nastassja Filippowna (NF) von *beiden* Dreiecken je einen Punkt, während Rogoschin (R) und Aglaja (A) je einen Punkt nur eines Dreiecks einnehmen.

---

42 Platon: Sämtliche Werke 5. Berlin 1969, S. 175f. Abschnitt 20: „Die Entstehung der vier ursprünglichen Körper aus dem Zusammentreten der zwei schönsten Dreiecke".
43 Einen ähnlichen Versuch unternimmt Dunja Brötz mit der Arbeit „Dostojewskis ‚Der Idiot' im Spielfilm" im Kapitel ‚Trianguläres Begehren (Girard)', aufbauend auf Rudolf Neuhäuser: „Semantisierung formaler Elemente im ‚Idiot'", in *Dostoevsky Studies*. Journal of the International Dostoevsky Society 1 (1980), S 58. Die vorliegenden Ausführungen haben demgegenüber eine etwas andere Stoßrichtung, indem sie verschiedene Theorien daraufhin untersuchen, inwiefern sie eine mehr oder weniger plausible Typisierung der zentralen Handlungsträger des Romans *Der Idiot* liefern.

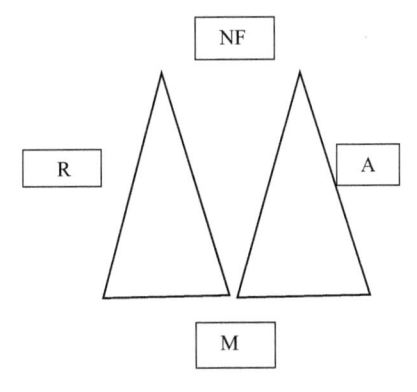

Persönlichkeitstypen in Dostojewskijs Roman *Der Idiot*

```
           NF
          /\  /\
      R  /  \/  \  A
        /   /\   \
       /   /  \   \
      /___/    \___\
           M
```

Für eine korrekte Rollenzuordnung ist es wichtig, sich nochmals genau Girards Rollen-definitionen zu vergegenwärtigen. Hierbei zeigen sich Schwierigkeiten.

Mittler / Rivale: Der ‚Mittler' (médiateur) ist derjenige, der im Akteur ein Begehren (désir) für ein Objekt auslöst oder dieses Begehren steigert, weil der Mittler selbst das Objekt besitzt, begehrt oder verehrt. Beim exklusiven Besitz, bei welchem ein und dasselbe Objekt nicht von zwei Personen gleichzeitig ‚besessen'[44] werden kann, wird der Mittler zum Rivalen.

Bei Anwendung dieser Dreiecksstruktur auf menschliche Beziehungen sind einige bei Girard unzureichend erläuterte Aspekte zu beachten.

Erstens braucht der Mittler nicht der Gatte einer Ehefrau zu sein. Auch ein Liebhaber kann im Gatten neues Begehren auslösen und damit für diesen den Wert der eigenen Ehefrau erhöhen. Die eheliche Beziehung ist dabei nicht zwingend, aber der Illustration dienlich. Anstelle des Gatten könnte also auch ein Lebens- oder Schlüsselpartner stehen bzw. anstelle des Liebhabers ein beliebiger Herausforderer. Ein Gatte oder Schlüsselpartner kann somit je nach Konstellation Mittler oder Akteur sein.

Zweitens weicht der von Girard benutzte Begriff des Rivalen vom Commonsense-Gebrauch dieses Wortes ab, der üblicherweise den Herausforderer einer

---

44 Da es sich um menschliche Beziehungen dreht, kann in einem freiheitlich-rechtsstaatlichen Kontext nicht von ‚Besitz' gesprochen werden. Darum die Zitationszeichen. Jedoch dient die Nomenklatur der Klarstellung. Je nach Kontext ist der ‚Besitzer' der Gatte, das Objekt die Gattin oder umgekehrt.

etablierten Beziehung und nicht den Auslöser des mimetischen Begehrens als Rivalen bezeichnet. Der Akteur müsste folglich im herkömmlichen Sinn als Rivale bezeichnet werden. Doch halten wir uns im Folgenden an Girards Definitionen.

Drittens entsteht, ist die Rivalität einmal ausgelöst, ein Streit zwischen Mittler und Akteur, der sich bis zum tödlichen Kampf steigern kann. In dieser Phase nähern sich beide Streiter in ihrem rivalisierenden Verhalten einander an oder werden gar ununterscheidbar. Je nach Ausgang dieses Streits kann sich die Rollenverteilung über die Zeit hinweg auch ändern. Der Akteur kann zum Sieger werden und für den Verlierer in der Folge damit zum Mittler. Bei Dostojewskij finden wir eine gewisse Vorliebe für ständige Verlierer und damit für konstante Rollenverhältnisse.[45]

Wir wenden uns erst dem *linken* Dreieck zu. Die Handlung im *Idiot* wird eröffnet durch die Enthüllung der Beziehung Rogoschins zu Nastassja Filippowna. Nach Girard ist jegliches Begehren letztlich mimetisch motiviert. Die Bemerkung von Rogoschins Freund Saljoschew über Nastassja: „Die da, is nix für dich – di is ne Fürstin" kann als Auslöser des mimetischen Begehrens betrachtet werden. Tatsächlich steht vorgängig im Text „… da kommt sie aus dem Laden und steigt in ihre Equipage. Da traf's mich wie ein Blitz."[46] Das verbleibende mimetische Moment würde sich folglich auf den Blickfang der Equipage reduzieren. Ob dies zu überzeugen vermag, sei erst einmal dahingestellt.

Klar scheint hingegen, dass das Auftreten von Mitbewerbern um die Gunst von Nastassja im weiteren Verlauf der Handlung bei Rogoschin immer wieder dessen Leidenschaft entfacht. In diesem Sinne nimmt Rogoschin die Rolle des Akteurs ein. Die Mitbewerber sind – zumindest in den Augen Rogoschins – als Mittler/Rivalen zu betrachten. So viel zum Verhältnis Rogoschins zu Nastassja. Dunja Brötz hat in sehr sensibler Lesart hervorgehoben, dass Girard, wenn er bei Myschkin das Fehlen eines mimetischen Moments konstatiert, übersieht, dass der Fürst als externer Vermittler zu betrachten sei.[47] Der externe Vermittler – wir erinnern uns – ist ja derjenige, welcher auf ein Objekt hinweist, das *von allen* gleichzeitig, also in *nicht exklusiver* Weise geschätzt, geliebt, begehrt werden kann. Es ist im vorliegenden Fall das tief Menschliche und Tragische von Nastassjas Wesenskern, das die Liebe und das Mitleid aller verdiente. Myschkins Zuwendung weist auf das Gute im Menschen hin. Er darf also in diesem Sinne

---

45 Dostojewskij, F.: Der ewige Ehemann. Stuttgart 1998. Pawel Pawlowitsch Trussotzki entspricht in besonders reiner Form diesem Typus.
46 Der Idiot, a.a.O. S. 18.
47 Brötz, D.: Dostojewskis ‚Der Idiot' im Spielfilm, a.a.O. S. 141.

Persönlichkeitstypen in Dostojewskijs Roman *Der Idiot* 137

als externer Mittler bezeichnet werden. Ja, man könnte die Tragik des ganzen Beziehungsdramas in der Verwechslung der Rolle des Fürsten erblicken, indem Rogoschin den Fürsten als *internen* statt als *externen* Vermittler wahrnimmt. Rogoschin empfindet Myschkin allein schon auf Grund der ersten Begegnung in der Eisenbahn auf dem Weg nach Petersburg spontan als sympathisch, wohl, weil in ihm so wenig Rivalisierendes vorhanden ist. „Ich weiß nich', warum ich dich gern hab'. Vielleicht weil ich dir in so 'nem Augenblick begegnet bin. Aber dem da (er wies auf Lebedjew) bin ich auch begegnet un' hab ihn doch nich' gern."[48] In der Folge wird Myschkin jedoch mit in den Strudel rund um Nastassja hineingezogen. Zufällig bekommt er ihr Porträt zu Gesicht und erkennt in ihm das Leiden der Abgebildeten, was seinen Beschützerinstinkt aktiviert. Mit seinem Heiratsangebot hofft er, sie vor dem durch ihre Freier drohenden Verderben zu retten, verunklart damit aber zugleich seine eigene Rolle. Für Rogoschin wird er dadurch zum Rivalen. Die Episode nimmt ein vorläufiges Ende im wohl großartigsten Kapitel des Romans, an dessen Schluss Gewitter, Rogoschins Mordversuch am Fürsten und dessen epileptischer Anfall zusammenfallen. Dieser Anfall vereitelt die Ausführung des Mordanschlags und verhindert, dass das Geschehen hier schon vorzeitig zu einem Ende gelangt.[49] Ungeachtet zeitweiliger Zweifel wird Rogoschin im weiteren Verlauf der Geschichte Myschkins Rolle als *externer* Mittler immer klarer. Durch den Entzug des Feindbilds kann sich seine Eifersucht nicht mehr am Fürsten abreagieren. Das Drama kann nur dadurch beendet werden, dass Rogoschin sein Objekt selbst umbringt. Für das Dreieck R-NF-M gelangt man daher zur Rollenzuteilung: Akteur, Objekt und externer/ interner Mittler.

Wenden wir uns dem *rechten* Dreieck zu, so gilt es zunächst festzuhalten, dass für die gemeinsame Dreiecksseite – M-NF – weiterhin das oben Geschilderte gilt. Der Vollständigkeit halber ist zu ergänzen, dass jedes Verhältnis auch noch in umgekehrter Richtung zu lesen wäre. Kein menschliches ‚Objekt' ist ja nur Objekt im Sinne des Gegenstands einer Begierde, sondern immer auch selbst Akteur oder Mittler. Ganz besonders trifft das auf Nastassja zu, die mit ihrem aufreizenden Verhalten sämtliche Personen des Romans durcheinanderwirbelt. Ihre Empfindung gegenüber Myschkin darf gewissermaßen als Echo auf dessen eigene Gefühle ihr gegenüber verstanden werden. Sie liebt ihn, weil er sie

---

48 Dostojewskij, F.: Der Idiot, a.a.O. S. 21
49 „[…] viele werden beim Anblick eines Fallsüchtigen von äußerstem, unerträglichen Grauen gepackt, das sogar etwas mystisches hat." Dostojewskij, F.: Der Idiot, a.a.O. S. 340; PSRs mystische ‚Anfälligkeit' mag hier rettend zu Hilfe gekommen sein. Siehe im vorliegenden Text Abschnitt 2.1; B1.

als Mensch und nicht als Liebesobjekt wertschätzt („Man hat mich immer kaufen wollen, aber kein einziger anständiger Mann hat mir einen Heiratsantrag gemacht"[50]). In Moskau wird sie zu ihm fliehen, weil sie sich als Frau gedemütigt, bedroht fühlt, um dann vor ihm zu fliehen, wenn ihr Begehren in ihm keine Nahrung findet.

Im rechten Dreieck haben wir es mit einer Konstellation zu tun, bei der zwei Frauen einem Mann gegenüberstehen. Es gilt daher diese Konstellation als selbständiges Dreieck neu zu lesen. Dass Aglajas Gefühle für den Fürsten mimetischer Natur sind, kann nicht zwingend aus dem Roman abgeleitet werden. Wahr hingegen ist, dass Myschkin aus der Distanz seines Moskauer Aufenthalts seine Gefühle für Aglaja entdeckt, ihr daraufhin einen zärtlichen Brief schreibt, der von der Adressatin als Liebeserklärung aufgefasst wird und bei ihr weitere Gefühlsreaktionen auslöst. Mit anderen Worten, das Aufkeimen dieser Beziehung kann nur mit Zusatzannahmen in ein mimetisches Erklärungsmuster gepresst werden. Aglaja nimmt so die Position der Mittlerin ein.

Wichtiger erscheinen zwei andere Aspekte. Nastassja, die den Fürsten liebt, der aber für sie kein mimetisches Objekt verkörpert, möchte ihn gerne glücklich sehen. Sie sieht diese Möglichkeit in der Herbeiführung der Verbindung zwischen Aglaja und ihm. So gesehen wird sie zur externen Mittlerin zwischen diesen beiden. Wir hätten es hier also mit einer Beziehung analog zu der von Dunja Brötz beschriebenen zwischen Myschkin und Nastassja zu tun.

Man kann das Verhältnis aber auch anders deuten. Nastassja, die Akteurin, entreißt ihr Objekt (Myschkin) nicht ihrer Rivalin (Aglaja). Vielmehr entsteht ein anderer Ablauf. Indem ihr bisheriges Objekt (Myschin) ihre Rivalin (Aglaja) liebt, entsteht eine andere Rollenverteilung. Die Liebe ihres Objekts erweckt plötzlich in ihr ein mimetisches Begehren zu ihrer ursprünglichen Rivalin. Es findet also eine Rollenumbesetzung statt: Das Objekt wird der Akteurin zum Mittler, und die Rivalin wird ihr zum Objekt. Die Akteurin fängt an, ihre einstige Rivalin zu lieben, und nistet sich so in die Beziehung der beiden ein. Es entsteht eine Art homoerotische Nähe zur Geliebten ihres Geliebten: Nastassja schreibt Aglaja Liebesbriefe.[51] Girard hat das zwar in Bezug auf den Roman *Der Idiot* nirgends so gedeutet, aber in der Auseinandersetzung mit dem ‚abnormen Ödipuskomplex' diese Erklärung propagiert.[52]

---

50 Dostojewskij, F.: Der Idiot, a.a.O. S. 248.
51 Der Idiot, a.a.O. S 657.
52 „Bei all diesen Dreiecksbeziehungen geht es weniger darum, die Geliebte dem Rivalen zu entreißen, als vielmehr darum, sie von ihm zu erhalten und sie mit ihm zu teilen. In Wirklichkeit kann das Subjekt auf den Vermittler nicht verzichten, so wenig,

Man darf annehmen, dass diese zuletzt beschriebene Konstellation eine inhärente Tendenz zur Instabilität aufweist. Im *show down* der letzten Begegnung zwischen den vier Hauptakteuren eskaliert das Geschehen. Die Geliebte wechselt in die Rolle einer Rivalin und entreißt der Mittlerin (Aglaja) das Objekt. Dieses Dreiecksverhältnis wird zerstört, indem Aglaja aus der Handlung verschwindet.

4.2. Die Erklärungskraft der Theorie des triangulären Begehrens

Bei Girards triangulärem Begehren liegt der Fokus auf der Dynamik des Geschehens ausgelöst durch die Beziehung der *dramatis personae* zueinander. Girard kümmert sich wenig bis gar nicht um die charakterliche Vielfalt von Individuen, sondern glaubt das Wesentliche auf ein paar funktionale Parameter im Geschehen zwischen Menschen zurückführen zu können. Diese Optik illustriert anhand der beiden Dreiecke, wie die strukturellen Beziehungen und die wechselnden Rollenmuster zu Motoren der Handlung werden, und stellt in dieser Hinsicht durchaus einen Erkenntnisgewinn dar. Girard sieht den Vorzug seines Ansatzes gegenüber psychologischen Erklärungen darin, dass er sich rein auf beobachtbare Größen stützt und nicht auf hypothetische Spekulationen über nicht beobachtbare Vorgänge im Inneren des Menschen angewiesen ist. Abgesehen davon, dass bei Girards Theorie des Mimetismus der Verdacht auf Zirkularität nicht ausgeräumt werden kann, indem das Begehren aus der Rivalität, die Rivalität hingegen aus dem Begehren abgeleitet wird, bleibt andererseits dieser Ansatz unbefriedigend, weil er eine differenzierte Antwort zur Frage der Auswirkungen der Individualität auf das Romangeschehen schuldig bleibt.

Die Jung'sche Typentheorie legt demgegenüber den Schluss nah, dass die extravertierte Einstellung durch die ihr eigene Objektorientierung zu mimetischem Verhalten prädisponiert. Mit Rogoschin und Nastassja sind im *Idiot* zwei Charaktere vertreten, an denen sich dies besonders einleuchtend illustrieren lässt. Sie stellen jedoch nur einen kleinen Ausschnitt aus der Vielfalt menschlicher Typen dar und es muss zweifelhaft bleiben, ob das trianguläre Begehren für all diese in gleichem Maße Erklärungskraft besitzt.

---

dass es alles tut, ihn wieder in das Dreieck hineinzuziehen, wenn er sich davon zu lösen versucht." Girard, R.: Der Übermensch im Kellerloch – Strategien des Wahnsinns: Nietzsche, Wagner und Dostojewski, in Girard, R.: Die verkannte Stimme des Realen. München 2002, S. 61.

Brigitte Schultze, Beata Weinhagen

F. M. Dostojewskijs *Prestuplenie i nakazanie* als Graphic Novel (Comic): Adaptionen zwischen Bild und Text, Affirmation und Distanzierung

Multimediale Interpretation und Weiterverarbeitung von *Verbrechen und Strafe* im 21. Jahrhundert

Aus der Fülle von Texten zur Rezeption und Weiterverarbeitung von Dostojewskijs Roman *Verbrechen und Strafe*[1] werden neben Übersetzungen immer wieder auch Theaterfassungen, Verfilmungen und eine Oper genannt.[2] Die Adaptionen, d.h. mediale Transformationen in Graphic Novels (Comics) bleiben jedoch meist unerwähnt. Auch die Adaptionen anderer Texte Dostojewskijs sind bislang kaum erforscht und dokumentiert.[3] Im Vergleich zur Menge der Adaptionen anderer Klassiker der Weltliteratur, das sei betont, ist die Zahl der Dostojewskij-Adaptionen durchaus begrenzt. Angesichts der in spezifischer Weise bildorientierten Medienlandschaft im 21. Jahrhundert fällt die ‚Unsichtbarkeit' dieser Adaptionen auf. Russ Kick, der amerikanische Herausgeber einer dreibändigen Anthologie von Klassikern der Weltliteratur (2012) als Graphic Novel, dem Dostojewskijs *Crime and Punishment* als unverzichtbares Beispiel galt, stellt hierzu fest:

> We're living in a golden age of the graphic novel, of comic art, and of illustration in general. Legions of talented artists – who employ every method, style and approach imagineable – are creating [...] a flood of amazing [...] and groundbreaking material [...].[4]

---

1 In der Forschung wird zu Recht darauf hingewiesen, dass die übersetzerische Wiedergabe ‚Übertretung und Zurechtweisung' „noch dichter an der Etymologie der Begriffe" wäre (Ludolf Müller: *Prestuplenie i nakazanie. Roman v šesti častjach s ėpilogom.* In: Kindlers Literatur Lexikon. 3., völlig neu bearbeitete Auflage. 4. Stuttgart, Weimar, J.B. Metzler 2009, S. 732).
2 Vgl. Müller 2009, S. 733.
3 Vgl. den von Gudrun Goes herausgegebenen Band 20 des Jahrbuchs der Deutschen Dostojewskij-Gesellschaft: Anklang und Widerhall: Dostojewskij in medialen Kontexten. München, Berlin, Washington, D.C., Otto Sagner, 2014 (= Jahrbuch der Deutschen Dostojewski-Gesellschaft 20. 2013).
4 Russ Kick (Hg.): The Graphic Canon 1. From the *Epic of Gilgamesh* to Shakespeare to *Dangerous Liaisons*. New York, Seven Stories Press, 2012, S. 1 [= 2012.1].

Die besondere Rolle der Graphic Novel unter den aktuellen Formen künstlerischen Schaffens wird in Stephen E. Tabachnicks *Handbuch zur Graphic Novel* hervorgehoben: "The graphic novel [...] is the newest literary/artistic genre and one of the most exiting areas of humanistic study today."[5] Es wird betont, dass die Graphic Novel sich besonders in Adaptionen literarischer Klassiker „bewiesen" habe.[6]

In diesem Beitrag soll es ausschließlich um deutsch- und englischsprachige Adaptionen von *Prestuplenie i nakazanie* gehen. Im Vergleich zu Dostojewskijs Textvorlage mit 417 engbedruckten Seiten[7] sind in allen Adaptionen nur bemerkenswert begrenzte Textmengen (in einem Beispiel nur knapp drei Zeilen) erhalten. Wie das für multimediale Weiterverarbeitungen typisch ist, geht es um Adaptionen ganz unterschiedlichen Zuschnitts: von vollständigen bis zu fragmentarischen Transpositionen des klassischen Textes. Das Textkorpus dieser Studie besteht aus einer vollständigen und drei fragmentarischen Wiedergaben von Dostojewskijs Roman:

> Fyodor Dostoevsky's *Crime & Punishment*. A Graphic Novel. Illustrated by Alain Korkos. Adapted by David Zane Mairowitz. London 2008.

> Fyodor Dostoevsky: *Crime and Punishment*. Art/Adaptation by Kako. In: Russ Kick (Hg.): The Graphic Canon 2. From *Kubla Khan* to the Brontë Sisters to *The Picture of Dorian Gray*. New York 2012 [= 2012.2], S. 358–367.

> Fjodor Michajlowitsch Dostojewskij: *Schuld und Sühne/Verbrechen und Strafe* [Adaption:] Dieter Oitzinger. [Literarisch-ironischer Text: Robert Jazze Niederle]. In: 50 Literatur gezeichnet. Herausgegeben durch Wolfgang Alber und Heinz Wolf. Furth an der Triesting 2003 [ohne Paginierung].

> [F. M. Dostojewski:] *Verbrechen und Strafe* [*Schuld und Sühne*]. In: Vitali Konstantinov: FMD Leben und Werk von Dostojewski. München, Knesebeck 2016, S. 34–35.

Die fragmentarische Adaption des Brasilianers Kako (2012) liegt auch in deutscher und französischer Übersetzung vor (2013, 2015, s.u.). Übersetzte Adaptionen sind dabei ein weiterer wenig erschlossener Aspekt der aktuellen Medienlandschaft.

Es fällt auf, dass das russische kulturelle Leben kaum an dem Boom von Klassikeradaptionen und deren Weiterübersetzungen teilhat. José Alaniz beobachtet

---

5   Stephen E. Tabachnick: The Cambridge Companion to *The Graphic Novel*. Cambridge UK, Cambridge University Press, 2017, S. 1.
6   Ebd., S. 2.
7   Fedor M. Dostoevskij: *Prestuplenie i nakazanie*. In: Polnoe sobranie sočinenij v 30 tomach. 6. Leningrad, Nauka, 1973. Diese Ausgabe (PSS 6) wird bei der vergleichenden Untersuchung der Adaptionen verwendet.

in Russland das grundsätzliche „Fehlen einer Comics-Kultur": Wiederholt hätten im 21. Jahrhundert engagierte Künstler Ausstellungen und ähnliche Vorhaben in die Wege geleitet, seien jedoch rasch von offizieller Seite an der Weiterarbeit gehindert worden.[8] Für die Mehrzahl russischer Rezipienten wird ein geringes Interesse an Klassikeradaptionen vor allem mit der Orientierung am literarischen Erbe begründet.[9] Dass in Russland im Jahre 2007 auf einer Ausstellung eine Adaption von *Verbrechen und Strafe* bzw. *Crime and Punishment* gezeigt wurde, ist somit als Ausnahme zu sehen.[10]

Dieser Beitrag wird im Weiteren nur den vier Adaptionen aus den beiden ersten Jahrzehnten des 21. Jahrhunderts gelten. Dabei interessiert zunächst die Auswahl und übersetzerische Wiedergabe von Textmaterial aus Dostojewskijs Roman in den einzelnen Adaptionen, sodann die Art und Weise der Transposition von verbalen Komponenten in bildliche Darstellung wie auch die bedeutungsgebende Relation zwischen Text und Bild. Es ist zu fragen, ob die graphische Darstellung Facetten des Romans in den Blick bringt, die bei der Lektüre unentdeckt bleiben.

Typologische Varianten von Klassikeradaptionen, terminologische Orientierungen

Vergleichende Analysen von Klassikeradaptionen lassen drei typologische Grundmuster erkennen. Orientiert am Kriterium der Kanonizität ist die erste Variante bestrebt, bei der Wiedergabe des verbalen Materials dem klassischen Text möglichst genau zu folgen. In diesem Sinne hatte Russ Kick die Beiträger zu seiner Anthologie gebeten, „dem Quellenmaterial treu" zu bleiben („true to the source material").[11] Die zweite Variante, bei der oftmals zentrale Elemente des dargestellten Vorgangs paraphrasiert oder anders (durch Auslassungen) gestrafft sind, tendiert dazu, über ironische, satirische und andere Brechungen vielfältige Fragen an den Klassiker zu richten, auch metatextuellen Kommentar

---

8   José Alaniz: Comic Art in Russia. Jackson/Mississippi 2010, S. 32–33, 93–95, 126–137 passim.
9   Ebd., S. 123–125, 165–167 passim.
10 Es handelte sich nicht um eine russische multimediale Weiterverarbeitung von Dostojewskijs Roman, sondern um eine Arbeit des japanischen Künstlers Osamu Tezuka aus dem Jahre 1954. Vgl. Alaniz (2010), S. 136.
11 Kick (2012.1), S. 1. Vgl. Brigitte Schultze: Adaptational and translational processing: picture-based classics in Russ Kick's *Graphic Canon 2* and in the German and French translations. In: Translation Landscapes [2020, in Vorbereitung].

mitzuliefern. Freiräume graphischer Gestaltung nutzend, haben diese Adaptionen zumeist einen geringen Umfang von wenigen, ggf. von nur einer Seite. Kanonizität als verbindliche Orientierung ablehnend, setzt eine dritte typologische Variante auf eine aktive, produktive Weiterverarbeitung des klassischen Textes.[12] Die Distanzierung vom kanonischen Text kann die Darstellung zentraler Figuren, raum-zeitliche Merkmale, Motivationszusammenhänge und vieles mehr betreffen. Es ist zu betonen, dass die Übergänge zwischen den typologischen Varianten fließend sein können. Nicht selten ist eine zwischen verbalen und graphischen Komponenten ‚gespaltene' Weiterverarbeitung zu beobachten: Während das Textmaterial weitgehend dem kanonischen Text folgt, zeigt die bildliche Gestaltung vielfältige Verfahren von Distanzierung, auch „Neuinszenierung", etwa raum-zeitliche Aktualisierung. Solche, im Sinne der typologischen Grundmuster offenen, gemischten Verfahren gehören, wie zu zeigen ist, zu den Adaptionen von *Verbrechen und Strafe*.

Mit Blick auf die hier verwendeten terminologischen Optionen dürfen knappe Hinweise genügen. Die vier Adaptionen sind teilweise als „Graphic Novel", teilweise als „Comic" ausgewiesen. Als Dachbegriff für die Klassikadaptionen in ihren sehr unterschiedlichen Ausformungen ist „graphisches Erzählen" angebracht.[13] Der Begriff „Graphic Novel" betont einen kreativen Umgang mit dem Einzeltext, eine graphische Gestaltung, die Widerstände für die rezeptionelle Aufnahme impliziert, von den Rezipienten graphische Kompetenz, ggf. wiederholte Lektüre einfordert.[14] Er betont den Unterschied zu den vielen seriellen, der

---

12 Cristina Bacchilega (Fairy Tales Transformed? Twenty-First-Century Adaptations & the Politics of Wonder. Detroit 2013) bespricht umfassend Beispiele von „activist responses" beim Umgang mit klassischen Texten. Maria Stuhlfauth-Trabert und Florian Trabert (Graphisches Erzählen. Neue Perspektiven auf Literaturcomics. Bielefeld 2015, S. 11) charakterisieren die Verfahren bildlich-verbaler Weiterverarbeitung als „Neuinszenierung".
13 Vgl. den von Daniel Stein und Jan-Noël Thon edierten Sammelband (From Comic Strips to Graphic Novels. Contributions to the Theory and History of Graphic Narrative. Berlin, Boston, Walter de Gruyter 2013 [= Narratologia. 37]) sowie den von Florian Trabert u.a. herausgegebenen Sammelband (2015), vgl. Anm. 12.
14 Die vier Dostojewskij-Adaptionen ließen sich auch als „Literaturcomics" (Trabert u.a. [Hg.] [2015], Anm. 12) bzw. „Literatur-Comics" (Monika Schmitz-Emans: Literatur-Comics. Adaptationen und Transformationen der Weltliteratur. Berlin, Boston 2012) bezeichnen.

Massenkommunikation und leicht zugänglicher Unterhaltung zugehörenden Comics.[15]
Mit Blick auf die Erzeugung von Deutungsangeboten im Spannungsverhältnis zwischen Text und Bild wird hier der von Literaturwissenschaftlern bevorzugte Terminus „multimedial" gewählt. Es geht, wie zu zeigen ist, um Bedeutungsbildung zwischen verbalen und bildlichen Komponenten.[16]

Crime & Punishment als Graphic Novel (2008) – eine Teamarbeit von Alain Korkos und David Zane Mairowitz

Die 2008 erstmals erschienene Graphic Novel *Crime and Punishment* ist das Ergebnis überaus sorgfältiger Teamarbeit des französischen Schriftstellers und Illustrators Alain Korkos und des Adaptors David Zane Mairowitz, eines seit Jahrzehnten international wirkenden Autors, Bühnenschriftstellers und Übersetzers.[17] Der aus Dostojewskijs vollständigem Roman entwickelte Haupttext der Graphic Novel umfasst 118 gezählte Seiten. Zum Paratext, d.h. zu den verbalen und bildlichen Komponenten neben dem Haupttext, gehören einige dem Impressum folgende, ‚anonyme' Deutungshinweise für Rezipienten (S. 5), eine blutige Axt (S. 127) und eine Kurzbiographie Dostojewskijs (S. 128). Der vorangestellte Paratext gibt bereits Hinweise auf diese Graphic Novel innerhalb der typologischen Varianten von Klassikeradaptionen. Neben Achtung vor der Kanonizität von Dostojewskijs Roman sind Signalsetzungen von Aktualisierung („active response") zu erwarten:

> But the twenty-first century has brought fresh relevance to *Crime and Punishment* in the years since „Leningrad" became St Petersburg again. [...] Welcome to this graphic updating of Dostoevsky's *Crime and Punishment* (1866); welcome to the reawakening of Tsarist Russia (2008)...[18]

---

15 Derzeit erlebt der Begriff „Comic" eine Aufwertung im Sinne eines Oberbegriffs für graphisches Erzählen.
16 In vielen linguistischen Definitionen (z.B. Ulrich Schmitz: 14. Multimodale Texttypologie. In: Nina-Maria Klug, Hartmut Stöckl [Hg.]: Handbuch Sprache im multimodalen Kontext. Berlin, Boston, De Gruyter, 2016 [= Handbücher Sprachwissen. 7], S. 327–347) ist „Multimodalität" so breit gefasst, dass eine transparente Verwendung kaum möglich ist.
17 Eine weitere Graphic Novel dieser international geschätzten Experten ist *Introducing Camus*; zu Mairowitz' Graphic Novels zählt überdies ein mit Robert Crumb gemeinsam geschaffener multimedialer Text – *Introducing Kafka* (vgl. den hinteren Klappentext zu *Crime & Punishment*).
18 *Crime & Punishment* (2008), S. 5.

Aktualisierung („updating") findet in der Tat in erster Linie im Bildprogramm statt, jedoch nicht nur.

Dostojewskijs wortreicher (stellenweise verboser) Roman ist in eine „graphische Erzählung" umgewandelt, in der acht Seiten völlig ohne verbale Komponenten auskommen, auf vielen Seiten bildliche Darstellungen mit auffallend sparsamem Text einhergehen. In der auf jeder Seite anders angelegten Panelgliederung kann gerade das Deutungsangebot der vielen Panels ohne Text den Rezeptionsprozess verzögern und intensivieren, die Aktivität der Rezipienten fördern. Das ausgewählte, gestraffte, der englischen Sprache des 21. Jahrhunderts angepasste Wortmaterial lässt sich mit nur wenigen Ausnahmen in Dostojewskijs Text aufspüren. In einigen Fällen ist die Reihenfolge einzelner Textelemente gegenüber der Vorlage verändert. Die verbalen Komponenten kommen somit der oben beschriebenen ersten typologischen Variante der Klassikeradaptionen recht nahe.

Die äußere Gliederung des Romans (der Teile I-VI und des Epilogs),[19] die zahlreichen Episoden, an denen Raskolnikow zumeist teilhat, das umfangreiche Personal, Raskolnikows (z.b. auch Swidrigajlows) Bewegung im Raum sind in der Adaption mit unterschiedlicher Ausführlichkeit dargestellt, ggf. fortgelassen. Verfahren der Auslassung, Verdichtung und Kontamination (z.B. von weniger zentralem Personal) dienen der Konzentration auf das ‚Problemfeld' Raskolnikow sowie die bedeutungsbildend zugeordneten Figuren, d.h. die Pfandleiherin Aljona Iwanowna, Sonja Marmeladowa, Raskolnikows Schwester Dunja, Luschin (hier: Luzhin), Raskolnikows Freund Rasumichin (hier: Razumikhin), Porfirij Petrowitsch (hier: Porfiry Petrovich) u.a. Über die bildliche Darstellung dieser und weiterer Figuren ist wesentliches Deutungsangebot von Dostojewskijs Roman einerseits affirmiert, andererseits, z.B. durch veränderte Signalsetzungen im Sinne einer Einbettung in Kontexte des 21. Jahrhunderts, „neu inszeniert", aktualisiert.

Das auf Dostojewskijs Roman zurückgehende sprachliche Material ist – mit Ausnahme einzelner Interjektionen und Onomatopöien – in rechteckigen Feldern (schwarz auf weißem Grund) ausgebracht. Neben dem oft als Bildüberschrift gegebenen narrativen Text stehen mit Bläschen gekennzeichnete

---

19 Das Romangeschehen vom Texteingang bis zu Raskolnikows Befindlichkeit nach dem Mord („odno novoe [...] oščuščenie ovladevalo im"; PSS 6, II/2: 87) nimmt fast die Hälfte der Adaption ein: „A new feeling was overtaking him [...], a physical revulsion for everything he saw, a loathing for every person he met" (*Crime & Punishment* [2008], S. 55). Auch bei den fragmentarischen Adaptionen liegt der Schwerpunkt bei der Wiedergabe der beiden ersten Kapitel.

Gedanken und mit Pfeil markierte Elemente direkter Rede (d.h. „thought bubbles" bzw. „speech bubbles"). Sprachliche Hybridität wird durch Wortmaterial in kyrillischer Schrift (Schilder, Wandschmierereien, Film- und Konzertplakate in englischer Sprache) eingebracht. Es geht um Signalsetzungen der Aktualisierung.[20] Bildliche Signale der Aktualisierung finden sich auf vielen Textseiten: Autos im Straßenbild, Punks, Drogenabhängige und andere Randexistenzen der russischen Gesellschaft, Fernsehapparate, u.a. mit Putin auf dem Bildschirm, Computer und Laptops.[21] Ein Bildelement, für das es keinen verbalen Hinweis in Dostojewskijs Roman gibt, ist Edward Munchs Gemälde „Der Schrei". Dieses dreimal verwendete Sinnbild extremer Angst ist erkennbar mit Raskolnikow verbunden.[22] Ein spezifisches Bildprogramm mit bedeutungsbildender Funktion ist die St. Petersburger Stadtlandschaft mit soliden älteren Gebäuden und den gusseisernen Brückengeländern einerseits und verwahrlosten Zweckbauten andererseits. Diese Stadtarchitektur ist wesentlich an der Sichtbarmachung von Raskolnikows Befindlichkeit beteiligt – der Situation von Isolation und Einsamkeit, innerer Gefangenschaft u.a.m.[23]

Die bildliche Gestaltung der Romanfiguren ist bemerkenswert facettenreich. Einige Figuren sind so veranschaulicht, dass das im Roman gebotene Charakterporträt bestätigt wird. Das gilt z.B. für Raskolnikows emotional stabile, mit einem sicheren ‚sittlichen Kompass' ausgestattete Schwester Dunja, auch für den selbstlosen, hilfsbereiten Freund Rasumichin.[24] Andere Figuren, z.B. der an einer raschen, Dunja demütigenden Ehe interessierte Luschin, ist als Repräsentant der auf schnelles Geld versessenen „neuen Russen" („Those places are disappearing in the New Russia") umgestaltet: mit hellem Anzug, schwarzen Manschetten, Kettchen am Hals, blonder, gestylter Frisur, undurchsichtiger schwarzer Brille und Zigarette oder Zigarre im Mundwinkel.[25]

Im Weiteren seien beispielhaft vier Figuren etwas eingehender betrachtet: Raskolnikow, dessen facettenreiches, widerspruchsvolles Porträt affirmiert und vertieft wird, die Pfandleiherin, die zu einer energischen Geschäftsfrau

---

20 *Crime & Punishment* (2008), S. 7–8, 17, 32 passim.
21 Ebd., S. 8, 9, 11, 24–26; 39, 42–43; 50–51, 76, 106–110.
22 Ebd., S. 47, 78.
23 Ebd., S. 7, 22–24, 63–64, 73 passim.
24 Ebd., S. 55–57, 68–73, 84–86 passim.
25 Ebd., S. 60–61, 69, 84–86. Es ließe sich zeigen, dass Dostojewskij bereits einen Ganoven im Sinn hat (PSS 6, II/5: 113f.). Während im Ausgangstext Rasumichin Luschins Hotel als ‚Absteige' beschreibt („grjaz', von'" – ‚Schmutz, Gestank', S. 114), bietet die Adaption hier einen eigenen, die Aktualisierung bedenkenden Text.

geworden ist, der Untersuchungsrichter, der, wie es scheint, als Automat einem machtvollen System dient, und Sonja Marmeladowa, deren graphische Umsetzung bei Rezipienten Irritationen auslösen kann.

Die multimediale Gestaltung der zentralen Romanfigur ist derartig erkenntnisfördernd, dass nur eine eigenständige Untersuchung dieser Adaption gerecht werden könnte. Es ist anzunehmen, dass das Gespalten-Sein, eine der vielen Mitbedeutungen von Raskolnikows Namen, in die graphische Anlage eingegangen ist, etwa als Nebeneinander von Licht und Schatten, Aufhellung und Verfinsterung. Auf dem programmatischen Buchdeckel der Graphic Novel (er zeigt Raskolnikow mit aufgerissenen Augen und der blutigen Axt in der Hand sowie die zu Boden gestürzte Pfandleiherin) ist die eine Gesichtshälfte im Schatten bzw. dunkel, die andere im Licht bzw. hell. Im unteren Panel der ersten Textseite ist Raskolnikows Gesicht wiederum in eine dunkle und eine helle Seite gespalten. Die nachdenklichen Augen scheinen auf den Rezipienten gerichtet zu sein. Als Hinweis zur Bedeutungsbildung genommen, wird der Rezipient so dazu angeleitet, sich vor einseitigen Schlüssen zu hüten.

Neben dem Gesichts-, vor allem dem Augenausdruck, sind die Haare, die Gestik der motorisch besonders aktiven Arme, ebenso die gesamte Körperhaltung Indiz für enorme emotionale Instabilität.[26] In manchen Panels bzw. Panel-Sequenzen ist z.B. der Wechsel von Mitgefühl zu Indifferenz gegenüber dem Schicksal anderer Gestalten nicht nur bestätigt, sondern verbal und bildlich gesteigert. Das gilt etwa für Raskolnikows Bekundungen von Anteilnahme und den plötzlichen Verzicht auf solche Regungen vor dem Mordgeschehen. Von Marmeladow darum gebeten, bringt Raskolnikow den kompakten, betrunkenen „ehemaligen Beamten" heim, legt – berührt vom Elend und schnell bereut ("I need that money myself") – Geld auf den Küchentisch. Die Mühsal des Aufstiegs zur Wohnung ist in einem großen Schattenriss an der Wand veranschaulicht, der etwa die Hälfte des Panels einnimmt.[27] Sowohl bei dem Versuch, eine junge Frau (hier: eine auf der Straße lebende Drogenabhängige) vor einem zudringlichen Mann zu schützen, als auch in dem imaginierten Traum von der Tötung eines schwachen „Pferdchens" durch betrunkene Fuhrknechte wird Raskolnikow teilweise mit heftigeren Reaktionsweisen gezeigt als in den entsprechenden

---

26 Vgl. Brigitte Schultze: Adaptational and translational processing: picture-based classics in Russ Kick's „Graphic Canon 2" and in the German and French editions [in Vorbereitung für Translation Landscapes 2020].

27 *Crime & Punishment* (2008), S. 17–19 (vgl. die ausführliche Darstellung im Roman, PSS 6, I/2: 21–25).

Romanszenen. Auf den zu Boden geworfenen Mann tritt er brutal ein.[28] Die zynische Absage an Nächstenhilfe („Forget it!; Who cares?") ist durch expressive Körpersprache, teilweise in Schattenbildern, verstärkt.[29]

In dem anschließenden imaginierten Kindheitstraum des siebenjährigen „Rodya" von der Tötung eines schwachen „Pferdchens" macht die Adaption ein neues Deutungsangebot. Anders als im Ausgangstext küsst der Junge nicht den Kopf des Pferdes (unschuldige Kreatur), sondern er nimmt den neben dem Pferdekörper liegenden Kopf der toten Pfandleiherin behutsam in den Arm. Die verbale Komponente der Panelfolge lässt den Ausgangstext erkennen: „Can I really do it? Smash her skull […]".[30] Während der Kuss des toten Pferdchens insbesondere das spontane Mitgefühl des Siebenjährigen erkennen lässt, gilt die multimediale Akzentuierung der Adaption vor allem Raskolnikows Selbstbefragung nach dem Recht, eine andere Kreatur zu töten.

Durch den Kopf der Toten ist bereits ein von Dostojewskijs Roman abweichendes Porträt der Pfandleiherin angekündigt. Die Pfandleiherin der Adaption ist eine jüngere, körperlich stabile, vorsichtige und misstrauische Geschäftsfrau des 21. Jahrhunderts. Ihre erste Frage an Raskolnikow lautet: „What's your business?" Geliehene Rubel müssen hier in Dollars zurückgezahlt werden. Zur sparsamen Ausstattung einer insgesamt schlichten Wohnung gehören eine Ikone und ein Fernseher mit Putin als ständigem Programm.[31]

Während alle übrigen Figuren der Adaption, auch Vertreter von Ämtern und Polizei, neben typenhaften auch individuelle Züge tragen, ist der Untersuchungsrichter, der Repräsentant der Justiz, als eine Art sprechender Automat dargestellt: mit Stirnglatze, einer gleichsam gedrechselten langen Nase, einer undurchsichtigen schwarzen Brille und einem dunklen Lippen- und Kinnbart, der einem Verschluss gleicht. Alle sprachlichen Äußerungen, in denen sich Textelemente aus Dostojewskijs Roman identifizieren lassen, kommen aus geschlossenen Lippen. Die automatenhafte Starre ist allein in den letzten Panels gelockert, in denen sich der Untersuchungsrichter und Raskolnikow im freien Raum St. Petersburgs bewegen.[32] Das Deutungsangebot dieser graphischen Abweichung von Dostojewskijs Roman könnte darin liegen, dass es im offiziellen Russland der Gegenwart (2008) keinen Raum für ‚spontane Texte' gibt.

---

28 *Crime & Punishment* (2008), S. 25. (Vgl. PSS 6, I/4: 40).
29 *Crime & Punishment* (2008), S. 27.
30 Ebd., S. 31. (Vgl. den Ausgangstext: „[…] neuželi ž ja […] voz'mu topor […]?"; PSS 6, I/4: 40).
31 *Crime & Punishment* (2008), S. 11–14, 38–43.
32 Ebd., 74–77, 90–95, 103–105. (Vgl. PSS 6, III/5: 190 ff., IV/5: 254 ff., VI/2: 342 ff.).

Irritationen und Deutungsprobleme dürfte es bei der Gestalt der Sonja Marmeladowa geben. Diese Figur, die im Roman als überaus zart, fast körperlos beschrieben wird,[33] hat hier ein volles Gesicht, einen relativ kräftig gebauten Körper mit erkennbarem Brustansatz unter der Bluse. Es ist nicht auszuschließen, dass die graphische Umsetzung auf Rezipienten des 21. Jahrhunderts Rücksicht nimmt. Im Schlussbild erscheint die langbeinige Sonya, die ihre Hand schützend auf Raskolnikows Hand gelegt hat, wie ein Versprechen für eine gemeinsame Zukunft. Sicher lassen sich auch andere Interpretationen finden.

Diese Adaption gehört mit Blick auf das „Quellenmaterial" vor allem zur ersten Spielart der Klassikeradaptionen. Eine Reihe vor allem im Bildmedium realisierter „aktiver" Eingriffe öffnet die Adaption zum Typus III. Die erkenntnisstiftende Leistung dieser Adaption ließe sich für jede Textseite nachweisen. Das Künstlerteam rechnet erkennbar mit aktiven, graphisch kompetenten Lesern. Diese Fortschreibung des Romans ist dazu geeignet, Rezipienten des 21. Jahrhunderts zu erreichen.

Englische und deutsche fragmentarische Adaptionen (2003, 2012, 2016)

Die im zweiten Band von Russ Kicks Anthologie publizierte Adaption des brasilianischen Künstlers Kako[34] ist gemäß Kicks Orientierung an Kanonizität insbesondere der ersten typologischen Variante von Klassikeradaptionen verpflichtet. Wie zu zeigen ist, weicht der Künstler in mehrfacher Hinsicht vom „Quellenmaterial" ab, ohne dabei eine ironische bzw. parodistische Sicht oder auch eine „Neuinszenierung" des kanonischen Textes im Sinne der typologischen Varianten II oder III anzustreben. Anstelle des narrativen Zusammenhangs bietet die Adaption Konzentration auf das Schlüsselmoment.

Unter den fragmentarischen Adaptionen von Dostojewskijs Roman ist Kakos multimediale Weiterverarbeitung in besonderem Maße bilddominiert.[35] In dem auf nur vier Doppelseiten ausgebrachten Bildprogramm wechseln schwarze, weiße und mit Tapetenmuster (schwarzes Design auf grauem Grund) bedeckte

---

33 „Kakaja vy chuden'kaja!" (,Wie schmächtig Sie sind!'; PSS 6, IV/4: 242) lässt Raskolnikow sie wissen.
34 Fyodor Dostoevsky: *Crime and Punishment*. Art/Adaptation by Kako. In: Russ Kick (Hg.): The Graphic Canon 2. From *Kubla Khan* to the Brontë Sisters to *The Picture of Dorian Gray*. New York, Seven Stories Press, 2012 (= 2012.2), S. 358–369.
35 Im zweiten Band von Kicks Anthologie sind nur vier von insgesamt 55 Adaptionen deutlich bildgestützt. Vgl. Schultze (2020).

Flächen mit weitgehend ausschnitthaften Bildelementen ab: Ein reich verziertes gusseisernes Geländer ruft Raskolnikows Wege entlang der Newa, aber auch Treppenaufgänge wohlhabender Häuser (die im Romantext nicht vorkommen) auf; auf vier Seiten ist das von Fuhrknechten gequälte und schließlich mit einer Axt ermordete Pferd in aus der Fläche herausgehobenen rechteckigen Panels dargestellt;[36] der Mord an der Pfandleiherin ist durch ein Stück von Raskolnikows Haaren am unteren Bildrand, den zum Schlag erhobenen Arm mit der Axt und die blutige, das „Pfand" umklammernde Hand der Toten angezeigt.[37] Da das erste Zitat aus Dostojewskijs Roman („Why am I going there now?"), d.h. ein Zitat vom Texteingang, als Überschrift zu dem Geländer vor schwarzen Hintergrund ausgebracht ist,[38] sind in der Adaption die Kapitel I/1, I/5 und I/7 angezeigt, stehen somit für etwa 60 Seiten des Romans.[39] Kick weist darauf hin, dass in Kakos Adaption eine „halluzinatorische Vision" der „zentralen Mordszene" und der Traum Raskolnikows (die Ermordung des „Pferdchens") einander überlagerten.[40] Das zahlreiche Personal des Romans, die Episoden und die Handlung der sieben ersten Kapitel sind somit fortgelassen. Der Eingang von Dostojewskijs Roman wird in einer extrem reduktionistischen Adaption vorgestellt, wie dies, das zeigen vergleichende Analysen, für Kanonizität akzeptierende Klassikeradaptionen eher selten ist. Es fällt auf, dass – dem künstlerischen Verfahren von Korkos und Mairowitz nicht unähnlich – Elemente der beiden Morde (des „Pferdchens", der Pfandleiherin) bildlich zusammengeführt sind. Hier steuert die graphische Darstellung die Rezeption, die der Romanleser aus der Lektüre gewinnen kann.

Eine Doppelseite in Kakos Adaption geht nicht auf den Romantext zurück. Gezeigt ist eine großformatige Darstellung der Göttin Justitia mit verbundenen Augen und den Waagschalen, einem Schwert als Schattenriss.[41] Die emblematische Göttin weist gleichsam darauf hin, dass es moralische Gesetze gibt, die für jedermann gelten. Raskolnikows gedankliche Konstruktionen und Selbstentwürfe werden also im Bild zurückgewiesen.

Dem Bildprogramm (einschließlich der kreativen Ergänzung des Künstlers Kako) sind, auf die vier Doppelseiten verteilt, etwa drei Zeilen aus Raskolnikows innerem Monolog am Textbeginn zugeordnet. Sprachliche Signalsetzungen

---

36 Kick (Hg.) (2012.2), S. [361, 363, 365, 367].
37 Ebd., S. [365–366].
38 Ebd., S. [360].
39 PSS 6, S. 6–63.
40 Kick (Hg.) (2012.2), S. 358.
41 Ebd., S. [362–363].

lassen erkennen, dass sich Raskolnikow gedanklich und emotional in einer wenig stabilen Verfassung befindet:

> Nu začem ja teper' idu? Razve ja sposoben na *èto*? Razve *èto* ser'ezno? Sovsem ne ser'ezno. Tak, radi fantazii sam sebja tešu; igruški! Da, požaluj čto i igruški![42]
> (Also warum gehe ich jetzt [dorthin]? Bin ich etwa *dazu* fähig? Ist *das* etwa ernst [gemeint]? Überhaupt nicht ernst. Ja, aus Phantasie amüsiere ich mich selbst; Spielerei! Ja, vielleicht auch Spielerei!)

Die in der Adaption auf einzelne Überschriften (engl. „captions") verteilte englische Übersetzung[43] lautet:

> Why am I going there now? Am I capable of *that*? Is *that* serious? It is not serious at all, it's simply a fantasy to amuse myself; a plaything! Yes, maybe it is a plaything!

Die englische Übersetzung erhält den zweimaligen, durch Kursivierung hervorgehobenen tabuisierenden Hinweis auf das Mordvorhaben („that"). Durch Auslassung der zweimaligen, im Deutschen als ‚etwa' wiederzugebenden Interrogativpartikel „razve" (‚Is it I am capable of *that*?') gewinnt der übersetzte Raskolnikow etwas mehr Selbstkontrolle gegenüber dem Ausgangstext. Obwohl die englische Übersetzung die Kürze des Ausgangstextes erhalten könnte (‚Not at all serious'), ist die Kopula dreimal hinzugefügt: „It is" – „It's" – „it is". Der Raskolnikow der Übersetzung ist gleichsam rhetorisch stabilisiert.

Die wenigen übersetzten verbalen Komponenten des Romans sind, wie gesagt, den einzelnen bildlichen Darstellungen zugeordnet. Raskolnikows innerer Monolog ist dabei nicht durch Bläschen als Gedankeninhalt ausgewiesen, sondern erscheint (schwarz auf weißem Grund) als Text eines Narrators. Die Frage „Why am I going there now?" ist z.B. dem gusseisernen Geländer vor tiefschwarzem Hintergrund zugeordnet.[44] Der letzte Satz des Romanzitats „Yes, maybe it is a plaything!" ist am rechten unteren Rand einer Doppelseite ausgebracht, auf der zum einen die Hand der toten Pfandleiherin, zum anderen der Kopf des toten Pferdes zu sehen sind.[45] Während der Pferdekopf einem Traum zugehört, ist die Hand Teil wirklichen Geschehens, das Raskolnikow im Wortsinn fortgesetzt einholen wird. Der Kontrast zwischen der Aussage der bildlichen Darstellung und dem Textzitat („plaything") dürfte Rezipienten, auch solche, die Dostojewskijs Roman kennen, irritieren. Raskolnikows Arroganz des intellektuell überlegenen ‚Ausnahmemenschen' ist gegenüber dem Roman verstärkt.

---

42 PSS 6, I/1: 6, Zeile 14–17.
43 Kick (Hg.) (2012.2), S. [360, 362–365, 367]. Der Übersetzungstext ist nicht belegt.
44 Ebd., S. [360].
45 Ebd., S. [366–367].

Durch das dissoziierte Verhältnis zwischen Romantext und bildlicher Darstellung weicht Kakos Adaption deutlich vom Quellenmaterial ab. Weitere Abweichungen sind, wie gezeigt, die übersetzerische Tilgung einiger Signalsetzungen emotionaler Instabilität[46] und die Doppelseite mit der Göttin Justitia.

Der Publikationskontext von Dieter Oitzingers Adaption, im Umfang einer einzigen Textseite, ist wiederum eine Sammlung von Klassikeradaptionen. Anders als Kicks an Kanonizität orientierte Anthologie schließt diese Sammlung – mit ironisch gefärbter Paraphrasierung, Elementen offenen oder verdeckten Kommentars, somit Distanzierung vom kanonischen Text – an die zweite Spielart von Klassikeradaptionen an. Distanzierung von der Leitorientierung „Kanonizität" ist bereits in dem unkonventionellen Bandtitel angezeigt: „50 Literatur gezeichnet".[47] Distanzierung klingt auch in der Oitzingers Adaption begleitenden „literarisch-ironischen" Romanparaphrase von Robert Jazze Niederle an.[48] Die ersten Zeilen der halbseitigen Paraphrase lauten:

> Raskolnikov ist ein moderner Mensch. Vom Verstand geleitet, und immun gegen moralisches Geschwurbel, beschließt er, einen Kreditlai abzumurksen, damit er mit dem geraubten Geld sein Studium finanzieren kann.[49]

Oitzingers Adaption bietet keine „Neuinszenierung" von Dostojewskijs Roman im Sinne dieser Paraphrase. Die Adaption stützt sich auf (teilweise verkürzte) Textzitate aus Swetlana Geiers 1993 erschienener Übersetzung von *Prestuplenie i*

---

46 Die französische und die deutsche Übersetzung dieser Adaption lassen Raskolnikow durch Tilgung mehrerer sprachlicher Signalsetzungen nochmals nüchterner und rationaler, d.h. emotional stabiler erscheinen als im Ausgangstext: „En suis-je capable?" – „Est-ce sérieux?" (Kick [2013], S. [322–323]) bzw. „Bin ich dazu fähig?" – „Wie ernst ist es mir?" (Kick [Hg.] [2015], S. [238–239]). Die französische und die deutsche Weiterverarbeitung der Adaption schaffen somit noch größere Distanz zu Dostojewskijs Roman.
47 Herausgegeben durch Wolfgang Alber und Heinz Wolf. Mit begleitenden literarisch-ironischen Texten von Robert Jazze Niederle. Furth an der Triesting, Forum Verlag, 2003.
48 Vgl. den Untertitel der Sammlung. Ungeachtet der Distanzierung von Kanonizität als einer Leitvorstellung macht das Vorwort des Bandes (Literatur meets Schund: Eine einführende Betrachtung von Harald Havas. In: 50 Literatur gezeichnet. [Ohne Paginierung]) deutlich, dass hier ein Bildungsauftrag („education" bei Russ Kick) und ein Unterhaltungsangebot nebeneinander stehen. Als Adressaten werden sowohl junge weniger belesene Rezipienten als auch Kenner, die einen neuen Blick auf die Klassik wagen, gesehen.
49 [Robert Jazze Niederle]: 8. Schuld und Sühne. In: 50 Literatur gezeichnet. [Ohne Paginierung].

nakazanie. So ist, zumindest in gewissem Umfang, das in Dostojewskijs Roman angelegte Deutungsangebot in der multimedialen Weiterverarbeitung mit enthalten.[50]

Während die Textzitate die Nähe zum Roman erhalten, bringt vor allem das Bildprogramm Momente ironischer Distanzierung wie auch Öffnung in andere visuell fassbare Zusammenhänge ein.

Neben sieben extrem verkleinerten Zitatstellen aus dem ersten und zweiten Teil von Dostojewskijs Roman[51] gibt es weiteres Material, das dazu beiträgt, das Medium „Text" in Szene zu setzen: Jedes der sieben bebilderten Panels enthält Fragmente eines nicht identifizierbaren, teilweise auch unleserlichen kyrillischen Textes. Hier kommen Ausdrücke wie „naprasnaja nadežda" (‚vergebliche Hoffnung'), „boretsja s vragom" (‚er kämpft mit dem Feind') vor. Diese Fragmente bilden einerseits Tapetenmuster, bedecken andererseits auch Fußböden und eine Zimmerdecke. Der Rezipient dieser Adaption wird gewissermaßen ‚zugetextet'. Das lässt sich als ironischer Hinweis auf die starke russische Texttradition (vgl. die Studie von Alaniz), vielleicht auch als Kommentar zu Dostojewskijs Verbosität in Teilen von *Prestuplenie i nakazanie*, sehen.

Der in den sieben Zitatstellen gebotene Ausschnitt aus Dostojewskijs Roman überzeugt als Textauswahl. Die Adaption beginnt – in Text und Bild – mit Raskolnikows Verlassen seines winzigen Zimmers vor dem Mord an der Pfandleiherin und endet mit dem fundamental veränderten Verhältnis zur menschlichen Umwelt nach dem Mord („čto on kak budto nožicami otrezal sebja sam ot vsech i vsego"[52] – ‚dass er sich gleichsam mit einer Schere selbst von allen und von

---

50 Dass die Textzitate auf Swetlana Geiers Übersetzung *Verbrechen und Strafe* beruhen, ist insofern nicht unproblematisch, als die meisten Rezipienten nicht wissen dürften, wie unzuverlässig diese Übersetzung ist: wo bedeutungsbildende Wiederholungen aufgelöst, wo lexikalische Optionen andere Kontexte suggerieren als in Dostojewskijs Roman usw. (vgl. dazu die sorgfältige Studie von Andreas Ebbinghaus: Übersetzungstheoretische Überlegungen zu den jüngsten deutschen Fassungen des Raskolnikow-Romans von F. Dostojewskij. In: Gudrun Goes [Hg.]: Anklang und Wiederhall. Dostojewskij in medialen Kontexten. München, Berlin, Washington, D.C., Otto Sagner, 2014 [Jahrbuch der Deutschen Dostojewskij-Gesellschaft 20. 2013], S. 32–50). Auf die Übersetzung von Swetlana Geier ist nicht alleine in der Überschrift der Adaption hingewiesen. Es gibt auch einen Nachweis im Bildprogramm. In einem Panel am rechten oberen Rand der Textseite erinnert der Kopf von Marcel Reich-Ranicki daran, dass dieser ‚Literaturpapst' im Rahmen seines „Literarischen Quartetts" für Geiers Übersetzung geworben hatte. So ist die Adaption geöffnet für einen Blick in die aktuelle Kommerzialisierung von Literatur.
51 PSS 6, I/6: 57, I/6: 58, I/7: 63, I/7: 65, II/2: 87, II/2: 90, II/2: 91.
52 PSS 6, II/2: 90.

allem abgeschnitten hatte'). Erkenntnisstiftend ist die bildliche Veranschaulichung dieser Befindlichkeit: Außerhalb der Panelgliederung ist Raskolnikow als winziger Schattenriss (Scherenschnitt) dargestellt auf einem Fleckchen Erde stehend, mit hängenden Armen.

Neben den kyrillisch beschrifteten Flächen der Adaption (manche Rezipienten dürften hier ein dekoratives Element sehen) enthalten die sieben bebilderten Panels Signalsetzungen sowohl der Affirmation des kanonischen Textes als auch der Distanzierung. Als etwas wie Wächter über die Tradition erscheinen die Bilder mit Dostojewskijs Porträt, Gemälde, die offensichtlich ein um 1865 entstandenes Porträt abbilden. Das Bild hängt sowohl in Raskolnikows enger Kammer als auch im öffentlichen Raum, über den Raskolnikow den Tatort verlässt. Der graphisch dargestellte Protagonist flieht also unter den Augen seines Autors. Neben Raskolnikow ist die Pfandleiherin in das Bildprogramm einbezogen. Extrem konventionsbrechend dargestellt, kommt die Pfandleiherin in vier Panels vor.

Raskolnikows intellektuelle und emotionale Instabilität (vgl. oben), seine Kopflastigkeit wie auch wiederholte Kopflosigkeit sind, so scheint es, als disparate Körperbilder wiedergegeben. Im ersten Panel besteht er gleichsam nur aus einem übergroßen Kopf mit zerfurchtem Gesicht und großen Augen – und überlangen Beinen. Auch im zweiten Bild trägt ein winziger Körper einen übergroßen Kopf mit bizarrem Hut. In der Mordszene steht ein winziger Kopf eines unkontrollierten Jugendlichen einem winzigen Körper mit überlangen, kräftigen Beinen gegenüber. Die Gestalt ist disproportional angelegt, bizarr, wie das ganze Projekt. Bei der Darstellung der Pfandleiherin sind Zeichen von Deformation nochmals gesteigert. Die „stechenden, argwöhnischen Augen" (Geier) („dva vostrye i nedoverčivye vzgljada"; ‚zwei scharfe und argwöhnische Blicke') der durch den Türspalt blickenden Pfandleiherin sind als mandelförmiges Augenpaar in tiefschwarzer Umgebung dargestellt, wie das Augenpaar einer Muslimin in Vollverschleierung. In weiteren Panels ähnelt der Kopf der Pfandleiherin – mit riesigem, offenem Mund, scharfen Zähnen, einer bizarren Kopfbedeckung usw. – dem Kopf asiatischer Dämonen. Dass sich das Bildprogramm, wie es scheint, des Zeicheninventars fremder Kulturen bedient, mag als Spiel mit Horror und Angst zu deuten sein.

Vitali Konstantinovs Adaption *Verbrechen und Strafe [Schuld und Sühne]* gehört in den Zusammenhang einer Graphic Novel zum Leben und Werk Dostojewskijs.[53] Wie Gudrun Goes in einem informativen Nachwort herausstellt, ist Konstantinovs multimediale Darstellung von „Überzeichnung" gekennzeichnet,

---

53 Vitali Konstantinov: FMD Leben und Werk von Dostojewski. München, Knesebeck 2016, S. 34–35.

die „ein produktives Überdenken eines ‚Denkmals' provozieren könnte".⁵⁴ So werden auch in dieser Adaption der Status von Kanonizität und ‚Markenzeichen' eines tradierten Verständnisses thematisiert und reflektiert.⁵⁵

Anders als bei den Adaptionen von Kako und Oitzinger ist hier nicht nur ein Ausschnitt des Romanvorgangs, sondern das gesamte Geschehen, bis zum letzten Absatz des „Epilogs",⁵⁶ bedacht. Durch Änderungen in der Chronologie sowie ein innovatives Verfahren bildlicher Gestaltung wird in dieser Adaption Beschleunigung, Konzentration und Intensivierung gegenüber Dostojewskijs Romantext erreicht.

Die Adaption beginnt mit einem ungerahmten narrativen Textelement, in dem Gedankenkonstrukte Raskolnikows, die Romanleser erst nach beiden Morden kennenlernen, zugespitzt paraphrasiert sind: „Ich glaube nur an meine Hauptidee. [...] dass die Menschen [...] in zwei Klassen eingeteilt sind".⁵⁷ In diesen Zusammenhang gehört auch ein weiteres ungerahmtes Textelement am linken unteren Rand der ersten Seite der Adaption: „Ich musste erfahren, ob ich eine Laus bin, oder ein Mensch?" („[...] voš' li ja, kak vse, ili čelovek?"; ‚[...] bin ich eine Laus, wie alle, oder ein Mensch?').⁵⁸ Der Rezipient wird somit in extrem gesteigertem Tempo in Problemstellungen aus Raskolnikows obsessivem Denken eingeführt. In ähnlicher Weise weicht das Bildprogramm von der Chronologie in Dostojewskijs Roman ab. Im rechten oberen Teil der Seite ist zunächst der Doppelmord veranschaulicht. Es folgen eine in der Tat als „Überzeichnung" zu charakterisierende Darstellung von Raskolnikows Kindheitstraum von der Ermordung des „Pferdchens" und die Begegnung mit dem selbstmitleidigen Marmeladow in der Schenke. Die Darstellung der beiden Morde führt im Wortsinn vor Augen, welches Steigerungspotential bildliche Gestaltung gegenüber der Narration des Romantextes hat. Der Doppelmord ist als synchroner Vorgang geboten, als Klappbild, auf dem ein finster blickender, mit einem auffälligen Hut bekleideter Raskolnikow einmal (links) mit erhobener Axt zum Schlag gegen

---

54 Gudrun Goes: Ein Herz in Flammen. In: Konstantinov (2016), S. 57.
55 Obwohl eine Hinzuziehung von Konstantinovs integrierter Dostojewskij-Darstellung (vgl. die Ausführungen von Gudrun Goes) ein Gewinn sein könnte, wird sich der vorliegende Beitrag auf die zweiseitige Adaption von *Prestuplenie i nakazanie* beschränken.
56 PSS 6, S. [422].
57 FMD (2016), S. 34. Die Paraphrase bezieht sich auf eine Episode im dritten Romanteil, in der Porfirij Petrowitsch Gedanken an Raskolnikows Aufsatz rekapituliert (PSS 6, III/5: 199).
58 FMD (2016), S. 34; PSS 6, V/4: 322.

die verhutzelte Pfandleiherin, und ein andermal (rechts) zum Schlag gegen die erschrockene, erkennbar schwangere Lisawjeta Iwanowna ausholt. Das Faltbild, auf dessen markierter Mitte die beiden Figuren Raskolnikows Rücken an Rücken stehen, macht deutlich, dass das Projekt von Anfang an eine prekäre Richtung nimmt: misslingt!

Das Bildprogramm der zweiten Seite der Adaption betrifft Vorgänge nach dem Doppelmord. Auch hier ist die Anordnung der Bildelemente gleichsam von der Chronologie in Dostojewskijs Roman befreit. Das obere Drittel der Seite ist mit Bildern gegenseitigen Gemetzels menschlicher und halbdämonischer Figuren gefüllt. Das apokalyptische Geschehen bezieht sich auf wiederkehrende Alpträume, von denen sich Raskolnikow auch in der Zeit seiner Genesung lange nicht hatte befreien können. Der Kern dieser Alpträume ist als ungerahmter Text über dem ‚Horrorgemälde' ausgebracht: „Es waren neue TRICHINEN aufgetaucht" („Pojavilis' kakie-to novye trichiny"; ‚Es waren irgendwelche neuen Trichinen aufgetaucht'). Ein weiteres Textelement ist als Spruchband über das Bild gelegt: „Sie erschlugen einander in sinnloser Wut" („Ljudi ubivali drug druga v kakoj-to bessmyslennoj zlobe"; ‚Die Menschen/Leute erschlugen einander in irgendeinem sinnlosen Zorn').[59] Sofern man davon ausgeht, dass Raskolnikow seine Gedankenkonstruktionen als „Pest" begreift, die die menschliche Gemeinschaft infiziert und zur Selbstvernichtung treibt,[60] stellt sich die Frage, ob Konstantinovs Adaption allein diese Dimension von Raskolnikows Erkenntnisschub aufzeigen soll. Anschlussstelle für gemeinschaftsgefährdenden „sinnlosen Hass" könnten alle im 21. Jahrhundert wirksamen Ideologien sein.

An den gezeichneten Horror schließen auf der zweiten Seite der Adaption ein nach oben offenes Panel zu Swidrigajlows Frauengeschichten bis zum Selbstmord im Beisein des jüdischen Wachmannes („Nein! Bitte nicht hier!"),[61] Raskolnikows Vorladungen bei dem Untersuchungsrichter Porfirij Petrowitsch und das einen eigenen Akzent setzende Bild zum Romanende („die Geschichte der langsamen Erneuerung eines Menschen" – „istorija postepennogo obnovlenija čeloveka"; ‚die Geschichte der schrittweisen Erneuerung des Menschen') an.[62] Sowohl das Bild zu Swidrigajlows von Selbstinszenierungen gefülltem Dasein als

---

59 FMD (2016), S. 35; PSS 6, Epilog II: 419, 420.
60 Vgl. Hanna Klessinger: Schuld und Erlösung: Zur Dostojewskij-Rezeption in Georg Trakls Lyrik. In: Gudrun Goes (Hg.): Anklang und Widerhall. Dostojewskij in medialen Kontexten, München, Berlin, Washington, D.C., Otto Sagner 2014 (= Jahrbuch der Deutschen Dostojewskij-Gesellschaft 20. 2013), S. 32–50, hier S. 44, Anm. 47.
61 FMD (2016), S. 35; PSS 6, VI/6: 394.
62 FMD (2016), S. 35; PSS 6, Epilog II: [422].

auch Raskolnikows Zusammenkünfte mit dem Untersuchungsrichter sind synthetische Bilder, in denen als nacheinander dargebotene Vorgänge des Romangeschehens visuell nebeneinander gestellt, zusammengefasst sind.[63]

Einen deutlichen Gegensatz zu den ineinander geschobenen, komplexen (vgl. Anm. 63) Bildern stellt die letzte visuelle Komponente der Adaption dar. Vor einem ‚fluchtsicheren' Holzzaun stehen – bewacht von einem starr blickenden Soldaten mit Bajonett –[64] Raskolnikow in Sträflingskleidung mit Fußfesseln und einer orthodoxen Bibel in der linken Hand und „Sofja Marmeladowa", die ihren Arm schützend (steuernd?) auf Raskolnikows Arm gelegt hat. Die im Roman fast körperlose, sich für Andere opfernde Gestalt wird in Konstantinovs Adaption erst im Schlussbild eingeführt: warm gekleidet gegen sibirische Kälte, wie aus einem Bilderbogen. Das Bild fordert zum Nachdenken auf. Das Gleiche gilt für das letzte Textelement. Während Dostojewskijs Roman mit einer klaren Aussage schließt („rasskaz naš okončen" – ‚unsere Erzählung ist beendet'), fordert in der Adaption ein durch Pünktchen markiertes offenes Ende („die Geschichte seiner Verwandlung, seines Überganges in eine andere Welt…")[65] zum Nachdenken auf. Die Rezipienten werden dazu angeregt, nicht nur diesen Textschluss, sondern die gesamte Adaption mit ihren multimedialen Impulsen zur Reflexion nochmals zu überdenken.

Mit Blick auf eine typologische Zuordnung dieser Adaption ist festzustellen, dass hier weder eine ironische oder anders gerichtete Paraphrase noch eine „Neuinszenierung" mit verändertem Personal und verändertem raum-zeitlichem Kontext, d.h. weder die typologische Variante II noch die Variante III vorliegen. Ausgehend vom Material des Romans erschließt Konstantinov – unter Einsatz bildlicher Verfahren – den Klassiker[66] und geht damit über die Möglichkeiten textgestützter Interpretation hinaus.

---

63 Gudrun Goes ([2016], S. 57) spricht mit Blick auf Konstantinovs gesamte Graphic Novel vom „Verfahren" der „Simultancomics in einem Mehrfarbendruck", wobei „die Bilder komplex [angeordnet sind], ineinander [übergehen]", „erst im Zusammenspiel aller Elemente [wirken]."

64 Auf der zweiten Seite der Adaption gibt es vier weitere Vertreter der Staatsmacht, Soldaten oder Polizisten, davon zwei mit Bajonett.

65 FMD (2016), S. 35; PSS 6, Epilog II: [422].

66 Die Zahl der identifizierbaren Direktzitate, d.h. Zitatstellen von relativ geringem Umfang, ist auffallend hoch; auch in Bildern lassen sich viele Textstellen erkennen. Hinter Raskolnikow, der dem in der Schenke schwadronierenden Marmeladow zuhört, ist z.B. diese Zitatstelle zu erkennen: „Raskol'nikov slušal naprjaženno" ('Raskolnikow hörte angespannt/konzentriert zu'; FMD [2016], S. 34; PSS 6, I/2: 19).

Sichtbarmachung, Weiterverarbeitung, Kommentar

Dieser Beitrag ist, soweit erkennbar, ein erster Versuch, auf Dostojewskijs Roman *Prestuplenie i nakazanie* gestützte Adaptionen (Graphic Novels) als mediale Weiterverarbeitungen zu erschließen.[67] Es liegen – teilweise in englischer und teilweise in deutscher Sprache – eine vollständige Adaption in Buchform und drei fragmentarische Wiedergaben im Umfang von einer bis zu acht Seiten vor. Die graphische Gestaltung der Adaptionen ist bemerkenswert unterschiedlich. Rezipienten, die sich auf eine sorgfältige Lektüre einlassen, dürften bei jedem der Beispiele ästhetischen, emotionalen und intellektuellen Gewinn erzielen. Während die vollständige Adaption fraglos auch Rezipienten ohne Kenntnis von Dostojewskijs Roman zugänglich ist, sind die fragmentarischen Adaptionen wahrscheinlich gerade für Kenner des literarischen Klassikers eine Herausforderung zum Vergleich mit eigenen Leseerfahrungen. Die fragmentarischen Fassungen sind, jede auf ihre Art, dazu geeignet, auf den klassischen Text neugierig zu machen.

Das texterschließende Angebot der Adaption von Korkos und Mairowitz ist, wie gesagt, so umfassend, dass geradezu jedes Panel bzw. jede Textseite eine intensive Lektüre verdiente. Gerade im Bildmedium dürften Rezipienten Einblicke in Raskolnikows innere Zerrissenheit, emotionale und intellektuelle Instabilität, sein Leiden an sich selbst gewinnen. Manche bildlichen Darstellungen bieten ein schärferes, dichteres Bild von Russland als Lebenswelt, als der Romantext dies leistet. In vielen Panels wird Rezipienten vor Augen geführt, dass Putins Russland kein fundamental anderes Gemeinwesen ist als das Russland des 19. Jahrhunderts.

Kakos Adaption, für die Erstleser – wie dies gedacht ist – Kicks Erläuterungen mit heranziehen sollten, konzentriert sich auf Raskolnikows moralischen Irrweg, d.h. die intellektuelle Selbsterhebung über die menschliche Mitwelt. Der selektive konzeptionelle Ansatz findet eine gewisse graphische Entsprechung in fragmentarischer bildlicher Darstellung. Die offene Gestaltung fordert zum Weiterdenken (oder Nachlesen?) auf.

In Oitzingers Adaption wird im Wortsinn vor Augen geführt, wie Dostojewskijs Roman und die klassische russische Literatur Leser ‚zutexten' können. Die metatextuelle Funktion von Klassikeradaptionen ist besonders greifbar. Während

---

67 Eine russische Übertragung der Adaption von Korkos und Mairowitz und eine im Internet zugängliche russische Adaption, die eine „Neuinszenierung" zu sein scheint, d.h. der dritten Variante von Klassikeradaptionen zuzurechnen ist, konnten hier nicht berücksichtigt werden.

bei Kako durch das Bild der Justitia ein distanzierter, versachlichter Blick auf Raskolnikows fundamentalen Irrweg gestaltet ist, zeigt Oitzingers Adaption eine Nahsicht, die zugleich Innensicht ist: Die winzige, schwarze Figur inmitten von Textausschnitten veranschaulicht die äußere Isolation und die innere Einsamkeit, in die Raskolnikow sich durch die Morde gebracht hat.

Konstantinovs Synchronbilder, z.B. das Klappbild von dem Doppelmord und Swidrigajlows zerstörerische ‚Vita in einem Bild‘, stehen für eine – den Roman übersteigende – Möglichkeit der Graphic Novel zu Konzentration und Zuspitzung. Wie bei der Adaption von Korkos und Mairowitz, wäre auch hier das in Bildern verdichtete Verständnis von Russland[68] eine genauere Untersuchung wert.

Es fällt auf, dass die bildlichen Darstellungen zum Romanende, den letzten Absätzen des Epilogs II, sowohl bei Korkos und Mairowitz als auch bei Konstantinov durch eine Art Registerwechsel gekennzeichnet sind. In beiden Fällen wird Raskolnikows Weg in die Zukunft von einer Sonja (Sofia) Marmeladowa ‚betreut‘, die von der fast körperlosen, opferbereiten Figur des Romans extrem weit entfernt ist. Die veränderte bildliche Gestaltung lässt sich als ironischer Kommentar sowohl zum Textschluss des Romans als auch zu den Möglichkeiten einer Rückkehr in den russischen gesellschaftlichen Alltag nach einem Gefangenendasein in Sibirien lesen.

Mit Blick auf die typologischen Grundmuster von Klassikeradaptionen ist festzustellen, dass eine konsequente „Neuinszenierung" mit verändertem Personal, veränderten räumlichen Bedingungen usw., d.h. die Variante III, nicht vorkommt. Alle Adaptionen nehmen ihren Anfang bei dem kanonischen Text, ggf. bei Übersetzungen.[69] Zugleich ist in keinem Fall mit der bildlichen Gestaltung eine bloße Affirmation des kanonischen Textes verbunden. Stets schließt die multimediale Weiterverarbeitung Sichtbarmachung verborgener, impliziter Textinformation, oft den Appell zu weiterer Reflexion ein. Indem in der Adaption von Korkos und Mairowitz – vor allem im Bildprogramm, aber auch im

---

68 Neben Bildzeichen zum Thema „Gewalt", Bajonetten, Knüppeln, Messern usw., sind auch Schlangen ein wiederkehrendes Bildmotiv. Die Frequenz geht ohne Frage auf den Illustrator zurück. Bei Dostojewskijs Darstellung von Luschin gibt es z.B. einen prägnanten metaphorischen Ausdruck, der ohne Frage nicht allein auf diese Figur zu beziehen ist. Der Roman nennt eine „schwarze Schlange gekränkter Eigenliebe" („černyj zmej užalennogo samoljubija"; PSS 6, V/1: 276).

69 Während Kako eine nichtidentifizierbare englische Übersetzung nutzt und Oitzinger Swetlana Geiers wenig genaue Übersetzung verwendet, scheinen hinter den Adaptionen von Korkos und Mairowitz sowie von Konstantinov Formulierungen in Dostojewskijs Text durch.

Text – das Russland des 21. Jahrhunderts mit aufgerufen ist, ist die typologische Variante I zur Variante III geöffnet. In Kakos Adaption liegt ein vorwiegend bildgestützter, besonders selektiver und offener Bezug zu Dostojewskijs Roman, der Variante I der Klassikeradaptionen, vor.[70] Indem Oitzinger u.a. Metatext zur Textlastigkeit von Dostojewskijs Roman sowie, wie anzunehmen ist, des russischen kulturellen Verständnisses ‚vorführt', somit neben Affirmation des klassischen Textes ironische Brechung betreibt, ist hier eine Öffnung der Variante I zur Variante II zu sehen. Das Verfahren der Ironisierung ist dabei eine Brücke zu Niederles ironischer Paraphrase des Romanvorgangs, die besonders deutlich für die zweite Spielart von Klassikeradaptionen steht. Konstantinovs Adaption bewegt sich sehr frei zwischen den charakteristischen Formen von Klassikeradaptionen. Die Simultanbilder führen zu einer Emanzipation vom kanonischen narrativen Text. In einem Teil des Bildmaterials entstehen „Neuinszenierungen", wie sie in manchen Forschungsarbeiten zu Klassikeradaptionen nicht mitbedacht sind. So oszilliert Konstantinovs Adaption besonders zwischen den typologischen Spielarten I und III.

Es wäre lohnend, die Klassikeradaptionen als mediale Form der Sichtbarmachung und Kommentierung auch an weiteren Dostojewskij-Adaptionen zu untersuchen.

Bibliographie

Primärtexte und Adaptionen

F.M. DOSTOEVSKIJ: *Prestuplenie i nakazanie*. In: Polnoe sobranie sočinenij v 30 tomach. 6. Leningrad, Nauka 1973.

FJODOR DOSTOJEWSKI: Verbrechen und Strafe. Roman. Aus dem Russischen neu übersetzt von Swetlana Geier. Zürich 1993.

FYODOR DOSTOEVSKY'S *Crime & Punishment*. A Graphic Novel. Illustrated by Alain Korkos. Adapted by David Zane Mairowitz. London, SelfMadeHero 2008.

[F.M. DOSTOJEWSKI]: *Verbrechen und Strafe [Schuld und Sühne]*. In: Vitali Konstantinov: FMD Leben und Werk von Dostojewski. München, Knesebeck 2016, S. 34–35.

---

70 Kako, ein Plakat- und Werbekünstler, ist weniger am Handlungsverlauf von Dostojewskijs Roman als an Botschaften und Wirkung interessiert. Mit den Mitteln seiner Kunst – Zoomeffekten, Spiegelbildern, Collagen usw. – kreist er Figuren und moralische Kernpositionen ein.

FJODOR MICHALJOWITSCH DOSTOJEWSKIJ: *Schuld und Sühne*. [Adaption:] Dieter Oitzinger. Literarisch-ironischer Text: Robert Jazze Niederle. In: 50 Literatur gezeichnet. Herausgegeben durch Wolfgang Alber und Heinz Wolf. Furth an der Triesting, Edition Comic Forum, 2013 [ohne Paginierung].

FYODOR DOSTOEVSKY: *Crime and Punishment*. Art/Adaptation by Kako. In: Russ Kick (ed.): The Graphic Canon 2. From *Kubla Khan* to the Brontë Sisters to *The Picture of Dorian Gray*. New York, Seven Stories Press, 2012 [= 2012.1], S. 358–367.

FEDOR DOSTOÏEVSKIJ: *Crime et Châtiment*. Dessins et adaptation de Kako. In: Russ Kick (ed.): Le Canon Graphique 2. D'*Orgeuil et préjugés* aux *Fleur du Mal* (XIX siècle). Paris. Éditions SW Télémaque, 2013, S. 318–327.

FJODOR DOSTOJEWSKI: *Verbrechen und Strafe*. Illustration/Adaptation von Kako. [Übersetzung:] Anja Kootz. In: Russ Kick (ed.): The Graphic Canon 2. Von *Tristram Shandy* über Jane Austen bis *Dorian Gray*. Berlin, Galiani, 2015, S. 234–243.

RUSS KICK (ed.): The Graphic Canon 1. From the *Epic of Gilgamesh* to Shakespeare to *Dangerous Liaisons*. New York, Seven Stories Press 2012 [= 2012.1] [Introduction, S. 1].

RUSS KICK (ed.): The Graphic Canon 2. From *Kubla Khan* to the Brontë Sisters to *The Picture of Dorian Gray*. New York, Seven Stories Press, 2012 [= 2012.2].

Deutsche Dostojewskij-Bibliographie 2018
Zusammengestellt von Julia Golbek

I. Werke im Original und in Übersetzungen

a) Einzelne Romane und Erzählungen

Dostoevskij, Fedor Michajlovič: *Besy, tekst i kommentarij; roman v trech častjach*. Bd. 1. *Čast' pervaja, čast' vtoraja*. Hrsg. von Boris Tichomirov. Moskva: Puškinskij Dom, 2018, 556 S. ISBN: 978-5-91476-092-9.

Dostoevskij, Fedor Michajlovič: *Besy, tekst i kommentarij; roman v trech častjach*. Bd. 2. *Čast' tret'ja, kommentarii*. Hrsg. von Boris Tichomirov. Moskva: Puškinskij Dom, 2018, 604 S. ISBN: 978-5-91476-093-6.

Dostoevsky, Fyodor: *Crime and Punishment*. Frankfurt am Main: Oregan Publishing, 2018. ISBN: 978-2900999301. Tonträger.

Dostoevsky, Fyodor: *The Idiot*. La Vergne: Dreamscape Media, 2018, 470 S. ISBN: 978-1974997985. Online Ausgabe.

Dostoevsky, Fyodor: *Uncle's Dream*. o. O.: Alma Classics, 2018, 101 S. ISBN: 978-1847497680.

Dostoevsky, Fyodor: *Idiot*. o. O.: Benediction Classics, 2018, 366 S. ISBN: 978-1781399811.

Dostoevsky, Fyodor: *The Idiot*. o. O.: Read Books Ltd., 2018. ISBN: 978-1528786188. Online Ausgabe.

Dostoevsky, Fyodor: *The House of the Dead*. London: Alma Books, 2018, 353 S. ISBN: 978-0714548890. Online Ausgabe.

Dostoevsky, Fyodor: *The Grand Inquisitor*. o.O.: Read Books Ltd., 2018. Online Ausgabe.

Dostoevsky, Fyodor: *The Dream of a Ridiculous Man*. o. O.: Read Books Ltd., 2018. ISBN: 978-1528786225. Online Ausgabe.

Dostoevsky, Fyodor: *Notes from the Underground*. o. O. Road Books Ltd., 2018. ISBN: 978-8827550922.

Dostoevsky, Fyodor: *The Insulted and the Injured*. o. O.: Read Books Ltd., 2018. ISBN: 978-1528786492. Online Ausgabe.

Dostoevsky, Fyodor: *Humiliated and insulted: from the notes of an unsuccessful author*. Surrey: Alma Classics, 2018, 384 S. ISBN: 978-1847497802.

Dostoevsky, Fyodor: *A novel in nine letters*. o. O.: Road Books Ltd., 2018. ISBN: 978-1528786294. Online Ausgabe.

Dostoevsky, Fyodor: *The eternal husband.* London: Alma Classics, 2018, 208 S. ISBN: 978-1847496560.

Dostoevsky, Fyodor: *The House of the Dead.* o. O.: Read Books Ltd., 2018. ISBN: 978-1528786478. Online Ausgabe.

Dostoevsky, Fyodor: *The Gambler.* o. O.: Read Books Ltd., 2018. ISBN: 978-1528786355. Online Ausgabe.

Dostoevsky, Fyodor: *White Nights and Other Short Stories.* o. O.: Read Books Ltd., 2018. ISBN: 978-1528786218. Online Ausgabe

Dostoevsky, Fyodor: *A Faint Heart.* o. O.: Read Books Ltd, 2018. ISBN: 978-1528786317. Online Ausgabe.

Dostoevsky, Fyodor: *Bobok: from somebody's diary.* o. O.: Read Books Ltd., 2018. ISBN: 978-1528786249. Online Ausgabe.

Dostoevsky, Fyodor: *The Brothers Karamzov.* o. O.: Read Books Ltd., 2018. ISBN: 978-1528786485. Online Ausgabe.

Dostojewski, Fjodor: *Weiße Nächte.* Aus dem Russischen übers. von Alexander Eliasberg. Hamburg: Nikol Verlag, 2018, 144 S. ISBN: 978-3-86820-444-5.

Dostojewski, Fjodor: *Der Spieler.* Aus dem Russischen übers. von Hermann Röhl. Hamburg: Nikol Verlag, 2018, 208 S. ISBN: 978-3-86820-443-8.

Dostojewskij, Fjodor M.: *Aufzeichnungen aus dem Kellerloch.* Aus dem Russischen übers. von Swetlana Geier. Frankfurt am Main: Fischer Verlag, ^{6}2018, 159 S. ISBN: 978-3-596-90102-9.

Dostojewskij, Fjodor M.: *Der Spieler: Roman (aus den Aufzeichnungen eines jungen Mannes).* Frankfurt am Main: Fischer Verlag, ^{2}2018, 228 S. ISBN: 978-3-10-015410-1.

b) Sammlungen und Auszüge

Dostoevskij, Fedor Michajlovič: *Crime and punishment. A new translation by Michael R. Katz.* New York/London: W.W. Norton & Company, 2018, 604 S. ISBN: 978-1-63149-033-0.

Dostojewski, Fjodor M.: *Die besten Geschichten.* Aus dem Russischen übers. von Alexander Eliasberg, Karl Noetzel und Hermann Röhl. Köln: Anaconda, 2018, 319 S. ISBN: 978-3-7306-0608-7.

Dostoevsky, Fyodor: Why Is There Evil? In: Pojman, Louis P. (Hrsg.): *The moral life: an introductory reader in ethics and literature.* New York u.a.: Oxford University Press, ^{6}2018, S. 73–78. (Die Seitenzahl in der aktuellen Ausgabe, diese Seitenzahlen beziehen sich auf die vierte Auflage von 2011)

c) Weitere Schriften

Dostoevskij, Fedor Michajlovič: *Prestuplenie i nakazanie: kniga dlja čtenija s zadanijami dlja izučajuščich russkij jazyk kak inostrannyj.* Moskva: Russkij jazyk, ³2018, 86 S. (= KLASS!noe čtenie). ISBN: 978-5-88337-344-1.

II. Dostojewskij in Werken der schönen Literatur. Varia

Brokken, Jan: *Sibirische Sommer mit Dostojewski. Roman einer Freundschaft.* Köln: Kiepenheuer&Witsch, 2018, 432 S. ISBN: 978-3-462-04996-1.

III. Sekundärliteratur

Abrosimova, Valerija: Doč' Dostoevskogo i ženskij vopros. In: *Dostoevskij i mirovaja kul'tura. Filologičeskij žurnal* (2018) 2, S. 102–117.

Alekseeva, Marija: Neodnoznačnyj motiv smecha v romane F.M. Dostoevskogo "Idiot". In: *Dostoevskij i mirovaja kul'tura. Filologičeskij žurnal* (2018) 4, S. 154–160.

Allen, Elizabeth C., Emerson, Caryl: *Before They Were Titans: Essays on the Early Works of Dostoevsky and Tolstoy.* Boston: Academic Studies Press, 2018, 352 S. (Reprint der Auflage von 2015). ISBN: 978-1618118158.

Apollonio, Carol: *Dostoevsky's Secrets: Reading Against the Grain.* Evanston: Northwestern University Press, 2018, 240 S. ISBN: 978-0810139855.

Bagby, Lewis: (Rezension zu) Editing Turgenev, Dostoevsky, and Tolstoy: Mikhail Katkov and the Great Russian Novel by Susanne Fusso. In: *Slavic & East European Journal* 62 (2018) 3.

Baršt, Konstantin: Parodii V.P. Burenina v tvorčeskoj istorii romana F.M. Dostoevskogo „Besy" i v stat'e „Gospodin Ščedrin, ili Raskol v nigilistach". In: *Novyj filologičeskij vestnik* (2018) 2, S. 73–83.

Bagby, Lewis: *First Words: On Dostoevsky's Introductions.* Boston: Academic Studies Press, 2018, 222 S. (Reprint der Ausgabe von 2015) ISBN: 978-1618118134.

Bellers, Jürgen, Porsche-Ludwig, Markus (Hrsg.): *Der geistesgeschichtliche Weg Europas uns seine inhärenten Schranken (inklusive möglicher Vermittlungen): die Vereinigten Staaten versus Russland, Locke versus Dostojewski.* Nordhausen: Traugott Bautz GmbH, 2018, 447 S. ISBN: 9783959483384.

Berdnikova, Marija: Granica i motiv storoža v romane F.M. Dostoevskogo „Brat'ja Karamazovy". In: *Novyj filologičeskij vestnik* (2018) 4, S. 122–132.

Blake, Elizabeth A.: *Dostoevsky and the Catholic Underground.* o. O.: Northwestern University Press, 2018 (Reprint der Ausgabe von 2014), 312 S. (= Studies in Russian Literature and Theory) ISBN: 978-0810139848.

Blake, Elizabeth: Defending Liberty from Tyranny in Dostoevsky's Siberia: The Impact of Captivity on an Intercultural Consensus Regarding Human Rights. In: Rozbicki, Michał (Hrsg.): *Human rights in translation: intercultural pathways.* Lanham: Lexington Books, 2018, S. 159–172.

Blank, Ksana: *Dostoevsky's dialectics and the problem of sin.* Evanston: Northwestern University Press, 2018, 174 S. ISBN: 978-0-8101-3983-1.

Bogač, Dmitrij: *Priroda kak cennost' v nasledii F. M. Dostoevskogo.* Moskva: Kabinetnyj učenyj, 2018, 236 S. ISBN: 978-5-7584-0239-9.

Borisova, Valentina: Roman F.M. Dostoevskogo "Idiot": Istorija i tipologija ponimanija. In: *Dostoevskij i mirovaja kul'tura. Filologičeskij žurnal* (2018) 4, S. 194–200.

Bowers, Katherine/ Doak, Connor / Holland, Kate: *A Dostoevskii companion.* Boston: Academic Studies Press, 2018, 535 S. ISBN: 978-1-61811-726-7, 978-1-61811-727-4.

Brandes, Georg: Dostojewski. In: Hoefert, Sigfrid (Hrsg.): *Russische Literatur in Deutschland. Texte zur Rezeption von den Achtziger Jahren bis zur Jahrhundertwende.* Berlin, Boston: De Gruyter, 2018, S. 29–57 (= Deutsche Texte 32).

Buchholz, Paul: *Private anarchy. Impossible community and the outsider's monologue in German experimental fiction.* Evanston: Northwestern University Press, 2018, 242 S. ISBN: 9780810136625, 9780810136632. (Hier das Kapitel "Voices of the vacuum: monologue in Schopenhauer, Dostoevsky, and Nietzsche", S. 33–67.)

Černyšov, Ivan: Prižiznennaja kritika romana F.M. Dostoevskogo „Besy" v kontekste avtorskoj strategii izdanija romana. In: *Novyj filologičeskij vestnik* (2018) 3, S. 124–137.

Clowes, Edith W.: The Parting of the Ways: Chernyshevsky, Dostoevsky, and the Seeds of Russian Philosophical Discourse. In: Dies.: *Fiction's overcoat: Russian literary culture and the question of philosophy.* Ithaca: Cornell University Press, 2018, S. 76–102. Online Ausgabe der Auflage von 2004.

Conrad, Michael Georg: Vom Büchertisch [Dostojewskis „Raskolnikow"]. In: Hoefert, Sigfrid (Hrsg.): *Russische Literatur in Deutschland. Texte zur Rezeption von den Achtziger Jahren bis zur Jahrhundertwende.* Berlin, Boston: De Gruyter, 2018, S. 15–17 (= Deutsche Texte 32).

Conradi, Hermann: F. M. Dostojewski. In: Hoefert, Sigfrid (Hrsg.): *Russische Literatur in Deutschland. Texte zur Rezeption von den Achtziger Jahren bis zur*

Jahrhundertwende. Berlin, Boston: De Gruyter, 2018, S. 17-29 (= Deutsche Texte 32).

Čujkov, Pavel: Gogol' i F.M. Dostoevskij o bogatyrstve, učenii christovom i evropejskoj civilizacii. In: *Russkaja reč'* (2018) 2, S. 65-72.

Cvetkova, Nina: „Vsečelovečeskoe" i „vsečelovek": Ot S.P. Ševyreva k F.M. Dostoevskomu. In: *Dostoevskij i mirovaja kul'tura. Filologičeskij žurnal* (2018) 2, S. 127-150.

Čžan, Bjan'gė: Ljubov', zablokirovannaja gordynej: Ob illjuzornosti „sistemy" i mechanizme smerti v rasskaze „Krotkaja" F.M. Dostoevskogo. In: *Dostoevskij i mirovaja kul'tura. Filologičeskij žurnal* (2018) 2, S. 85-101.

Dechanova, Ol'ga: Kommentarii k "gastronomičeskomu jazyku" Dostoevskogo kak neobchodimyj instrument „medlennogo čtenija". In: *Dostoevskij i mirovaja kul'tura. Filologičeskij žurnal* (2018) 3, S. 32-68.

Denischenko, Irina: (Rezension zu) The Gift of Active Empathy: Scheler, Bakhtin, and Dostoevsky by Alina Wyman. In: *Slavic & East European Journal* 62 (2018) 3.

Deutsche Dostojewskij-Gesellschaft. Jahrbuch. Christoph Garstka (Hrsg.) Berlin, Bern, Wien: Peter Lang, 2018, 148 S. ISBN: 978-3-631-79002-1.

Dostoevskaja, Ljubov': Garemnyj ideal. In: *Dostoevskij i mirovaja kul'tura. Filologičeskij žurnal* (2018) 2, S. 118-126.

El'nickaja, Ljudmila: *Mify russkoj literatury. Gogol', Dostoevskij, Ostrovskij, Čechov*. Moskva URSS, 2018, 205 S. ISBN: 978-5-9710-4800-8.

Emerson, Caryl: Polyphony, Dialogism, Dostoevsky. In: Dies.: *The First Hundred Years of Mikhail Bakhtin*. Princeton: Princeton University Press, 2018, S. 127-161. ISBN: 978-0691187037. Online Ausgabe der Auflage von 1997.

Emerson, Caryl: (Rezension zu) The Gift of Active Empathy: Scheler, Bakhtin, and Dostoevsky by Wyman, Alina. In: *Slavonic & East European Review* 96 (2018) 2, S. 340-342.

Fokin, Pavel: *Dostoevskij: pereproctenie*. Sankt-Peterburg: RIPOL Klassik, 2018, 286 S. ISBN: 978-5386122614.

Fokin, Pavel: Informacionnaja kartina mira v romanach F.M. Dostoevskogo: Struktura i poėtika otraženija (na materiale romana „Prestuplenie i nakazanie"). In: *Dostoevskij i mirovaja kul'tura. Filologičeskij žurnal* (2018) 1, S. 69-78.

Funk, Paul: (Rezension zu) The Novel in the Age of Disintegration: Dostoevsky and the Problem of Genre in the 1870s by Holland, Kate. In: *Slavonic & East European Review* 96 (2018) 2, S. 335-336.

Galaševa, Tat'jana, Berezkina, Svetlana, Baršt, Konstantin: „Zapisnaja knižka Nr. 1" F. M. Dostoevskogo: Transkripcija i novye pročtenija. In: *Izvestija Rossijskoj akademii nauk. Serija literatury i jazyka* 77 (2018) 4, S. 15–24.

Givens, John: *The image of Christ in Russian literature. Dostoevsky, Tolstoy, Bulgakov, Pasternak*. DeKalb, NIU Press, 2018, 272 S. ISBN: 978-0-87580-779-9.

Glušakov, Pavel: Pavel Fedorovič Smerdjakov i drugie: Dve zametki. In: *Dostoevskij i mirovaja kul'tura. Filologičeskij žurnal* (2018) 4, S. 78–82.

Gratchev, Slav V.: *The polyphonic world of Cervantes and Dostoevsky*. Lanham u.a.: Lexington Books, 2018, 138 S. ISBN: 978-1-4985-6553-0.

Groskop, Viv: How to Overcome Inner Conflict *Crime and Punishment* by Fyodor Dostoevsky (*Or: Don't kill old ladies for money*). In: Dies.: *The Anna Karenina fix: life lessons from Russian literature*. New York: Abrams Press, 2018, S. 107–127.

Grygiel, Marcin: A Few Notes on Cognitive Linguistics and Vygotsky in the Context of Vladiv-Glover's Model of Foreign Language Learning Through Literary Texts. In: *The Dostoevsky Journal* 19 (2018), S. 90–95.

Gumerova, Anna: Istorija dekabristov v romane F.M. Dostoevskogo "Brat'ja Karamazovy". In: *Dostoevskij i mirovaja kul'tura. Filologičeskij žurnal* (2018) 1, S. 97–106.

Gumerova, Anna: "Pobednaja povest', ili toržestvo very christianskoj" I.-G. Junga-Štillinga kak vozmožnyj istočnik "Velikogo inkvizitora". In: *Dostoevskij i mirovaja kul'tura. Filologičeskij žurnal* (2018) 3, S. 143–160.

Guski, Andreas: *Dostojewski. Eine Biographie*. München: C. H. Beck, 2018, 460 S. ISBN: 978-3-406-71948-6.

Henckel, Wilhelm: Feodor Michailowitsch Dostojewski. In: Hoefert, Sigfrid (Hrsg.): *Russische Literatur in Deutschland. Texte zur Rezeption von den Achtziger Jahren bis zur Jahrhundertwende*. Berlin, Boston: De Gruyter, 2018, S. 2–11 (= Deutsche Texte 32).

Illing, Sean D.: *The prophets of nihilism: Nietzsche, Dostoevsky, and Camus*. Washington, DC: Washington Academica Press, 2018, 229 S. ISBN: 978-1680530261.

Ivantsov, Vladimir: Digging into Dostoevskii's Underground: from the Metaphorical to the Literal. In: *Slavic & East European Journal* 62 (2018) 2, S. 382–400.

Ivantsov, Vladimir: *The concepts of the underground in Russian literary and (counter) cultural discourse: from Dostoevsky to Punk Rock*. Montreal: McGill University Libraries, 2018. Dissertation.

Ivinskij, Dmitrij: Roman Dostoevskogo "Idiot" i al'manach Karamzina „Aglaja". In: *Dostoevskij i mirovaja kul'tura. Filologičeskij žurnal* (2018) 3, S. 161–184.

Jankovic, Tea: 'The Brothers Karamazov' as a Philosophical Proof: Wittgenstein Reading Dostoevsky. In: Hunkeler, Thomas, Jaussi, Sophie, Légeret, Joëlle (Hrsg.): *Produktive Fehler, konstruktive Missverständnisse.* Bielefeld: Aisthesis Verlag, 2018, S. 197–205. (Colloquium Helveticum 46) Online Ausgabe der Auflage von 2017.

Jensen, Anthony K.: Nietzsche and Dostoevsky: On the Verge of Nihilism, *written by* Paolo Stellino. In: *The Dostoevsky Journal* 19 (2018), S. 85–89.

Juchler, Ingo: *Political narrations: Antigone, the Melian dialogue, Michael Kohlhaas, the Grand inquisitor and Ragtime.* Cham: Springer, 2018, 123 S. ISBN: 978-3319707532.

Kasatkina, Tat'jana: „Zapiski iz podpol'ja" i „Maša ležit na stole…": Opyt medlennogo čtenija v bližajšem kontekste. In: *Dostoevskij i mirovaja kul'tura. Filologičeskij žurnal* (2018) 1, S. 121–147.

Kasatkina, Tat'jana: Smysl iskusstva i sposob bogoslovstvovanija Dostoevskogo: „Mužik Marej": Kontekstnyj analiz i pristal'noe čtenie. In: *Dostoevskij i mirovaja kul'tura. Filologičeskij žurnal* (2018) 3, S. 12–31.

Kelle, Stephanie: *Narzisstische Scham. Eine Untersuchung ihrer literarischen Darstellung bei Fjodor Dostojewski, Knut Hamsun und Franz Kafka.* Berlin: Peter Lang: 2018, 175 S. ISBN: 978-3-631-74365-2.

Kibal'nik, Sergej: Fedor Dostoevskij i Maks Štirner (K postanovke problemy). In: *Novyj filologičeskij vestnik* (2018) 2, S. 58–72.

Kitzinger, Chloë: (Rezension zu) Fyodor Dostoevsky: In the Beginning (1821–1845). A Life in Letters, Memoirs, and Criticism by Thomas Gaiton Marullo. In: *Slavic & East European Journal* 62 (2018) 2.

Kladova, Natal'ja: Most kak detal'-simvol v romane "Prestuplenie i nakazanie". In: *Voprosy literatury* (2018) 6, S. 182–193.

Klimova, Svetlana: *Intelligencija v poiskach identičnosti. Dostoevskij, Tolstoj.* Sankt-Peterburg: Aleteja, 2018, 244 S. ISBN: 978-5-906980-69-4.

Kokobobo, Ani: Nihilist Monsters and the Failed Gentry Protagonist inn Dostoevsky's *Demons.* In: Dies: *Russian grotesque realism: the great reforms and the gentry decline.* Columbus: The Ohio State University Press, 2018, S. 42–61.

Komarovič, Vasilij L.: „Ves' ustremlenie": Stat'i i issledovanija o F.M. Dostoevskom. Moskva: IMLI RAN, 2018, 927 S. ISBN: 9785920805560.

Komarovič, Vasilij: Lekcii o F.M. Dostoevskom, pročitannye v 1921–1922 gg. v Nižegorodskom universitete (v zapisi T.A. Krjukovoj). In: *Dostoevskij i mirovaja kul'tura. Filologičeskij žurnal* (2018) 1, S. 184–235.

Kornmesser, Sebastian: *Aspekte des Rechts bei Dostoevskij. Zwischen Justizreform und religiös-philosophischen Rechtstraditionen.* Tübingen, 2018, 202 S. (Dissertation).

Kovalevskaja, Tat'jana: *Mifologičeskij transgumanizm v russkoj literature. Dostoevskij i Serebrjanyj vek.* Moskva Rossijskij gumanitarnyj universitet, 2018, 206 S. ISBN: 978-5-7281-1905-0.

Kovalevskaja, Tat'jana: Dva naroda: Dostoevskij o toržestve i provale russkoj revoljucii. In: *Dostoevskij i mirovaja kul'tura. Filologičeskij žurnal* (2018) 1, S. 79–96.

Krinicyn, Aleksandr: F.M. Dostoevskij v tvorčestve Jakoba Vassermana. In: *Dostoevskij i mirovaja kul'tura. Filologičeskij žurnal* (2018) 1, S. 168–183.

Krinicyn, Aleksandr: Funkcija i idejnyj smysl obraza Lebedeva v romane „Idiot". In: *Dostoevskij i mirovaja kul'tura. Filologičeskij žurnal* (2018) 3, S. 104–118.

Kroeker, Travis: *Remembering The End: Dostoevsky As Prophet To Modernity.* London: Taylor and Francis, 2018. ISBN: 987-0429497704. Online Ausgabe der Auflage von 2001.

Kuz'mina, N.D.: Motiv poroga v romane Fedora Dostoevskogo „Prestuplenie i nakazanie". In: *Dostoevskij i mirovaja kul'tura. Filologičeskij žurnal* (2018) 4, S. 161–167.

LaCampa, Dominick: Notes on Dostoevsky's *Notes from Underground*. In: Ders.: *History, Politics, and the Novel.* Ithaca: Cornell University Press, 2018, S. 35–55. Online Ausgabe der Auflage von 1989.

Lobo, Tea: Literarische Sprache, Intersubjektivität und Gemeinschaft bei Wittgenstein und Dostojewski. In: Festl, Michael G., Schweighause, Philipp (Hrsg.): *Literatur und politische Philosophie. Subjektivität, Fremdheit, Demokratie.* Paderborn: Wilhelm Fink, 2018, S. 215–234.

Luks, Leonid: The Craving for "Organic National Unity" and the "Jewish Question" in the Writings of Fedor Dostoevsky and Heinrich von Treitschke. In: Ders.: *A fateful triangle: essays on contemporary Russian, German and Polish history.* Stuttgart: ibidem-Verlag, 2018, S. 167–200.

Lur'e, Lev: *Peterburg Dostoevskogo: istoričeskij putevoditel'.* Sankt-Peterburg: BChV-Peterburg, 2018, 350 S. ISBN: 978-5-9775-3293-8.

Maccola, Elena: Neizbežnost' kommentarija: „Slepye mesta" perevodčika. In: *Dostoevskij i mirovaja kul'tura. Filologičeskij žurnal* (2018) 4, S. 107–147.

Maidanskaya, Irina, Maidansky, Maksim: An Essay of Self-criticism of the Russian Intelligencija: Language, Literature, History. Review of the book Klimova, S.M. *Intelligencija v poiskach identičnosti: Dostoevskij-Tolstoj.* In: *Enthymema* 22 (2018), S. 263–267.

Makaričev, Feliks: "Vran'e – delo miloe!" Lož' v chudožestvennom mire F.M. Dostoevskogo. In: *Russkaja reč'* (2018) 4, S. 15–30.

Martinsen, Deborah A.: (Rezension zu) Editing Turgenev, Dostoevsky, and Tolstoy: Mikhail Katkov and the Great Russian Novel by Susanne Fusso. In: *Slavic Review* 77(2018) 4, S. 1115–1116.

Martinsen, Deborah: Shame and Guilt in Dostoevsky's "Crime and Punishment". In: *Dostoevskij i mirovaja kul'tura. Filologičeskij žurnal* (2018) 4, S. 40–64.

Martinsen, Debora: Toska v „Prestuplenii i nakazanii". In: *Dostoevskij i mirovaja kul'tura. Filologičeskij žurnal* (2018) 1, S. 59–68.

Milentievič, Lazar': Christos, istina i čelovek v poėme o velikom inkvizitore. In: *Dostoevskij i mirovaja kul'tura. Filologičeskij žurnal* (2018) 4, S. 14–39.

Milkova, Stiliana: (Rezension zu) Teksty-kartiny i ekfrazisy v romane Dostoevskogo „Idiot" by Nina Perlina. In: *Slavic Review* 77(2018) 2, S. 543–545.

Miller, R. F.: (Rezension zu) Siblings in Tolstoy and Dostoevsky: The Path to Universal Brotherhood by Berman, Anna A. In: *Slavonic & East European Review* 96 (2018) 2, S. 333–334.

Moskvina, Elena: Gnostičeskij mif o salvator salvatus i ego ėlementy v romane F.M. Dostoevskogo "Idiot". In: *Dostoevskij i mirovaja kul'tura. Filologičeskij žurnal* (2018) 3, S. 69–91.

Nikolaeva, Polina: Krov' prolitaja i neprolitaja v romane F.M. Dostoevskogo „Prestuplenie i nakazanie". In: *Dostoevskij i mirovaja kul'tura. Filologičeskij žurnal* (2018) 4, S. 148–153.

O'Dwyer de Macedo, Heitor: *Clinical lessons on life and madness: Dostoevsky's characters*. Milton Park, New York: Routledge, 2018, 288 S. ISBN: 978-1138499560,978-1351014533 (Online Ausgabe).

Perlina, Nina: (Rezension zu) Dostoevsky beyond Dostoevsky: Science, Religion, Philosophy by Svetlana Evdokimova and Vladimir Golstein (Hrsg.). In: *Slavic Review* 77(2018) 1, S. 278–281.

Pesmen, Dale: Those who Poke into My Soul: Dostoevsky, Bakhtin, Love. In: Ders.: *Russia and Soul: An Exploration*. Ithaca: Cornell University Press, 2018, S. 265–279. ISBN: 978-1-5017-2938-6. Online Ausgabe der Auflage von 2000.

Podosokorskij, Nikolaj: (Rezension zu) N. M. Perlina. Teksty-kartiny i ėkfrazisy v romane F. M. Dostoevskogo „Idiot". In: *Voprosy literatury* (2018) 6, S. 378–383.

Potapova, Galina: Die Briefe der Dostojewski-Übersetzerin Less Kaerrick an Ernst Barlach: Publikation und Kommentar. In: *Germanoslavica* Bd. 29 (2018), H. 2, S. 1–43.

Prochorov, Georgij: Evrei v trorčeskom korpuse Dostoevskogo: narrativy simpatii i antipatii. In: *Novyj filologičeskij vestnik* (2018) 3, S. 138–151.

Riester, Jutta: *Dostojewski für Psychologen*. Bad Reppenau: Verlag für Tiefenpsychologie und Anthropologie, 2016, 156 S. ISBN: 978-3-946130-06-2.

Roberts, Peter, Saeverot, Herner: *Education and the limits of reason. Reading Dostoevsky, Tolstoy and Nabokov*. London, New York: Routledge, 2018, 143 S. (= New direction in the philosophy of education). ISBN: 978-0-415-83414-8, 978-0-203-48596-5.

Rollard, G.: Dostojewskis Roman "Raskolnikow". In: Hoefert, Sigfrid (Hrsg.): *Russische Literatur in Deutschland. Texte zur Rezeption von den Achtziger Jahren bis zur Jahrhundertwende*. Berlin, Boston: De Gruyter, 2018, S. 11–15 (= Deutsche Texte 32).

Ružickij, Igor', Potemkina, Ekaterina: „Ėlitarnaja jazykovaja ličnost'" i brannaja leksika na primere idiolekta F.M. Dostoevskogo. In: *Russkaja reč'* (2018) 6, S. 29–39.

Saraskina, Ljudmila: Peremena mest i sudeb (Ė. Zolja, A. Puškin i F. Dostoevskij na britanskom ėkrane). In: *Dostoevskij i mirovaja kul'tura. Filologičeskij žurnal* (2018) 1, S. 236–256.

Schubart, Walter: *Dostojewski und Nietzsche sowie Aufsätze zum geistigen Verhältnis von Russland und Europa*. Leipzig: edw. Edition D. Weight, 2018, 277 S. ISBN: 978-3-937554-60-0.

Selina, Elena: Novyj glasnyj sud v tvorčestve F. M. Dostoevskogo. In: *Russkaja literatura* (2018) 4, S. 78–82.

Skuridina, Svetlana, Vjazovskaja, Viktorija: Imenovanie jurodivych v proizvedenijach F.M. Dostoevskogo i N.S. Leskova. In: *Russkaja reč'* (2018) 2, S. 73–83.

Skuridina, Svetlana: Vymyšlennye toponimy u F.M. Dostoevskogo. In: *Russkaja reč'* (2018) 3, S. 92–101.

Skuridina, Svetlana: Ob onomastičeskich predpočtenijach v „Bednych ljudjach" F.M. Dostoevskogo. In: *Russkaja reč'* (2018) 5, S. 84–90.

Smyslova, Olga: Obraz dereva v romane „Idiot" F.M. Dostoevskogo. In: *Dostoevskij i mirovaja kul'tura. Filologičeskij žurnal* (2018) 3, S. 92–103.

Solovieva, Olga V.: Christ's Vanishing Body in Dostoevsky's Genealogy of Ethical Consciousness. In: Dies.: *Christ's subversive body: practices of religious rhetoric in culture and politics*. Evanston: Northwestern University Press, 2018, S. 123–161.

Sontag, Susan, Deggerich, Georg, Cott, Jonathan: *The Doors und Dostojewski. Das "Rolling-Stone"-Interview mit Jonathan Cott*. Zürich: Kampa Verlag, 2018, 160 S. ISBN: 978-3-311-14001-6.

Stellino, Paul: (Rezension zu) Love, Jeff, Metzger, Jeffrey A. (Hrsg.): Nietzsche and Dostoevsky: philosophy, morality, tragedy. Evanston, Illinois: Northwestern

University Press, 2016, 207 S. In: *The journal of Nietzsche Studies* Vol. 49 (2018), Issue 1, S. 142–147.

Stepanjan, Karen: (Rezension zu) Prophetic Counterparts in the Brothers Karamazov by M. Hovanyi. In: *Dostoevskij i mirovaja kul'tura. Filologičeskij žurnal* (2018) 1, S. 283–289.

Stepanjan, Karen: Počemu ljudi v pervom romane Dostoevskogo – bednye? In: *Dostoevskij i mirovaja kul'tura. Filologičeskij žurnal* (2018) 2, S. 44–84.

Stepanjan, Karen: Biografija avtora kak istočnik kommentarija k romanu F.M. Dostoevskogo "Brat'ja Karamazovy". In: *Dostoevskij i mirovaja kul'tura. Filologičeskij žurnal* (2018) 3, S. 119–142.

Stepanjan, Karen: Dostoevskij – perevodčik Bal'zaka. Načalo formirovanija "realizma v vysšem smysle". In: *Voprosy literatury* (2018) 3, S. 317–345.

Stromberg, David: *Narrative faith. Dostoevsky, Camus, and Singer*. Newark: University of Delaware Press, 2018, 197 S. ISBN: 978-1-61149-664-2.

Tarantini, Graziano: *Di un uomo. Leopardi, Dostoevskij, Pasolini*. Brescia: Els La scuola, 2018, 120 S. ISBN: 978-88-265-0048-5.

Tarasova, Natal'ja: Problemy izučenija rukopiskogo i pečatnogo teksta romana F.M. Dostoevskogo „Idiot". In: *Dostoevskij i mirovaja kul'tura. Filologičeskij žurnal* (2018) 2, S. 10–43.

Tarasova, Natal'ja: Černovoj avtograf romana "Prestuplenie i nakazanie" F.M. Dostoevskogo: Istorija teksta i kontekstual'nyj analiz. In: *Dostoevskij i mirovaja kul'tura. Filologičeskij žurnal* (2018) 4, S. 83–106.

Tichomirov, Boris: Evangel'skij plast v architektonike rasskaza Dostoevskogo "Skvernyj anekdot". In: *Dostoevskij i mirovaja kul'tura. Filologičeskij žurnal* (2018) 4, S. 65–77.

Titus, Julia: *Dostoevsky as a Translator of "Eugénie Grandet"*. New York: City University on New York, 2018. Dissertation.

Travin, Dmitrij: *"Osobyj put'" Rossii: ot Dostoevskogo do Končalovskogo*. Sankt-Peterburg: Izdatel'stvo Evropejskogo universiteta v Sankt-Peterburge, 2018, 221 S. ISBN: 978-5943802638.

Vetlovskaja, Valentina: "Dnevnik pisatelja" FM. Dostoevskogo za 1876 god: O mužike Maree. In: *Dostoevskij i mirovaja kul'tura. Filologičeskij žurnal* (2018) 1, S 21–58.

Viktorovič, Vladimir: Put' russkoj literatury ot Puškina k Dostoevskomu. Stat'ja 1. In: *Dostoevskij i mirovaja kul'tura. Filologičeskij žurnal* (2018) 1, S. 12–20.

Vinitsky, Ilya: The Underworld: Dostoevsky's Ontological Realism. In: Ders.: *Ghostly paradoxes: modern spiritualism and Russian culture in the age of realism*. Toronto, Buffalo, London: University of Toronto Press, 2018 (Reprint), S. 119–135.

Vladiv-Glover, Slobodanka: The Dialectic of Capitalism, Socialism, and the Split Subject in the Phenomenology of Crime and Punishment. In: *The Dostoevsky Journal* 19 (2018), S. 74–83.

Wellek, René: *Dostoevsky: a Collection of Critical Essays*. Chicago: Valmy Publishing, 2018, 201 S. ISBN: 978-1789126242. Online Ausgabe.

Wild, Frank Bruno: Fatalismus der Überheblichkeit: Fjodor Dostojewski. In: Ders.: *Suizidäre Metaphern. Transzendente Melancholien im Zeitalter der Schwarzen Romantik*. Hamburg: Verlag Dr. Kovač, 2018, S. 192–197.

Williams, Meg Harris: Dostoevsky and the education of a man of faith: The Brothers Karamazov. In: Dies.: *The art of personality in literature and psychoanalysis*. London: Karnac Books Ltd., 2018, S. 155–186.

Young, Sarah J.: (Rezension zu) Heroine Abuse: Dostoevsky's 'Netochka Nezvanova' and the Poetics of Codependency by Marullo, Thomas Gaiton: Fyodor Dostoevsky – In the Beginning, 1821–1845: A Life in Letters, Memoirs, and Criticism by Marullo, Thomas Gaiton. In: *Slavonic & East European Review* 96 (2018) 2, S. 337–340.

Young, Sarah J: (Rezension zu) Dostoevsky and the Riddle of the Self by Corrigan, Yuri. In: *Slavonic & East European Review* 96 (2018) 4, S. 761–762.

Zhernokleyev, Denis A.: (Rezension zu) Teksty-kartiny i ekfrazisy v romane Dostoevskogo „Idiot" by Nina Perlina. In: *Slavic & East European Journal* 62 (2018) 3.

Zhernokleyev, Denis A.: (Rezension zu) Dostoevsky and the Riddle of the Self by Yuri Corrigan. In: *Slavic & East European Journal* 62 (2018) 4.

Živolupova, Natal'ja V.: *Problema avtorskoj pozicii v ispovedal'nom povestvovanii Dostoevskogo 60-70-ch gg. („Zapiski iz podpol'ja", „Podrostok")*. Niižnij Novogorod: Dljatovy gory, 2018, 229 S. ISBN: 978-5-90227-81-3.

Zohrab, Irene: *Tom Brown's Schooldays* as a Supplement to *The Citizen (Grazhdanin)* and Dostoevsky's Later Works of the 1870s. In: *The Dostoevsky Journal* 19 (2018), S. 1–46.

Zolot'ko, Ol'ga: Psichologija sna o "zolotom veke" geroja rasskaza F.M. Dostoevskogo "Son smešnogo čeloveka". In: *Dostoevskij i mirovaja kul'tura. Filologičeskij žurnal* (2018) 1, S. 107–120.

Zolot'ko, Ol'ga: (Rezension zu) Putevoditel' po romanu F.M. Dostoevskogo "Prestuplenie i nakazanie": Učebnoe posobie, Karen Stepanjan. In: *Dostoevskij i mirovaja kul'tura. Filologičeskij žurnal* (2018) 4, S. 201–208.

Žordi, Moril'jas: Migel' de Unamuno i F.M. Dostoevskij: Filologija, politika i religija. In: *Dostoevskij i mirovaja kul'tura. Filologičeskij žurnal* (2018) 1, S. 148–167.

Zweig, Stefan: *Balzac, Dickens, Dostoevsky: Master builders of the spirit.* New York: Routledge, 2018, 291 S. ISBN: 978-1138519206.